Bach
Lange
Rauch

DKW und MZ

Frieder Bach
Woldemar Lange
Siegfried Rauch

DKW-MZ

Motorräder aus Zschopau und Ingolstadt

Motorbuch Verlag
Stuttgart

Einbandgestaltung:
Gunar Braunke, unter Verwendung von
drei Dias des Autoren

Schlüssel für Bildnachweis
AAU – Archiv Auto Union
DK – Archiv Dittmar Kreißig
AFB – Archiv Frieder Bach
AMA – Archiv Motorradmuseum Augustusburg
AS – Andreas Splettstößer
ASR – Archiv Siegfried Rauch
AWL – Archiv Woldemar Lange
BF – Bernd Franke
ChO – Christian Oelschlägel
DD – DEWAG Dresden
DL – DEWAG Leipzig
DM – Detlev Müller
EWG/W – E. Walter Gohla/Werkfoto
FL/W – Fotostudio Leipzig/Werkfoto
FS – Foto Stundl
GF – Gerhard Fuhr
LSW – Leica-Studio Wörner
MZW – MZ-Werkfoto
WS/W – Wolfgang Segel/Werkfoto

ISBN 3-613-01395-9

1. Auflage 1992

Satz: Vaihinger Satz + Druck, 7143 Vaihingen/Enz
Druck: Studio-Druck, 7440 NT-Raidwangen
Bindung: E. Riethmüller, 7000 Stuttgart 1
Printed in Germany

Die Autoren möchten all denen herzlich danken, die Bildmaterial zur Reproduktion zur Verfügung gestellt haben. Besonderer Dank gilt der Auto Union GmbH, Ingolstadt; Herrn Emil Bergelt, Zschopau; Herrn Gottfried Böhm, Zschopau; dem Deutschen Museum, München; Herrn Thomas Erdmann, Ingolstadt; Frau Hildegard Weber, Zschopau.

Inhalt

Einführung

Zweirädrige motorisierte DKW-Erzeugnisse bilden ein großes Betätigungsfeld innerhalb der immer noch im Wachsen begriffenen Gemeinde von Freunden alter Kraftfahrzeugtechnik. Aufgrund der hohen Fertigungsstückzahlen des zeitweilig weltgrößten Motorradherstellers DKW werden die nunmehrigen Fahrzeugveteranen noch einigen Generationen von Bastlern, Sammlern und Fahrern Freude bereiten. Besonders für sie wird der hiermit vorgelegte Überblick über die Gesamtheit der serienmäßig produzierten DKW-Motorräder von großem Wert sein. Bei der intensiven Auswertung der von den Autoren über viele Jahre gesammelten technischen Unterlagen und Quellen erwies sich das Spektrum der im Verlaufe ihrer Entwicklung an mehreren Orten produzierten DKW-Zweiräder viel weitreichender, als das darüber bislang meist nur bruchstückhaft überlieferte Wissen vermuten läßt.

Das vorliegende Buch soll keine Firmengeschichte vermitteln, da es sich ganz speziell mit nur einem Zweig der DKW-Erzeugnisse befaßt. Natürlich kann aber auch die Motorradentwicklung in den DKW-Werken nicht ganz losgelöst vom Werdegang ihrer Urheber dargestellt werden. Und dafür ist ein chronologischer Aufbau immer gut. Hauptanliegen aber bleibt, Kfz-Veteranenfreunden Hilfestellung bei der Typbestimmung eines Fahrzeuges über die Feststellung des Originalitätsgrades bis zur Restaurierung zu geben.

Da besonders in der DKW-Frühzeit die technischen Angaben zu den Motoren manchmal unterschiedlich oder sogar widersprüchlich waren, wurde hier auf die vom heutigen Erkenntnisstand her wahrscheinlichsten Angaben zurückgegriffen. Für jede Ergänzung oder Richtigstellung anhand von Archivmaterial zum großen Gebiet »DKW-Serienmotorräder« sind die Autoren dankbar.

Da die wenigsten Restauratoren über ein umfangreiches Archiv verfügen, mußten naturgemäß bei der Abbildung restaurierter Fahrzeuge zum Teil nicht originale Details oder Farbtöne der Lackierung in Kauf genommen werden. Wichtiger erschien, Fahrzeuge, die nicht mehr unbegrenzt zur Auswahl stehen, der Nachwelt wenigstens im Bild zu erhalten. Hinzu kommt, daß zumeist die seltenen Typen die ansprechendste Farbgebung bieten.

Bei der Bewältigung des Themas machte sich auch eine gründliche Auswertung der Archive vieler Institutionen und Privatpersonen sowie die Verarbeitung zahlreicher Hinweise, Informationen und Bildmaterialien von Personen, die mit der DKW-Materie in irgend einer Weise befaßt waren, erforderlich. Diesem gesamten Personenkreis gilt der Dank der Autoren. Besondere Unterstützung erfuhr die Arbeit durch Herrn Emil Bergelt, Zschopau; Herrn Gottfried Böhm, Zschopau; Herrn Thomas Erdmann, Ingolstadt; Herrn Peter Herzog, Radebeul; Herrn Friedrich Horn, Chemnitz; Herrn Ullrich Jope, Rochlitz; Herrn Heinz Lasch, Chemnitz; Herrn Dr. Ove Rasmussen, Maintal; Herrn Dr. Heinrich Ulmer, Ingolstadt; Frau Hildegard Weber, Zschopau.

Die Entwicklung der Serienfahrzeuge

Von Frieder Bach

Vom Fahrradhilfsmotor zum Fließbandmotorrad
Erzeugnisse der weltgrößten Motorradfabrik
Der Zweitakttechnik größter Fortschritt
Die Zeit der großen Serien
Fußschaltung und Hinterradfederung – Maßstäbe für die Zukunft
Die Zschopauer DKW-Motorradtypen

Vom Fahrradhilfsmotor zum Fließbandmotorrad

Der Erwerb einer im Dischautal am Rand des Erzgebirgsstädtchens Zschopau gelegenen Textilfabrik durch den dänischen Ingenieur Jörgen Skafte Rasmussen im ersten Jahrzehnt unseres Jahrhunderts bildete die Grundlage für den Beginn einer langen, sehr intensiven und erfolgreichen Entwicklungsarbeit am Zweitaktmotor. Zunächst aber stellte der durch Rasmussens Gebäude- und Geländeerwerb entstandene Produktionsbetrieb Dampf- und Wasserarmaturen her. Ausgangspunkt hierfür war die Chemnitzer Firma Rasmussen und Ernst, die u. a. Abdampfentöler, Kondenswasserableiter, Kesselspeise- und Kondensatpumpen, Abschlämmventile, aber auch Spritzpistolen und ganze Spritzstände verkaufte.

Während des Ersten Weltkrieges erhielt in dem nun als »Zschopauer Maschinenfabrik« firmierenden Unternehmen wie in allen derartigen Betrieben die Rüstungsproduktion (z. B. in Form von Granatzündern) einen hohen Stellenwert. Aber schon im Jahre 1916 wurde durch die Initiative des Firmengründers der Weg in Richtung Fahrzeugproduktion eingeschlagen, denn für Fahrzeuge hatte sich Rasmussen schon sehr frühzeitig interessiert. Hinzu kam, daß er für seine Fahrten zwischen Chemnitz und Zschopau sowie in die Umgebung einen Kleinwagen der Marke Wanderer benutzte.

Infolge der kriegsbedingten Benzinknappheit wurden jedoch erst einmal Absatzmöglichkeiten für einen »Dampf-Kraft-Wagen« gesehen. Durch die bisherige Produktion im Werk war Erfahrung in Sachen Dampfanlagen vorhanden. So paßte alles gut zusammen. Zur Realisierung seiner Pläne holte sich Rasmussen noch fachkundige dänische Landsleute wie den Ingenieur Mathiessen und den Monteur Nielsen nach Zschopau. In der Folge entstanden aber nur einige Versuchsexemplare des dampfbetriebenen Wagens. Eine Serienproduktion kam nicht zustande. Entstanden war aber das an den **D**ampf-**K**raft-**W**agen erinnernde Markenzeichen D.K.W.!

Gegen Ende des Ersten Weltkrieges kam der aus einer Apoldaer Auto-Hersteller-Familie stammende Ingenieur Hugo Ruppe nach Zschopau. Er bot Rasmussen die Unterlagen zur Herstellung eines von ihm konstruierten kleinen Zweitaktmotors an. Aufgrund seiner Verwendung als Spielzeugmotor wurden die Initialen D.K.W. neu interpretiert als »**D**es **K**naben **W**unsch«! Die Produktion dieses Motors war für Rasmussen aber nur eine Etappe auf der Suche nach einem lukrativen Produkt für seinen Betrieb. Schon 1919 wurde auf der Leipziger Messe eine weitere Zweitaktkonstruktion aus Zschopau vorgestellt: ein Stationärmotor mit liegendem Zylinder. Dieses Merkmal kennzeichnete auch den gleichzeitig entstandenen DKW-Fahrzeugmotor, einen 1 PS leistenden Fahrradhilfsmotor mit 118 cm³, der seine Antriebskraft auf eine an die Speichen des Hinterrades geschraubte Riemenfelge abgab. Schwungmagnetzünder und außenliegender, stößelbetätigter Unterbrecher waren interessante konstruktive Details. Das Besondere aber, das den Hilfsmo-

Ing. Matthiesen am Steuer des Dampf-Kraft-Wagens, von dem der Markenname D.K.W. für das Werk und dessen Erzeugnisse abgeleitet wurde **AGB**

Die Zwillingsdampfmaschine des Dampf-Kraft-Wagens. In der Mitte Meister Alois Putz **AGB**

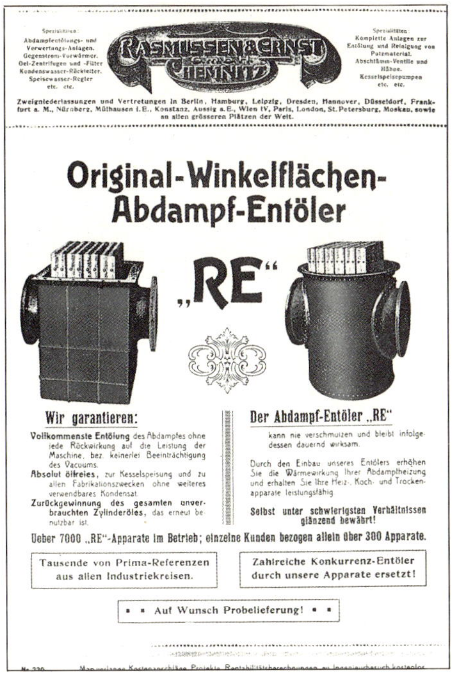

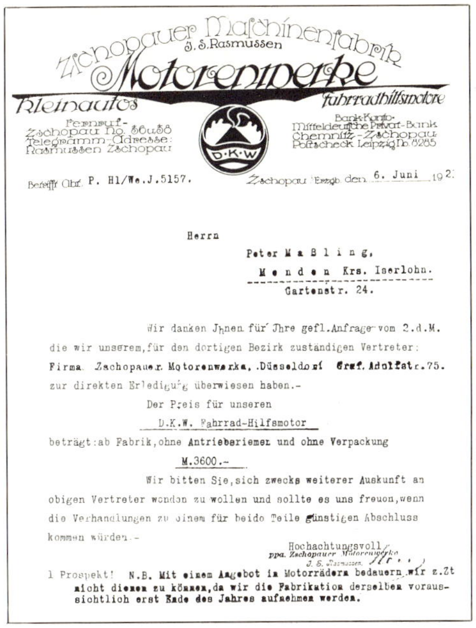
Zschopauer Maschinenfabrik
J. S. Rasmussen
Motorenwerke
Kleinautos Fahrradhilfsmotore
Fernruf- Zschopau No. 36u38
Telegramm-Adresse: Rasmussen Zschopau
D·K·W
Bank-Konto: Mitteldeutsche Privat-Bank Chemnitz-Zschopau
Postscheck Leipzig No. 8285

Betrifft Abt. P. Hl/We.J.5157. Zschopau i. Erzgb. den 6. Juni 192.

Herrn
Peter M a ß l i n g,
M e n d e n Krs. Iserlohn.
Gartenstr. 24.

Wir danken Jhnen für Jhre gefl. Anfrage vom 2.d.M. die wir unserem, für den dortigen Bezirk zuständigen Vertreter:
Firma Zschopauer Motorenwerke, Düsseldorf Graf.Adolfstr.75.
zur direkten Erledigung überwiesen haben.-

Der Preis für unseren
D.K.W. Fahrrad-Hilfsmotor
beträgt ab Fabrik, ohne Antriebsriemen und ohne Verpackung
M.3600.-

Wir bitten Sie, sich zwecks weiterer Auskunft an obigen Vertreter wenden zu wollen und sollte es uns freuen, wenn die Verhandlungen zu einem für beide Teile günstigen Abschluss kommen würden.-

Hochachtungsvoll
ppa. Zschopauer Motorenwerke
J. S. Rasmussen.

1 Prospekt! N.B. Mit einem Angebot in Motorrädern bedauern wir z.Zt nicht dienen zu können, da wir die Fabrikation derselben voraussichtlich erst Ende des Jahres aufnehmen werden.

Werbeprospekt der Firma Rasmussen und Ernst in Chemnitz **ADM**

Nach Beschreiten des Zweitaktweges spielte die Dampfkraft für die Maschinenfabrik von Rasmussen nur noch im Firmenemblem eine Rolle. **AOR**

Eine neue Auslegung für D.K.W.: der Spielzeugmotor »Des Knaben Wunsch« **AOR**

Eine weitere Auslegung für D.K.W.: der Fahrradhilfsmotor »Das Kleine Wunder« **AOR**

tor von seinen Konkurrenzprodukten unterschied, war eine Zahnraduntersetzung im Kurbelgehäuse, die eine günstige Auslegung der Riemenübersetzung gestattete.

Die Herstellung von Zweitaktmotoren war zu jener Zeit keineswegs eine solche Selbstverständlichkeit wie heute. Da die meisten Hersteller solcher Motoren mit materialmäßigen und technologischen Schwierigkeiten zu kämpfen hatten, haftete ihren Erzeugnissen der Ruf der Unzuverlässigkeit und des hohen Kraftstoffverbrauchs an. Verschiedene Produzenten, wie Dolf, Schliha und andere, versuchten, die Schwierigkeiten durch aufwendige Konstruktionen zu kompensieren. Es ging vor allem darum, die Spülung und damit die Leistung der Motoren zu verbessern. Den meisten blieb ein anhaltender Erfolg versagt, da deren Konstruktion zu aufwendig für eine Serienfertigung war.

Die mit Viertaktmotoren ausgerüsteten Wanderer- und NSU-Motorräder sowie die zahlreichen englischen Viertaktprodukte waren als zuverlässig und robust bekannt und im Motorradmarkt sowie bei sportlichen Veranstaltungen etabliert. Es gehörte also eine ganze Portion Mut und Risikobereitschaft des Unternehmers dazu, sich zu der Zweitaktkonstruktion von Ruppe zu bekennen. Doch durch eine solide, qualitativ hochwertige Fertigung und den oben angeführten konstruktiven Vorteil im Detail gegenüber vergleichbaren Erzeugnissen fand der kleine DKW-Motor guten Absatz. Schon 1922 waren 20000 Motoren produziert worden. Nicht zuletzt aus diesem Grund erfuhr das Markenzeichen wiederum eine neue Auslegung als »Das Kleine Wunder«. Neben dieser Anfangsproduktion von Fahrzeugmotoren begann man in Zschopau übrigens auch mit der Herstellung von stationären Zweitaktmotoren für die verschiedensten Verwendungszwecke auf der konstruktiven Basis des Fahrradmotors.

Angespornt durch den guten Absatz ging man in Zschopau bald daran, selbst Fahrgestelle zu produzieren. Der Motor erfuhr eine Hubraumvergrößerung auf 142 cm³, wodurch seine Leistung auf 1,5 PS anstieg, und erhielt eine Gebläsekühlung. Und da sportliche Erfolge sehr absatzwirksam sind, wurden auch diese Fahrzeuge schon gleich für Rennzwecke eingesetzt.

In Zusammenarbeit mit dem Berliner Konstrukteur Eichler entstanden 1921/1922 dann etwas eigenartig anmutende Fahrzeuge, die Sesselräder Golem und Lomos. Da in diesen Anfangsjahren die Zschopauer Motorenwerke noch nicht über eine eigene galvanische

Den Leitspruch, »Sportliche Erfolge sind die beste Werbung« machten sich die Zschopauer schon sehr früh zu eigen. Epstein, Charlottenburg, siegte 1922 mit diesem DKW-Fahrzeug auf der Avus. AFB

Der Fahrradhilfsmotor »Das kleine Wunder« war ein solcher Verkaufserfolg, daß Rasmussen damit auch eigene Fahrräder komplettierte. AOR

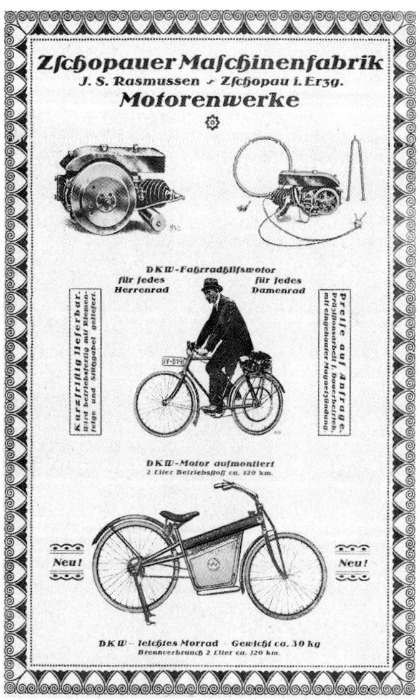

Der Berliner Konstrukteur, Fahrgestellproduzent und Händler Ernst Eichler auf einem Golem-Roller AAU

Ernst Eichler bei der Probefahrt mit dem Lomos **AAU**

Als das Zschopauer Werk noch nicht über eine eigene Galvanisierwerkstatt verfügte, wurden die entsprechenden Teile auf diesen Fahrzeugen nach Chemnitz zum Vernikkeln transportiert. **AFB**

Der von Ruppe konstruierte und bei der Berliner Klein-Motoren-AG produzierte Bekamo-Motor mit Ladepumpe **DM**

Abteilung verfügten, transportierten die Einfahrer des Werkes die zu vernickelnden Teile in Kisten auf den Gepäckträgern dieser Sesselräder nach Chemnitz zur Galvanisieranstalt Tittel.
Welche Gründe dazu führten, daß die praktischen Sesselräder nicht in größeren Stückzahlen hergestellt wurden, läßt sich heute schwer sagen. Wahrscheinlich bestanden die Ursachen beim Golem in den wenig ansprechenden Fahreigenschaften und beim Lomos in dem doch etwas zu hohen Fertigungsaufwand, bedingt durch die Vorder- und Hinterradfederung und den komplizierten Rahmen. Es gab Fahrzeuge mit Rohrrahmen, geschweißten Kastenrahmen und mit Rahmen aus Elektronguß.
Nach diesen, aus unserer Sicht zwar interessanten, wahrscheinlich jedoch vom Motorradgeschmack jener Zeit etwas abwegigen Produkten, erschien 1922 ein DKW-Motorrad, das als »Reichsfahrtmodell« in der gesamten Motorradwelt rasch bekannt wurde. Die Konstruktion stammte von Hermann Weber, der nach dem Ausscheiden Ruppes aus dem Zschopauer Werk als junger Ingenieur dort Leiter der Konstruktionsabteilung geworden und an allen DKW-Motorrad-Konstruktionen bis 1945 maßgeblich beteiligt war.
Der Weggang Ruppes von DKW muß hier noch einmal besonders beleuchtet werden, da er im Zusammenhang mit den erwähnten Entwicklungsschwierigkeiten bei der Zweitakttechnik stand. Ruppe hatte einen neuen Motor konstruiert, der zweifelllos eine höhere Leistung als die bisherige Konstruktion versprach. Diese entsprang aber einem wesentlich erhöhten Fertigungsaufwand. Der Motor hatte am Kurbelgehäuse eine Kolben-Ladepumpe, die den Füllungsgrad vergrößerte. An diesem erhöhten Fertigungsaufwand schieden sich die Geister des Technikers und des Unternehmers, und infolge der Unstimmigkeiten verließ Hugo Ruppe Zschopau. Er ließ diesen Motor dann bei der Berliner Klein-Motoren-AG (Bekamo) herstellen und lieferte ihn an verschiedene Motorradhersteller, so auch an die Berliner Firma Eichler und Co. (siehe Lomos!). Diese Maschinen wurden mit Erfolg bei Rennen und Zuverlässigkeitsfahrten eingesetzt und machten einige Zeit den DKW-Rädern die Erfolge streitig. Der Motor leistete 5,5 PS aus 148 cm^3 Hubraum. Einer der später bekanntesten DKW-Rennfahrer, Walfried Winkler, mußte bei seinen ersten

Ernst Greulich nach seinem Klassensieg bei der Reichsfahrt 1924 auf einer Eichler-Bekamo. Die jüngste Ruppe-Konstruktion hatte sich gegenüber vier DKW-Fahrzeugen durchgesetzt. AFB

Werbeprospekt für das Reichsfahrt-Modell AFB

Mit diesem Fahrzeug errang der spätere Werksfahrer Walfried Winkler seinen ersten Rennsieg. AFB

Rennen noch gegen diese Maschinen antreten.

Ernst Greulich, der Großvater von Frieder Bach, Mitautor dieses Buches, errang auf einer solchen Eichler-Bekamo den Klassensieg bei der Reichsfahrt 1924 – vor den DKW-Maschinen. Dabei hatten gerade Siege bei den Reichsfahrten von 1921 bis 1923 den DKW-Fahrzeugen die Bezeichnung Reichsfahrtmodell eingebracht. Allerdings waren die unter diesem Namen hergestellten Fahrzeuge noch nicht von einheitlichem Typ. Zu dem vorhandenen Motor war ein Fahrgestell entwickelt worden, das noch laufend Änderungen unterlag.

Die Konstruktionen neuer Teile für die Fahrzeuge entstanden häufig nicht zuerst am Zeichenbrett, sondern bei Erprobungsfahrten und motorsportlichen Wettbewerben im Kopf des – auch rennfahrenden – Chefkonstrukteurs. Nicht verwunderlich, daß die abgebildeten Reichsfahrtmodelle erhebliche Unterschiede aufwiesen. So gab es verschiedene

Der Meister der Einfahrabteilung, Hans Sprung, nach seinem Sieg bei einem Bahnrennen auf einer speziell für Rennen entwickelten DKW-Maschine mit Wasserkühlung AFB

Die Werksangehörigen Weber, Blau und Spiller (v.l.n.r.) auf Probefahrt. Rechts ein ZL-ähnliches Fahrzeug, am Lenker ein Zusatz- Kraftstoffbehälter, der im DKW-Zubehörprogramm angeboten wurde. AFB

Eine ZM beim Betanken AFB

Werbeprospekt für das Zschopauer Leichtmotorrad AFB

Gabeln und Vorderradfederungen, unterschiedliche Lenker und Auspuffanlagen. Der größte Teil der Fahrzeuge hatte noch Pedale, um den Motor nach dem Gaswegnehmen in Kurven schnell wieder in Schwung zu bringen. Der spätere Werksfahrer Walfried Winkler mußte bei seinem ersten Rennen, das er auf einer geliehenen Maschine bestritt, ebenfalls noch von den Pedalen Gebrauch machen. Der Besitzer des Motorrades war der Burgstädter Zeitungsverleger Walter Schmidt, der Kunde bei der DKW-Vertretung Josef Simson und Mitglied des Chemnitzer Motorradclubs war. Winkler hatte in seiner Tätigkeit als Werkstattleiter von Simson Schmidts Reichsfahrtmodell für Rennzwecke frisiert. Zur Werbung für die neueröffnete DKW-Vertretung in Gera benötigte man eine gute Plazierung von Zschopauer Maschinen bei dem Rennen »Rund um Gera«. Da die werkseigenen Renner anderweitig eingesetzt waren, mußte Winkler mit der geborgten Maschine antreten. Damit gelang ihm der erste Sieg in seiner langen Renntahrerlaufbahn für die DKW-Farben.

Ein Schaltgetriebe besaßen diese Leicht-Motorräder alle noch nicht. Deshalb wurden teilweise Zweigang-Hinterradnaben eingebaut. Selbst eine Kupplung gehörte noch nicht zum Standard. Aber es gab sie schon, und zwar in Gestalt der sogenannten Lomoskupplung, bei deren Betätigung sich die Riemenscheibenhälften voneinander entfernten, wodurch eine Übersetzungsänderung und auch ein Hinterradstillstand erreicht wurden. Parallel zur laufenden Fertigung des ersten Typs vom Reichsfahrtmodell erfolgte 1923 die Entwicklung des Modells ZL – Zschopauer Leichtmotorrad. Hier hatte der Motor schon die allgemein übliche Einbaulage, die den Schwerpunkt des Fahrzeugs tiefer legte. Ein beson-

Hans Sprung auf ZM am Ziel eines Wettbewerbs **AFB**

Eine SM, die sich schon über viele Kilometer bewährt hat, in einer Aufnahme von 1939. Auf den Tank nachträglich aufgeklebtes weiß-grünes Abziehbild **AFB**

Eine ZM mit dem kurzzeitig verwendeten DRW-Emblem **ASR**

ders erwähnenswertes Requisit war hier die abnehmbare Anwerfkurbel, die auf die Kappe der Lomoskupplung gesteckt wurde. Allerdings maß man der Unterscheidung der einzelnen Typen in jenen Jahren teilweise noch keine große Bedeutung zu. So wurde das Zschopauer Leichtmotorrad zum Teil noch als Reichsfahrtmodell gehandelt. Oftmals bezeichnete man das erste Modell unter Bezug auf den Reichsfahrtsieg als Renntyp und das zweite als Sporttyp. Große Fertigungsstückzahlen hat das Modell ZL nicht erreicht, da schon 1924 mit dem nun produzierten ZM-Motorrad ein technisch weiter gereiftes Erzeugnis zur Verfügung stand. Es besaß bereits einen Zweigangmotor mit Kickstarter. Da das Schaltgetriebe mit dem Kurbeltrieb in einem Gehäuse untergebracht war, mußte die Lomoskupplung durch eine Korklamellenkupplung ersetzt werden. Um eine ausreichende Schmierung zu sichern, mußte mit reichlich Öl im Kraftstoff gefahren werden (Mischungsverhältnis 1:10 bis 1:12). Der ungeschmierte Kickstarter-Mechanismus hatte seinen Platz außerhalb des Gehäuses.

Zu gleicher Zeit wie vorstehendes Modell (1924/1925) wurde von den Zschopauern das Stahlmodell (SM) produziert, das bei gleichem Motor wie die ZM ein völlig anderes Fahrgestell sowie einen Preßstahlrahmen aufwies, bei dem Tank und Rahmenoberrohr eine Einheit bildeten, während das vordere und untere Rahmenrohr als Auspuff dienten. Diese Art des Rahmenbaus aus kaltgepreßten Stahlprofilen wurde Ende der zwanziger Jahre wieder aufgegriffen und zur dominierenden Bauart bei den DKW-Fahrgestellen. Begründet wurde das Entstehen dieses ausgefallenen Motorradrahmens damit, daß der Motorradverkauf ein Saisongeschäft sei und bei Konjunktur im Frühjahr u. U. die im Winter auf Vorrat gefertigten Fahrzeuge für den Absatz nicht ausreichten, der hohe Anteil an Handarbeit bei der Rohrrahmenfertigung aber eine schnelle Produktion von Motorrädern nicht zuließe. Eine Fertigung von zusätzlichen Rohrrahmen auf Vorrat scheitere an

An unsere lieben Freunde!

Durch Hinterlegung von 50 Millionen Mark ist die Vollstreckbarkeit des Urteils erster Instanz in Sachen Deutsche Kabelwerke gegen uns (wegen der Bezeichnung DKW) aufgehoben worden. Somit steht der Verwendung unserer Marke DKW, unter welcher unser rühmlichst bekannter Motor in aller Welt bestens eingeführt ist, nichts entgegen.

Auf unsere erste Anzeige (Haftantrag) sind uns eine Fülle wertvoller Unterlagen zugegangen, aus denen wir klar ersehen können, daß unser Rechtsstandpunkt dem objektiven Rechtsgefühl der weitesten Kreise entspricht. Wir bitten um weitere Unterstützung in unserem ehrlichen Kampf und bitten nach wie vor diesbezügliche Zuschriften an unseren Herrn Patentanwalt Dipl.-Ing J. Tenenbaum, Berlin SW 13, Neuenburger Str. 17, zu richten.

In der von uns angestrengten Klage gegen die Deutschen Kabelwerke in der gleichen Sache hat das Berliner Landgericht (I. 16. Zivilkammer, Patentkammer) beschlossen, Beweise darüber zu erheben, ob die Deutschen Kabelwerke, Berlin, wirklich Tapeten, Stallgeräte, Motore, Leichtkrafträder usw. usw. erzeugen. Auch hierin erbitten wir zweckdienliche Unterstützung unserer getreuen DKW-Gemeinde.

Unser eingetr. Warenzeichen 293620

Da wir seit Erscheinen der ersten Anzeige durch die bekannten Tatsachen unsere seitherigen Rennerfolge nicht veröffentlichen konnten, fügen wir dieselben nachstehend wie folgt an:

1. IV. 1923	Ancona, Italien, Geschwindigkeitsr.	1.	Pr.	
4. IV. 1923	Bologna, Italien	1. 2. 3.	Pr.	
15. IV. 1923	Kassel, Straßenrennen	1. 2.	Pr.	
22. IV. 1923	Heidelberg, Prüfungsfahrt	1.	Pr.	(Kl. I/a)
22. IV. 1923	Heidelberg, Prüfungsfahrt	1. 2.	Pr.	(Kl. II)
29. IV. 1923	Berlin, im Stadion	1. 2.	Pr.	(Kl. I)
29. IV. 1923	Berlin, im Stadion	1. 2.	Pr.	(Kl. II)
29. IV. 1923	Breslau, Zuverlässigkeitsfahrt	1. 2. 3. 4.	Pr.	(Zetgeräder)
29. IV. 1923	Dudenhofen, Bahnrennen	1. 2.	Pr.	
29. IV. 1923	Kassel, Bahnrennen	1. 2.	Pr.	
6. V. 1923	Forst	1. 2.	Pr.	
6. V. 1923	Göttingen	1. 2. 3. 4.	Pr.	
6. V. 1923	Zuverlässigkeitsfahrt Quer durch Gau IIb	1. 2. 3. 4.	Pr.	
6. V. 1923	Schweinfurt, Zuverlässigkeitsfahrt	1.—8.	Pr.	(Franconia, Ema, Zetge)
6. V. 1923	Baden, Oesterreich, Trabrennbahn	1.	Pr.	
6. V. 1923	Baden, Oesterreich, Sieger-Handikap	1.	Pr.	
10. V. 1923	Magdeburg, „Rund um Anhalt"	1. 2. 4. 5. 6.	Pr.	
13. V. 1923	Erfurt, Bahnrennen	1. 2.	Pr.	
13. V. 1923	Helsingfors, Finnland, Straßenrennen	1. 2. 3. 4. 5.	Pr.	
13. V. 1923	Helsingfors, Finnland	1.	Pr.	
13. V. 1923	Helsingfors, Finnland	1.	Pr.	
13. V. 1923	Chemnitz, Bergrennen	1. 2. 3.	Pr.	
13. V. 1923	Odenwaldrennen	1.	Pr.	

Hier wie üblich, zeigt somit der DKW-Motor und unser Werk:

Bange machen gilt nicht! Vorwärts durch Kampf zu Recht und Sieg!

Zschopauer Motorenwerke J. S. Rasmussen, Zschopau i. Sa.

Zeitungsnotiz zum Rechtsstreit zwischen DKW und den Deutschen-Kabel-Werken aus dem Jahre 1923 **AFB**

Die Ersatzteilliste für die E 206 trug zeitweilig auch die ungeliebte Firmenbezeichnung DGW. **AFB**

DRW-Prospekt mit überstempeltem K **AFB**

Garantieurkunde mit den beiden Marken DKW und DGW für eine 1927 hergestellte E 250 **AFB**

DKRW

SESSELRAD

Das Ideal für Stadt- und Reiseverkehr

Vornehme Bauart! Größte Bequemlichkeit! Sauberes Fahren! Ruhiger Lauf!

DKW **DGW**

Gewähr-Schein

nach den Richtlinien des Reichsverbandes der deutschen Automobilindustrie.

Wir beglaubigen hierdurch, daß das mit der **Fabrikations-Nummer** 75377 **Motor-Nummer** 122 565 versehene Fahrzeug aus unserer Fabrik hervorgegangen ist und übernehmen für dasselbe unter Ausschluß irgendwelchen Schadenersatzes die gesetzmäßige Gewähr unter folgenden Bedingungen:

Wir verpflichten uns, während der Dauer von 6 Monaten ab Verkaufsdatum, nach unserer Wahl zur kostenlosen Reparatur oder Ersatzleistung franko eingesandter Objekte, die infolge nachweisbarer Material- oder Arbeitsfehler defekt oder unbrauchbar geworden sind. Jeder Ersatz eines mittelbar oder unmittelbar in irgendeiner Form entstandenen Schadens wird ausdrücklich abgelehnt und eine Haftung für irgendwelche Folgen wird nicht übernommen.

Für die von der liefernden Firma nicht selbst erzeugten Teile, wie Bereifung, Antriebsriemen oder Antriebskette, Zündkerzen, Kugellager, Lichtanlagen fremden Fabrikates usw. beschränkt sich die Gewähr auf die Abtretung der etwaigen ihr gegen den Erzeuger wegen des Mangels zustehenden Ansprüche. Eine unter die Gewähr fallende Reparatur oder Ersatzlieferung berechtigt keinesfalls zur Wandlung des Kaufs, Minderung des Kaufpreises oder Schadenersatzes irgendwelcher Art.

Versand der Ersatzteile oder der reparierten Objekte [illegible]. Das ersetzte Stück wird Eigentum der Fabrik.

Montage und Reisespesen eines zu entsendenden Monteurs gehen in allen Fällen zu Lasten des Auftraggebers.

Die Gewährleistungspflicht erlischt, wenn, abgesehen von Notfällen, Reparaturen von anderer Seite als der liefernden Firma vorgenommen werden.

Das Gleiche gilt, wenn das Fahrzeug von irgendwelcher anderen Seite, außer durch die liefernde Firma, verändert wurde oder Ersatz einzelner Teile erfolgte. Schließlich erlischt die Gewährspflicht, wenn das Objekt an einen Dritten übergeht.

Gewährleistungsansprüche werden nur dann berücksichtigt, wenn Sie unverzüglich nach der Ablieferung oder, wenn es sich um einen geheimen Mangel handelte, unverzüglich nach der Entdeckung und zwar sofort bei Eröffnung des betreffenden Briefwechsels bezw. zugleich bei telefonischer oder telegrafischer Aufgabe von Ersatzstücken und Reparaturen, oder bei Einsendung der defekten Stücke unter Beifügung des Garantiescheines erhoben werden. Nachträgliche Gewährleistungsansprüche können nicht berücksichtigt werden.

Im übrigen gelten, soweit hier nicht etwas anderes bestimmt ist, die gesetzlichen Bestimmungen über die Gewährleistungspflicht.

Wir behalten uns vor, außer der Einsendung des Gewährscheines die Vorlage der Rechnung, aus welcher das Kaufdatum einwandfrei ersichtlich ist, oder aber die amtliche Zulassungsbescheinigung über das Fahrzeug anzufordern und im Weigerungsfalle den Gewährsanspruch abzulehnen.

Ausführungsbestimmungen:

Bei Defekten einzelner Teile sind diese mit Gewährschein an das Werk **(Ersatzteile-Abteilung) franko** einzusenden, woraufhin bei entsprechendem Untersuchungsbefund kostenloser Ersatz bezw. kostenlose Reparatur erfolgt.†)

Bei Defekten, welche die Einsendung des **kompletten** Motors oder aber des ganzen Fahrzeuges erforderlich machen, ist das Objekt an die **Reparatur-Abteilung mit Gewährschein franko** einzusenden.†)

Ergibt die Untersuchung, daß der Defekt auf Material- oder Arbeitsfehler zurückzuführen ist, erfolgt kostenlose Reparatur, wobei sich das Werk vorbehält, die Montagekosten zu berechnen.

Die Kosten, die dadurch entstehen, daß an einem Motorrad oder an Motorradteilen während der Garantiezeit **außerhalb unserer Fabrik** Arbeiten vorgenommen werden müssen, kann das Werk unter keinen Umständen tragen: ebensowenig gehen die Kosten für den Ausbau von defekten und Einbau von neuen (ev. kostenlos ersetzten) Teilen zu unseren Lasten.

Ort:

Verkauft am: *)

an:

in:

Zschopauer Motorenwerke
J. S. Rasmussen A.-G.
Zschopau Sa.

Unterschrift des Verkäufers: **)

†) Eingesandte Teile, Motore oder Fahrzeuge sind mit einem Anhänger zu versehen, welcher außer der Motor- und Fahrzeuggestell-Nr. deutlich geschriebene Adresse des Einsenders enthalten muß.

*) Wenn das Datum nicht richtig ausgefüllt oder geändert ist, hat der Gewährschein keine Gültigkeit.

**) Hiermit bescheinigt der Verkäufer die Richtigkeit des Verkaufsdatums; Fälschungen werden strafrechtlich verfolgt.

DGW

Ersatzteil-Liste

DGW-Sport 1926

2

Zschopauer Motorenwerke

J. S. Rasmussen A.-G.

Zschopau, Sa.

»Zetge«-Leichtmotorrad mit liegendem DKW-Motor ***AFB***

Konfektionsfahrzeug der Marienberger Fahrzeugfabrik (MAFA) ***BF***

Lagerkapazitäten. Dagegen sei der Preßstahlrahmen maschinell in wesentlich kürzerer Zeit zu fertigen und der Bedarf somit kurzfristig zu decken.
Zur Zeit der Herstellung der Typen ZM und SM wurden anstelle der Markenbezeichnung DKW vorübergehend die Initialen DRW benutzt. Wie sich ein Rasmussen-Mitarbeiter zu erinnern glaubt, sollte damit der Name des Firmengründers in die Bezeichnung eingebracht werden. Oder war die Begründung einfach darin zu suchen, daß das »R« optisch vom »K« am wenigsten abweicht? – Die Wahrheit ist: Die Initiative für einen solchen Schritt der Umbenennung ging nicht von J. S. Rasmussen aus. 1923 hatten die unter klanggleichen Initialen De-Ka-We firmierenden Deutschen-Kabel-Werke in Berlin der Zschopauer Firma mittels Gerichtsbeschluß die Verwendung der ursprünglichen Firmenbezeichnung untersagt. Zunächst hatte Rasmussen zwar die Rechtskräftigkeit des Urteils durch Hinterlegung einer Kaution verhindern können, aber danach zog sich der Prozeß über mehrere Instanzen einige Jahre hin. 1926/1927 benutzten die Zschopauer Motorenwerke dehalb für ihre Erzeugnisse teilweise und bewußt inkonsequent DGW (»Das Große Wunder«) als Firmenbezeichnung. Unter diesem Firmenzeichen entstanden Motorräder, Stationärmotoren und auch die dazugehörigen Druckerzeugnisse. Daneben existieren als trotziger Ausdruck Rasmussens gegenüber dem anhängigen Verfahren auch Werbeschriften, auf denen beide Bezeichnungen verwendet wurden. Ende 1927 schlossen die streitenden Parteien schließlich einen Vergleich, und den Zschopauern war fortan wieder die Verwendung ihrer vom Dampf-Kraft-Wagen her stammenden Bezeichnung gestattet.
Angeregt durch die Renn- und Verkaufserfolge der Zschopauer Firma, verzichteten andere Zweiradhersteller auf die aufwendige Eigenentwicklung von Motoren und kauften für ihre Fahrgestelle DKW-Motoren. Zu diesen Firmen zählten u. a. Mafa, Frisch, Hulla, Elfa, Zetge und Freital. Ihnen boten die Zschopauer als Einbaumotoren die Typen A (ohne Untersetzung), E und M (mit Untersetzung) und Z (mit Getriebe) zur Auswahl an. Die Hubräume betrugen 128, 148, 170 und 181 cm³. Die Leistungsspanne reichte von 1 bis 3,5 PS. Stellvertretend für die vielen mit DKW-Motor hergestellten Konfektionsfahrzeuge sollen hier nur die in Marienberg gebaute Mafa und das bei der Dresdner Firma Frisch produzierte Erzeugnis erwähnt werden. Erstere konnte ihre Verwandtschaft mit dem Reichsfahrtmodell nicht leugnen, während die Frisch sehr an das ZL-Modell des Motorenherstellers erinnerte. (Zu weiteren Anwendern des DKW-Motors siehe Tabelle am Ende des Kapitels.)
1925/1926 hatte ein neues Produkt Eingang in die DKW-Erzeugnispalette gefunden: ein Transportdreirad, zu dessen Herstellung der bekannte Zweigangmotor und Teile des Lomos-Rades Verwendung fanden. Die Konstruktion dieses Fahrzeugs stammte – wie die des Sesselrades – von Eichler. Schon 1924

DKW-Transportrad mit (unter Belastung nicht ganz leicht) lenkbarem Vorderwagen AFB

Lieferwagen mit DKW-Motor. AFB

Prospekt für eine E 206. Die Zahl auf dem vorderen Nummernschild wies darauf hin, daß schon 80000 DKW-Motoren gefertigt worden sind. AFB

hatte er sie auf der Berliner Ausstellung gezeigt. Diese Dreiradfahrzeuge waren der Beginn einer langen Entwicklungskette von Kleintransportern, die später in den Framo-Werken Frankenberg bzw. Hainichen hergestellt wurden. Noch viele Jahre lieferten die Zschopauer die Motoren für die Framo-Drei- und Vierradwagen. Framo wiederum war bedeutender Lieferant von Sätteln und Vergasern für die Motorradproduktion in Zschopau. Als Folge der ständigen Verbesserung der Zweiräder im Hause DKW entstand 1925 ein Modell, das unter der Bezeichnung E 206 bzw. auch unter LM bekannt geworden ist. Aus vielerlei Sicht muß es als ein wichtiger Meilenstein in der Entwicklung des Zweitaktmotorrades betrachtet werden! Im Interesse kostengünstiger Fertigung größerer Stückzahlen entstand das neue Einzylindermodell nicht mehr, wie seine Vorgänger, auf Montageböcken, sondern in einer neuen Montagehalle in Fließbandfertigung.

Erzeugnisse der weltgrößten Motorradfabrik

In der ersten Zeit des Erscheinens auf dem Fahrzeugmarkt verwendete die Werbung des Werkes für das neue DKW-Motorrad mit dem eigenartig anmutenden Hubraum von 206 cm^3 und daraus resultierenden 4 PS gern die werbeträchtige Bezeichnung »DKW Sport« für auf dem Prüfstand ausgesuchte 4,5-PS-Exemplare. Dabei handelte es sich um einfach zu bedienende, zuverlässige Alltagsmotorräder, die aufgrund ihrer guten Gebrauchseigenschaften weite Verbreitung fanden. Das beweisen allein schon die hohen Produktionszahlen von 68200 Stück einschließlich des wenig geänderten Nachfolgetyps E 200.
Im Laufe der Produktionszeit dieses für DKW so typisch gewordenen Fahrzeugs hatte es die unter der Leitung von Dr. Carl Hahn stehende Vertriebsabteilung verstanden, mit den vielen auch in kleinen Orten existierenden Reparaturwerkstätten eine riesige, gut funktionierende Vertriebsorganisation aufzubauen. So umfaßte z.B. die DKW-Generalvertretung von Josef Simson in Chemnitz ein Netz von 427 DKW-Händlern und -Reparaturwerkstätten, das sich über ein Gebiet von Freiberg bis Bürgel in Thüringen erstreckte. Diese Händlerschaft wurde mit Werbetafeln und ausführlichen Druckerzeugnissen gut versorgt, die einen Überblick über die gesamten DKW-Erzeugnisse sowie die zur Verfügung stehenden Ersatzteile ermöglichten. Mit einem DKW-Werksvertrag übernahm die dann durch auffällige Hinweisschilder gekennzeichnete Werkstatt im Interesse des Absatzes ein erhebliches Maß an Verpflichtungen gegenüber dem Werk bzw. der Generalvertretung. Zur Werbung für die Zschopauer Produkte wurden alle Möglichkeiten genutzt. Bei keiner Motorsportveranstaltung fehlten Pla-

Das von Prof. Ludwig Hohlwein, München, im Auftrag der Zschopauer Motorenwerke entworfene Werbeplakat zeigt einen zufriedenen bayerischen DKW- Kunden, der mit den Fingern den Preis des Motorrades symbolisiert. AFB

Das DKW-Werbeplakat zeugt davon, daß die Zschopauer Motorenwerke schon seinerzeit großen Wert auf Werbemaßnahmen legten. AFB

Auch Frauen waren schon Zielgruppen der Werbung. AFB

Die Zschopauer bemühten sich schon sehr zeitig um die Erschließung ausländischer Märkte. Eine E 206 in Südafrika **AFB**

Hermann Weber und Hans Sprung unternahmen mit zwei E 206 eine Probefahrt zum Mittelmeer, um die Maschinen bei tropischen Temperaturen zu testen. **AFB**

Eine DKW in Ägypten. **AFB**

Erfolgreiche Zuverlässigkeitsfahrten brachten die besten Werbeeffekte. Schließlich wollten die Kunden ja auch viel fahren und wenig Reparaturen. **AFB**

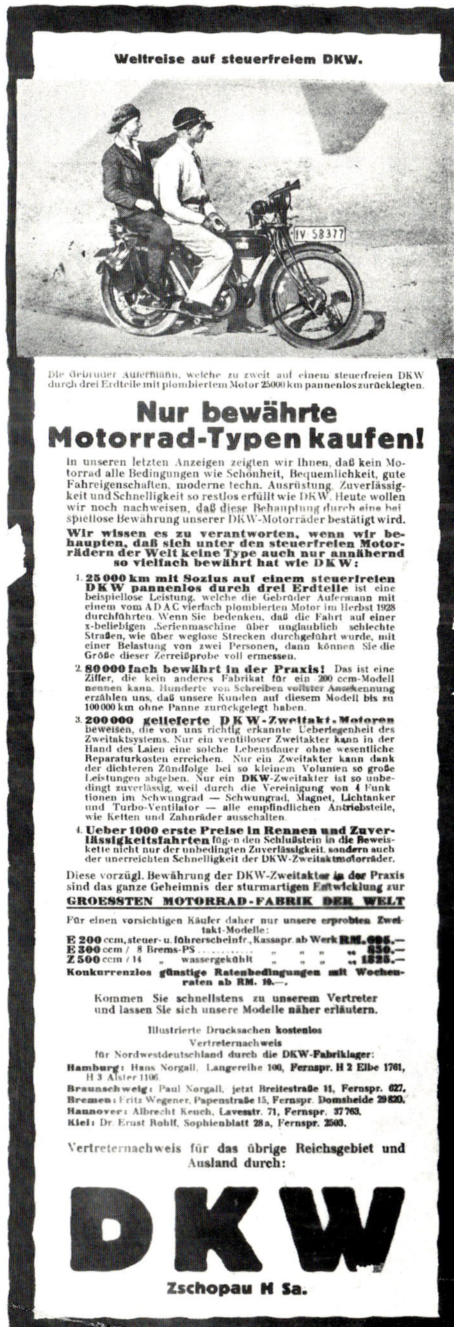

kate und Fahnen in blaugelb mit den Initialen der erzgebirgischen Marke, deren Fahrer und Fahrzeuge nun schon oft die Siegeslorbeeren ernteten. Die meist im Frühjahr erscheinenden Inserate wurden im Wortlaut von der Werbeabteilung vorgegeben und teilweise auch finanziert.

Die Absatzmöglichkeiten für Zschopauer Motorräder weiteten sich schnell über die Grenzen des Herstellerlandes aus. So wurden auch schon bald E 206 an ausländische Abnehmer geliefert. Vor allem Lieferungen in Gebiete, die bisher eine Domäne der englischen Motorradindustrie waren, wurden als besondere Erfolge gewertet.

Als sehr werbewirksam erwiesen sich Langstreckenfahrten einzelner DKW-Maschinen, unternommen z.B. von den Brüdern Aufermann durch den Nahen Osten, sowie werksseitige Teilnahme an internationalen Wettbewerben, auch wenn es dabei Rückschläge gab. So waren 1925 die beiden Zschopauer Hans Sprung und Emil Bergelt Teilnehmer der Allrussischen Zuverlässigkeitsfahrt. Sie sind beide am 22. August auf serienmäßigen E 206 in Moskau gestartet und sollten über Tula, Orjol und Kursk Charkow erreichen. Am 30. August wurden die Fahrer dann in Moskau zurückerwartet. Leider erlitten beide Maschinen auf der Rückfahrt kurz vor Tula einen massiven Rahmenbruch, der das Erreichen des Ziels mit eigener Kraft vereitelte.

Auch selbst zu reinen Erprobungszwecken bewältigten DKW-Fahrer Distanzen, die heute noch Anerkennung verdienen, zumal die Strecken oft durch unwegsame Gebiete und Regionen mit extremen klimatischen Bedingungen führten. So erprobten der Chefkonstrukteur Hermann Weber und der Meister der Einfahrabteilung, Hans Sprung, die E 206

Mit der Start-Nr. 41 ist 1925 eines der ersten E-Modelle von DKW am Start zu einem Wettbewerb mit 175er-Maschinen erschienen. Die Auspuff-Wolke beweist es: Mischung 1:10! Ganz links im Bild (Start-Nr. nicht mehr erkennbar) E. Greulich auf einer Eichler-Bekamo. **AFB**

Der Zschopauer Rennfahrer A. Müller mit einem 206er Gespann. **AFB**

auf einer Fahrt durch die Mittelmeerländer bei 55°C und einem täglichen Streckenpensum von 450 km. Hier mußte das Kühlgebläse des Motors seine Leistungsfähigkeit beweisen.
Schon kurz nach Auslieferung der ersten Exemplare des E-Typs im Jahre 1925 tauchten Privatfahrer mit diesen Fahrzeugen bei den vielerorts stattfindenden sonntäglichen Rennen auf. Um den Einsatz der Maschinen in der damals sehr populären Klasse bis 175 cm^3 zu ermöglichen, lieferte DKW Zylinder mit auf 59 mm verringerter Bohrung und entsprechendem Aluminiumkolben (während in der Serienfertigung noch Graugußkolben verwendet wurden). Wer mit einer geringeren Leistung seines Motorrades als der handelsüblichen Variante von 4 PS zufrieden war, konnte auch einen Zylinder mit 50 mm Bohrung und somit 125 cm^3 erhalten (dieser Hubraum unterlag keiner Kfz-Steuer).
Mit der E 206 führten die Zschopauer Motorenwerke die Möglichkeit der Ratenzahlung für ihre Erzeugnisse ein. Um dem oft in kommerziellen Dingen nicht bewanderten Kleinhändler das Ausfüllen der für eine solche Zahlungsabwicklung erforderlichen Formulare und die Errechnung der Ratenkonditionen zu erleichtern, gab das Werk die Broschüre »Anleitung für Ratengeschäfte« heraus. 1927 kostete das Motorrad mit Riemenantrieb bei Barzahlung 750 Mark. Es konnte auch in Teilzahlung mit 6, 12 oder 15 monatlichen

Prospektbild von der E 206 mit Seitenwagen. ***AFB***

Blick in die Härterei des Zschopauer Werkes. ***AAU***

1926/1927 produzierte man in Zschopau einige Boxermotoren mit 2x206 cm³ Wasserkühlung oder auch mit anderen Hubräumen und Luftkühlung. Der abgebildete Motor ist nach dem Krieg als Bootsmotor verwendet worden. ***DM***

DKW hatte auf die neue Steuerregelung mit einer Hubraumverringerung reagiert, und die Werbung zog sofort mit. ***AFB***

Wechseln erworben werden, wobei die entsprechenden Preise dann 785, 815 bzw. 840 Mark betrugen. Sie galten für ein Fahrzeug ohne Lichtanlage und Zubehör (wie Soziussitz, Tachometer usw.).

Anfangs wurde das 206er Modell ausschließlich mit dem gleichen Antrieb gefertigt wie seine Vorgänger, wobei die Kraftübertragung von der Kupplung auf das Hinterrad durch einen Keilriemen erfolgte. Ab Januar 1927 war das Rad auch mit Kettenantrieb lieferbar. Aber nicht allein der dafür zu entrichtende Aufpreis war ein Grund dafür, daß sich die Kunden meist eher für den Keilriemen entschieden, sondern auch die offizielle Werbung des Werks, die ihm den Vorzug gab. So war noch 1927 im Werbeprospekt zu lesen: »Mit Absicht hielten wir bei diesem Modell am Riemenantrieb fest, da bei leichten Motoren der starre Kettenantrieb technisch zu verurteilen ist.«

Kaum zu glauben, aber wahr: Außer den beiden Keilriemenfelgen für den Betrieb im Flachland bzw. im bergigen Gelände stand noch eine 450 mm Riemenfelge als Beiwagenübersetzung zur Auswahl. Ob der Besitzer eines solchen Gespanns mit seinen 4 PS jedoch glücklich geworden ist, bleibt zu bezweifeln. Aber es wurde Werbung dafür betrieben und auch damit gefahren.

Unter Verwendung von E 206-Zylindern wurden 1926/1927 Boxermotoren mit der Typenbezeichnung J-2-Zylinder hergestellt. Der konkrete Anlaß zur Produktion dieser für

Die Halle für die mechanische Fertigung. Die Maschinen wurden noch über Transmissionsriemen angetrieben. **AAU**

Zwei A-Motoren und ein Schwungmagnetzünder im Prüflabor von DKW. **AAU**

E 200 – gut für den täglichen Gebrauch **AFB**

DKW recht ungewöhnlichen Bauweise ist unbekannt. Wahrscheinlich ist der Grund dafür in der Verwendung als Flugzeughilfsmotor und der günstigen Kühlmöglichkeit zu suchen. Für den zweiten Einsatzzweck, als Bootsmotor, wurde er auch mit Wasserkühlung hergestellt. Da DKW mit den Hubräumen immer variabel war, wurden derartige Motoren für beide Kühlmöglichkeiten mit einem Hubraum von 350, 412 und 500 cm³ hergestellt – insgesamt aber nur 200 Stück. Nach Aussagen eines damaligen Konstrukteurs soll auch ein Motorrad mit Boxermotor im Versuch gefahren worden sein.

Eine Veränderung des Modells E 206 brachte das seit dem 1. April 1928 gültige neue Kraftfahrzeugsteuergesetz, das die Besteuerung in 100-cm³-Stufen regelte und überdies Motorräder bis 200 cm³ von der Steuer befreite. Die Zschopauer Motorenwerke reagierten rechtzeitig und verringerten die Zylinderbohrung ab Motornummer 128001 auf 63 mm, wodurch der Hubraum nur noch 198 cm³ betrug. So kam nun auch der Besitzer eines E-Modells (jetzt E 200) in den Genuß der Steuerfreiheit. Natürlich bildete dieser Schritt auch wieder ein zugkräftiges Werbeargument!

Etwa zur gleichen Zeit wurden auch äußerliche Veränderungen an diesem Modell vorgenommen. So gestaltete man das Vorderradschutzblech, den Auspuff, den Gepäckträger und Werkzeugkasten neu. Infolge der schrittweisen Einführung dieser Änderungen können Maschinen des gleichen Typs ein unterschiedliches Äußeres haben.

Um dem finanziell besser stehenden und sportlich ambitionierten Motorradfahrern ein DKW-Erzeugnis bieten zu können und um vor allem weitere Marktanteile für Zweitaktfahrzeuge zu gewinnen, faßte man im Zschopauer Werk den Entschluß, mit der Konstruktion eines wesentlich stärkeren und schnelleren Fahrzeuges zu beginnen. Es sollte auch den Viertaktern in den großen Hubraumklassen echte Konkurrenz machen können. Dieses zunächst noch umstrittene Projekt erhielt durch ein Rennereignis tüchtig Auftrieb. Auf der wenige Kilometer oberhalb des im Tal

In dieser Ausführung wurde die Z 500 erstmals der Öffentlichkeit präsentiert. AFB

Die DKW-»Zunft« rückt auf Z-Gespannen aus. In der Mitte Direktor Blau, ganz links E. Bergelt (verantwortlich für die Qualitätskontrolle der Motorräder), dahinter im Pkw Mitglieder der Familie Rasmussen AFB

Drei Zschopauer auf Z 500 vor Antritt einer Wochenendtestfahrt nach Leipzig. Links im Bild E. Bergelt, in der Mitte A. Beckert. AFB

gelegenen Werkes befindlichen Rennstrecke »Marienberger Dreieck« zeigte der Kölner Rennfahrer Pätzold mit der englischen Zweizylinder-Scott-Maschine, daß die großen Hubräume keine Domäne der Viertakter sein müssen. Mit der wassergekühlten Zweitaktmaschine fuhr er sogar den neuen BMW-Boxer-Motorrädern davon. »Diese Maschine, nach dem Rennen von Rasmussen erworben, stand am folgenden Montag schon teilweise demontiert auf einem Montageblock in der Versuchsabteilung«, erinnert sich der kaufmännische Angestellte Gerhard Bach, der täglich auf seinem Weg zum Arbeitsplatz an dem Lattenverschlag vorbeikam, hinter dem sich damals noch die Versuchsabteilung befand.
Der Erfolg der Scott-Rennmaschine, die allerdings außer dem Motor-Prinzip »Zweizylinder-Zweitakt« keine konstruktiven Gemeinsamkeiten mit der neuen Zschopauer Entwicklung besaß, bestärkte Rasmussen und seine Techniker, auf dem rechten Weg zu sein. Als Ergebnis der intensiven Arbeit wurde am 25. September 1926 anläßlich eines im Zschopauer Werk stattfindenden Händlerkongresses das erste DKW-Motorrad mit Zweizylindermotor, das Modell Z 500, vorgestellt. Den zum Kongreß eingeladenen Händlern und Reparateuren – er fand in einem eigens hierzu im Werk errichteten großen Zelt statt – wurde die Möglichkeit gegeben, die Maschine auf der Straße nach Marienberg zu erproben. Daneben konnten alle zur Zeit produzierten DKW-Erzeugnisse in einer Ausstellung besichtigt werden. Im Kongreßprogramm war zu lesen, daß das DKW-Werk zur Hauptsaison 1926 eine Tagesproduktion von 100 Motorrädern und 130 Motoren mit 1600 Arbeitskräften erreicht hatte.
Die zu dieser ersten Werbeaktion verwendete Z 500 unterschied sich noch in mehreren Details von den dann 1927 angebotenen Se-

Chefkonstrukteur Hermann Weber auf Probefahrt mit einer Z 500 im Frühjahr 1927 **AFB**

J. S. Rasmussen bei der Einweihung einer neuen Brücke. Der Vomag-Bus im Hintergrund fuhr oft mit E- und Z-Motorrädern beladen zu Werbezwecken für DKW über Land. **AAU**

Die erste Sperrholzausführung des Z-Seitenwagens **AFB**

rienfahrzeugen. Der zur ersten Abbildung im Prospekt formulierte Werbetext sparte nicht mit Vorschußlorbeeren: »Beachten Sie die unerreicht schöne Linienführung dieses Modells. Es ist allbekannt, daß Schönheit mit technischer Vollendung Hand in Hand gehen. In technischer Beziehung aber stellt der DKW-Zweizylinder die modernste und zweckmäßigste Konstruktion der Gegenwart dar. Kein anderes Werk garantiert Ihnen, wie wir, eine serienmäßige Geschwindigkeit von 100 km per Stunde. Kein anderes deutsches Motorrad verwendet Zweitakt-Zweizylinder mit einem Anzugsmoment wie ein Viertakt-Vierzylinder oder ein 6-Zylinder-Auto. Kein anderes Motorrad bürgt für gleich gute Fahreigenschaften.«

Im Prospekt vom August 1927 wird die Turboventilatorkühlung und die halbautomatische Unterdruckölung für das mittlere Kurbelwellenlager besonders hervorgehoben. Infolge dieser besonderen Ölzuführung für das Bronzelager war der verzinkte Tank in zwei Kammern für 12 Liter Benzin-Öl-Gemisch und zwei Liter Öl geteilt. Weitere erwähnenswerte Details waren die untereinander auswechselbaren Räder und die großdimensionierten Bremsen, was zu jener Zeit durchaus nicht allgemein üblich war.

Für ausgesprochene Sportzwecke wurde lt. Prospekt eine besondere Ausführung in roter Lackierung mit Hochdruckreifen und Renngetriebe, die eine Höchstgeschwindigkeit von 120 km/h ermöglichen sollte, angeboten. Natürlich war auch ein spezieller DKW-Seitenwagen für das Zweizylindermodell zu haben, der im Werk Berlin-Spandau gefertigt wurde, wo aufgrund der hier hergestellten Auto-Karosserien die entsprechenden Fertigungseinrichtungen vorhanden waren.

Als Zschopauer anläßlich des 24-Stunden-Rennens auf der Opelbahn am 1. Mai 1927 erstmals zwei Werksrennmaschinen vom Typ PRe erprobten, gab man auch eine Z 500 mit ins Rennen. Sie erreichte einen beachtlichen 6. Platz. Doch trotz dieser überstandenen

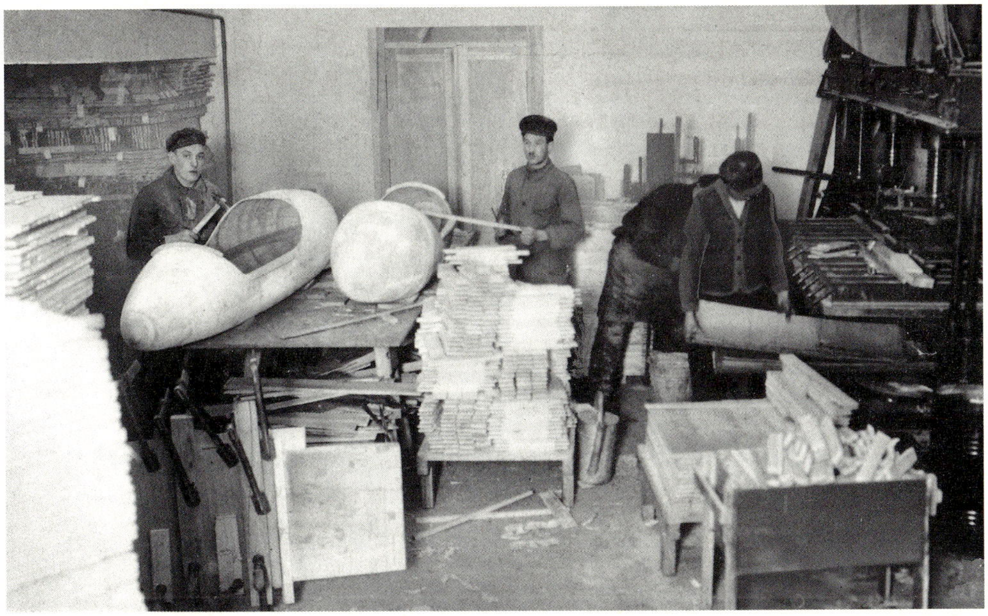

Der Blick in die Seitenwagenfertigung in Berlin-Spandau zeigt die Entstehung des Sport-Seitenwagens. AAU

Der Gespann-Rennfahrer Artur Bekkert mit Beifahrer Schmieder auf ZSW 500 AFB

Beckert und Schmieder (Bildmitte, Start-Nr. 48) am Start zum Rennen in Gera AFB

Dauerbeanspruchung auf der Rennbahn und ähnlicher Belastungsproben – so trieb ein Z-Fahrer die voll besetzte Maschine mit Seitenwagen bei 30°C in Italien eine 40 km lange Paßstraße mit 181 Kurven hoch – hatten viele Besitzer einer Z 500 Probleme mit der Kühlung und sehr oft Kolbenklemmer. Zunächst glaubten die DKW-Techniker, dieser Probleme Herr werden zu können, indem sie den Turboventilator entfernten, von dem man annahm, daß er die heiße Luft des rechten Zylinders auf den linken blase und somit die Ursache für die Klemmer sei. Somit hatten nun die Z-Maschinen eine reine Fahrtwindkühlung, wobei man die als Sonderzubehör gelieferten Beinschutzbleche zur Luftführung auf die Zylinder benutzte.
Alle diese Maßnahmen erwiesen sich aber nicht als dauernd wirksames Heilmittel für die thermischen Krankheiten der Z. Um den durch die solide Ausführung der E 206 erworbenen guten Ruf ihrer Erzeugnisse nicht aufs Spiel zu setzen, entschlossen sich die Zschopauer Motorenbauer zu einer kostenaufwendigen, aber auch wirkungsvollen Lösung des Problems: Sie versahen die Z-Maschine Ende 1928 mit der bei den Rennmaschinen schon bewährten Wasserkühlung und hoben mit dem neuen Zylinder die Leistung auf 14 PS an. Somit war das neue Modell ZSW 500 geboren, dessen Typenbezeichnung besagte, daß es sich um ein Motorrad mit Zweizylindermotor, Sondergetriebe und Wasserkühlung handelte. Die Kühler für die Thermosiphonkühlung waren zu beiden Seiten des vorderen Rahmenrohres – gut im Fahrtwind liegend – angebracht. Schon rein optisch war durch die vernickelten Kühler und die rote Lackierung ein sehr schönes Fahrzeug entstanden. Aber auch fahrseitig gab es nun keine Probleme mehr. Der Motor war thermisch in Ordnung und infolge einer neuentwickelten Kurbelwelle auch in dieser Hinsicht standfest. So war die ZSW für Langstreckenfahrten auch mit Seitenwagen sowie bei sportlichem Einsatz sehr gut geeignet.
Aufgrund der guten Erfahrungen, die schon nach kurzer Zeit mit der Wasserkühlung vorlagen, veranlaßte das Werk in einem seiner

Die E 250, abgebildet in der Betriebsanleitung **AFB**

Der Hintergrund dieses Fotos von 1928 zeigt deutlich, daß der Motorradverkauf ein Saisongeschäft war. Welcher DKW-Freund wünschte sich heutzutage nicht so eine E 300? **AFB**

Obwohl in Zschopau nicht gern gesehen, warben viele kleine Werkstätten für mehrere Fabrikate und Erzeugnisse zugleich. Das Werbeblatt der Firma Groß zeigt eine E 250. **AFB**

Rundschreiben die DKW-Werkstätten, den Besitzern von luftgekühlten Zweizylindermaschinen die Umrüstung auf Wasserkühlung anzubieten. Der Preis für diesen nachträglichen Umbau betrug 200 RM. Umgerüstete Maschinen unterschieden sich von den »echten« durch angeschraubte Befestigungsschellen für die Kühler.

Zur Erweiterung der Auswahlmöglichkeiten für die Kunden bei den Hubräumen der DKW-Motorräder und zur damit verbundenen Absatzerweiterung begannen die Zschopauer 1927 mit der Fertigung des Modells E 250. Der stehend eingebaute Einzylindermotor mit 247 cm^3, der nach dem gleichen Zweitakt-Dreikanalsystem arbeitete wie die anderen Modelle, erbrachte eine Leistung von 6 PS. Die Kraftübertragung erfolgte über eine Kette zum Dreigang-Sondergetriebe, das, getrennt vom Motor, im Rahmen befestigt war, und von diesem wiederum über eine Kette zum Hinterrad. Der Preis dieser Maschine betrug im Sommer 1927 bei Barzahlung 886 RM. Um das Fahrzeug nicht nur leistungs-, sondern auch ausstattungsmäßig von der kleineren Maschine abzuheben, war es mit der aufwendigeren Vorderfederung der Zweizylindermaschine versehen. Dadurch waren Lenkungs- und Stoßdämpfer vorhanden und der Lenker in der Halterung verstellbar. Der Rahmen war für den Anschluß eines leichten Seitenwagens vorgesehen.

Das bei der Entstehung des Modells E 200 schon erwähnte neue Kraftfahrzeugsteuergesetz vom April 1928 führte auch bei der E 250 zu einem weiterentwickelten Modell. Da das Gesetz die Besteuerung in 100-cm^3-Stufen regelte, waren die bisher gebräuchlichen Hubräume von 175, 250 und 350 cm^3 unökonomisch geworden. So entstand bei gleichbleibendem Hub und einer Zylinderbohrung von 74 mm ein Motor mit 293 cm^3 Hubraum. Die hierdurch zustande gekommene E 300 ging zu Pfingsten 1928 in Serie. Infolge ständiger konstruktiver Entwicklngsarbeit in den Zschopauer Motorenwerken unterschied sie sich auch äußerlich in zahlreichen Details von ihrer Vorgängerin. In den technischen Beschreibungen wurden besonders der abnehmbare Leichtmetall-Zylinderkopf und das

große Tankvolumen von 14 Litern sowie der dadurch erreichbare Aktionsradius von 300 bis 350 km hervorgehoben.
Das Jahr 1929 stellte einen Höhepunkt in der bisherigen Entwicklung der Zschopauer Motorenwerke dar. Dadurch, daß die meisten Teilefertiger für die Zschopauer Motoren und Fahrzeuge Betriebe der Rasmussen-A.-G. waren, gab es bei Einführung neuer Modelle nicht solche Probleme wie oft bei fremden Zulieferern. Für die Fertigung einer breiten Palette von Fahrzeugtypen, die jedem Käufergeschmack und jeder Geldbörse gerecht werden sollten, waren die Voraussetzungen vohanden. Durch Rennerfolge der Vorjahre und einfallsreiche Initiativen der Werbeabteilung stieg der Absatz der Zweitakter ständig. So konnten die Zschopauer ein komplettes neues Fertigungsprogramm auf den Zweiradmarkt bringen, das alle für Zweitakter gebräuchlichen Hubräume umfaßte.
Als erste Neuerscheinung wurde ab März 1929 lediglich das neue Spitzenmodell Supersport 500 angeboten, das auf den Ausstellungen in London und Berlin der interessierten Öffentlichkeit schon vorgestellt worden war. Über weitere neue Bestandteile des Produktionsprogramms war im Winter 1928/1929 aus Zschopau noch nichts Näheres zu hören gewesen. Lediglich ein zweites 500er Modell, das wesentlich billiger als die Supersport sein sollte, wurde noch vor der Jahreswende 1929 angekündigt. So stellte dann die Bekanntgabe der Herstellung einer aus drei Modellen bestehenden Luxus-Baureihe schon eine Überraschung für die Fachwelt dar. Diesen ab Mai 1929 verkauften Modellen Luxus 200, Luxus 300 und Luxus 500 fügte man im Laufe des Jahres dann sogar noch als viertes Luxus Spezial 200 hinzu.
Im Sommer 1929 wurde für den schmalen Geldbeutel noch das Volksrad in die Fertigung genommen, das sich im November zu einer etwas verbesserten Version mauserte. Sie erhielt die Bezeichnung ZIS.
Trotz dieser schon beachtlichen Spannweite des Programms kam noch im selben Jahr ein weiteres 200er Modell hinzu, die Spezial 200. An der Realisierung eines derart breiten Motorradangebotes waren etwa 6200 Beschäftigte bei DKW und den Zweigwerken beteiligt. Sie ermöglichten eine Tagesproduktion von 375 Motorrädern und 500 Motoren.
Das mit 1435 RM (plus 165 RM für die auf Wunsch anzubauende Lichtanlage) seinerzeit teuerste DKW-Modell, Supersport 500, wurde in der Händlermitteilung vom 1. März 1929 unter der technischen Bezeichnung ZBW 500 (Zweizylinder/Blockgetriebe/Wasserkühlung) in das neue Lieferprogramm aufgenommen. Diese Kurzbezeichnung wurde später für das Modell Sport 500 verwendet, das ein zur Supersport identisches Antriebsaggregat, aber im Gegensatz zu deren Rohrrahmen ein Preßstahlfahrgestell aufwies. Die Supersport wurde dann unter Hinweis auf ihr Erscheinungsjahr unter der Werksbezeichnung PM 29 bzw. auch unter Verwendung der üblichen Hubraumangabe als PM 500 geführt.
Die ersten, schon für das neue Modell vorgesehenen Motoren mit angeblocktem Getriebe wurden Ende 1928 in Z-Fahrgestellen erprobt. Da das angeblockte, aber für Reparaturzwecke leicht zu lösende Getriebe eine erhebliche Neuerung in der DKW-eigenen Fertigung bedeutete, wurden an den Getrieben erforderliche Reparaturen und auftretende Fehler genau analysiert. Zu diesem Zweck verlangte das Werk in der ersten Zeit der Verwendung dieser Getriebe die Einsendung aller raparaturbedürftigen Aggregate, um für fachgerechte Reparatur garantieren zu können.
Durch den Entwicklungsschritt »angeblocktes Getriebe« entfiel die Primärkette zwischen Motor und Getriebe, und die Antriebseinheit war nun ein kompaktes, seht viel glattflächigeres und damit leichter zu pflegendes Bauteil. Eine weitere bedeutende Verbesserung brachte der Satteltank, der eine tiefere Sitzanordnung und damit tiefere Schwerpunktlage des Fahrzeugs ermöglichte. Da die Verwendung der Wasserkühlung bei der Konstruktion der Maschine von vornherein feststand, wurde der Rohrrahmen so gestaltet, daß ein formschöner, großer Kühler organisch in die Gestaltung einbezogen werden konnte. Zu progressiver Technik und gefälliger Gestaltung der Maschine kamen noch eine auffällige rote Lackierung mit goldfarbenen Absetzlinien und hellgelbe Räder hinzu – ein begeisternd schönes Fahrzeug. Daß diese Maschine etwas Besonderes war, beweisen noch heute die euphorischen Ausbrüche älterer Herren, wenn man bei »Benzingesprächen« auf dieses DKW-Erzeugnis kommt. Obwohl es nur 1500 Stück hiervon gab, hat es mehr Motorradgeschichte(n) geschrieben als manches Modell, von dem ...zigtausend produziert wurden.

Mit dieser Abbildung der Luxus 500 waren große Blechschilder versehen, um für alle Luxus-Modelle zu werben. AFB

Auch Renngeschichte hat die Supersport gemacht. Da die Werksrennmaschinen vom Typ PRe mit ihren schnellen 500er Ladepumpenmotoren den Privatfahrern nicht zur Verfügung standen, gab DKW eine Anleitung heraus, welche Teile zu entfernen bzw. auszuwechseln waren, um die PM 500 für den Renneinsatz herrichten zu können. Das als Händlerrundschreiben herausgegebene Merkblatt Nr. 18 trug die Überschrift: »Richtlinien zum Herrichten der Supersport 500 für Rennen (Frisieren)«. Darin wurden die Bearbeitung der Kanäle und des Zylinderkopfes, die Veränderungen am Vergaser, der Einsatz der geeigneten Zündkerzen, die Änderung der Auspuffanlage, die Wahl der Bereifung und Übersetzung sowie die Entfernung überflüssiger Teile wie Gepäckträger und Werkzeugkästen beschrieben.
Weil die serienmäßigen 18 PS der Supersport schon beachtliche Fahrleistungen ermöglichten, waren bald schon leistungsgesteigerte Exemplare dieses Typs auf den vorderen Plätzen in den Rennergebnislisten zu finden. So erreichte z.B. der DKW-Fahrer Engelbrecht aus Bünde beim Eilenriederennen in Hannover, dem 1. Meisterschaftslauf 1930, mit einer Supersport den 3. Platz in der 500er Klasse. Solche Erfolge waren natürlich sehr werbewirksam! Auch DKW-Reparateure betätigten sich als Rennfahrer, was aus werbetechnischen Gründen im Zschopauer Werk besonders gern gesehen wurde. So drehte der im Zöblitzer Ortsteil Neusorge ansässige Werkstattbesitzer Mauersberger, der das Marienberger Dreieck fast vor der Tür hatte, auf der Hausrennstrecke der Zschopauer mit einer frisierten Supersport im Rennkarussel der Königsklasse, in der Namen wie Richnow (Rudge), Henne, Köppen und Gall (BMW), Loof (Imperia), Fleischmann (NSU), Bauhofer, Zündorf, Stegmann und Niemeck (DKW) als Werksfahrer bekannt waren, seine Run-

Merkblatt Nr. 18, herausgegeben vom Werk, zum Herrichten einer Serienmaschine für Rennzwecke **AFB**

Richtlinien zum Herrichten der Super-Sport 500 für Rennen (Frisieren)

1. Erhöhung des Kompressions-Verhältnisses.

Zu diesem Zwecke liefern wir Spezial-Zylinderköpfe, durch die der Kompressionsraum, der normal ca. 55 ccm beträgt, auf ca. 44 ccm gebracht wird. Ist der Bezug eines derartigen Kopfes nicht erwünscht, so ist Ihnen selber durch Abfräsen oder Abhobeln des vorhandenen Kopfes um ca. 2 mm die Möglichkeit gegeben, dasselbe zu erreichen. Beide Kompressionsräume müssen ganz gleichgroß werden.

Hierbei ist aber strengstens darauf zu achten, daß die Dichtungsfläche genau eben und sauber bleibt Dies erreicht man am besten durch Tuschieren und nachschaben. Wird hierbei nicht peinlich genau verfahren, so dringt leicht Wasser in den Kompressionsraum ein, welches hier zu einer Zerstörung der Kolben und Zündkerzen führt. Weiterhin ist darauf zu achten, daß der Kolben nicht in dem erniedrigten Zylinderkopf anstößt. Zur Kontrolle hierauf setzt man den nachgearbeiteten Kopf ohne Dichtung auf den Zylinder und dreht dann den Motor einigemale durch. Macht sich jetzt ein Anschlagen der Kolben bemerkbar, so muß dieses durch Nacharbeiten des Zylinderkopfes behoben werden. Zur Feststellung des betreffenden Punktes, wo der Kolben anstößt, empfiehlt es sich zu diesem Zwecke, den Kompressionsraum mit irgend einer Farbmasse zu bestreichen. Darnach ist der Kompressionsraum im Zylinderkopf sauber zu glätten und zu polieren. Vorspringende Kanten und Vertiefungen sind zu vermeiden und auszugleichen.

2. Nacharbeiten der Kanäle.

Die Kanäle sind an und für sich schon reichlich gehalten, daher ist ein Vergrößern derselben speziell der Schlitze zu vermeiden. Vor allem ist von einem Verbreitern der Schlitze nach außen hin abzusehen, da dieses unweigerlich zu einer Zerstörung der Kolbenringe evtl. des ganzen Motors führt. Eine Verbreiterung ist lediglich auf Kosten des Mittelstegs statthaft und zwar kann dieser bis auf ca. 6 mm nachgearbeitet werden. Alsdann sind die Wandungen der Kanäle sauber zu feilen und unter Zuhilfenahme von Schmirgelleinen zu polieren. Hiernach empfiehlt sich noch eine Kontrolle, ob die Oberkante Auspuffkanal 4 mm höher liegt als Kante Ueberströmkanal.

3. Zündkerzen.

Der Zündkerzenfrage ist besonderes Augenmerk zu schenken. In Anbetracht des erhöhten Kompressionsdruckes sind an Stelle der üblichen Kerzen Kerzen mit höherem Glühzündungswert einzusetzen. Wir empfehlen zu diesem Zweck Beru 140/a6, Bosch M 175/1, Bosch M 180/S23, bezw. DM 220/5 oder DM 300/5, weiterhin Lodge BR 29, bezw. KLG 396.

Entsprechend der höheren Hitzebeständigkeit vertragen diese Kerzen natürlich weniger Oel. Wir halten es für besonders wichtig auch darauf hinzuweisen, daß selbstverständlich auch diese an und für sich recht geeigneten Kerzen Unannehmlichkeiten durch Glühzündungen bereiten können, wenn die Kerze durch Unstimmigkeiten am Motor, Vergaser bezw. Zündung, wie z. B. unrichtige Vergaser- bezw. Zündmomenteinstellung, Undichtigkeiten am Motor, Verwendung ungeeigneter Betriebsmittel, eines zu ölhaltigen Gemisches, sowie Bedienungsfehler usw. ungünstig beeinflußt wird. Diese Gründe haben wir bereits übersichtlich zusammengestellt in unserer Merkkarte Nr. 24.

4. Vergaser.

Der von uns eingebaute Meco-Vergaser ist, da er zwei Ansaugkanäle für den oberen und unteren Drehzahlbereich hat, sehr gut verwendungsfähig. Man muß bei diesem Vergaser nicht nur die Düsengrößen wechseln, sondern auch Lufttrichtergrößen (lichte Weite des Ansaugquerschnittes) verändern. Die Lufttrichter kann man sich am besten selbst in den entsprechenden Größen aus Bronze oder Aluminium herstellen. Je enger der Lufttrichter ist, desto kleiner kann auch die Düsengröße sein. Allgemeine Einstellungsangaben finden Sie in der beiliegenden Karte Nr. 13.

Karte Nr. 18.

Merkblatt:

Richtlinien zum Herrichten für Rennen (Frisieren).

Abzulegen unter **Fr**

Eine Super-Sport in Rennausführung am Start zur Jubiläumsveranstaltung »100 Jahre Motorrad« im Hof der Augustusburg **AFB**

Welcher leidenschaftliche Motorradfahrer konnte schon so einem Angebot widerstehen, wenn er das Geld dazu hatte? **AFB**

Die meisten Exemplare der Luxus 200 hatten einen rot lackierten Tank und brachten ihnen den Namen »Blutblase« ein. Die zuletzt gefertigten Motorräder dieses Typs wurden mit verchromten Tank geliefert. **AFB**

den. Die Maschine, die er für die Rennen benutzte, blieb glücklicherweise erhalten und wurde 1981/1982 von F. Bach, Mitautor dieses Buches, restauriert.

Anfang Mai 1929 begann der Werbefeldzug für die DKW-Luxus-Baureihe, die zunächst aus drei, später aus vier Modellen von 200 bis 500 cm^3 bestand. Als erster Typ wurde die Luxus 200 verkauft, die bewährte Technik in Form des Motors ZL 63/64 (wie bei E 200) mit einem neuartigen Fahrgestell in sich vereinte. Dieses Fahrgestell zeigte zwei für die meisten Folgemodelle charakteristische Merkmale: den Satteltank und einen Preßstahlrahmen, eine Rahmenbauweise, die schon von anderen Motorradherstellern wie Neander, Wanderer und BMW angewandt wurde und sich technologisch gut für die Herstellung großer Serien eignete. Die notwendige Festigkeit erhielten die Prägeteile durch die gewählte Querschnittsform, die analog auch für die Vordergabel verwendet wurde. Antriebsseitig konnte wie schon beim Vorgängermodell zwischen Keilriemen und Kette gewählt werden. Letztere schlug mit einem Aufpreis von 20 RM zum Grundpreis von 715 RM zu Buche. Der schon erwähnte, für die Luxus-Modelle typische Satteltank war bei der 200er rot lackiert, was der Maschine im Volksmund den Beinamen »Blutblase« verschaffte. Mit eben solch einer »Blutblase« fuhr der spätere DKW-Werksfahrer Siegfried Wünsche 1933 seine ersten Rennen. Beim Bergrennen in Hohnstein (Sächs. Schweiz) erreichte er den dritten Platz und in Marienberg einen fünften. Um mit dem Motorrad überhaupt Rennen fah-

Meister Siemang machte in Dresden auch ganz schlichte Serienmaschinen rennfähig. Siegfried Wünsche fuhr seine ersten Rennen auf einer von Siemang hergerichteten »Blutblase«. **AFB**

Eine Luxus 300, die später mit dem Auto Union-Emblem verziert worden ist. **AS**

DKW-Werbung einer Dresdner Werkstatt. Die Luxus 300 ist in fast natürlicher Größe auf das Rollo der Werkstatt gemalt worden. **AFB**

Eine L 300, fotografiert in den fünfziger Jahren bei einer Veranstaltung des sowjetischen Staatszirkus. Die Maschine war eine Lizenzfertigung der Leningrader Promet-Werke. **AFB**

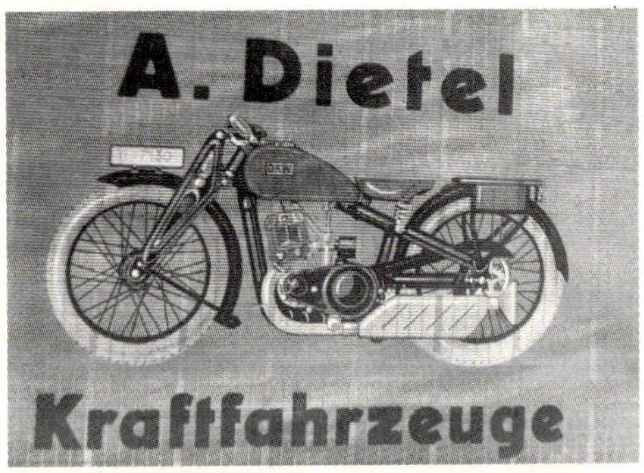

ren zu können, hatte er sich die Maschine bei Meister Siemang in Dresden »johlixen« lassen. Darunter ist ein spezielles Verfahren zum Frisieren von Zweitaktmotoren zu verstehen, das in der Kürzung des Kolbenhemds an der Einlaßseite besteht. Der selbständige Kfz-Meister Johannes Siemang war damals das, was nach dem Krieg Mantzel für die DKW-Wagen und Melkus für die IFA-Zweitakter waren.

Beim Modell Luxus 300 hat man ebenfalls auf bewährte Technik zurückgegriffen und diese sinnvoll mit dem neuen Fahrgestell in Preßstahlbauweise vereint. Für den Antrieb wurde der Motor der E 300 etwas modifiziert und im gleichen Prinzip mit getrenntem Getriebe eingebaut. Die Einbaulage war etwas verändert, so daß der Zylinder parallel zur vorderen Rahmenstrebe stand – also etwas nach vorn geneigt –, was dem Motorrad ein gefälligeres Ansehen verlieh. Außer ganz in Schwarz wurde die 300er standardmäßig auch mit rotem Tank geliefert. Auf besonderen Wunsch der Kunden konnten auch Tanklackierungen in anderen Farben geliefert werden. Die ansonsten technisch gleiche, aber hubraumkleinere Schwester Luxus Spezial 200 wurde meist mit einem Tank geliefert, dessen Seitenspiegel und Oberseite elfenbeinfarben lackiert waren.

Da sich offensichtlich die Kundenwünsche nach andersfarbigen Lackierungen häuften, wies das Werk seine Händler im Rundschreiben vom 12. April 1930 darauf hin, die Kunden im Interesse einer rationellen Fließfertigung auf die Standardfarben zu orientieren. Der Wunsch nach einem blauen Tank z. B. für die Luxus-Modelle stellte das Werk nicht vor ein Problem, die Rahmen aber seien nur in

Nächtliche Pause während der 144-Stunden-Prüfungsfahrt für Serienmaschinen auf dem Nürburgring 1930 **AFB**

Während der Prüfungsfahrt hatten die Fahrer der Luxus Spezial 200 große Probleme mit Kolbenklemmern infolge zu starken Ölkohleansatzes. **AFB**

Die drei Werksfahrer Sprung, Bergelt und Rost (v.l.n.r.) bei einer Probefahrt im winterlichen Erzgebirge auf Luxus 500-Maschinen **AFB**

Werbeinserat mit Bezug auf die erfolgreiche Zuverlässigkeitsfahrt der DKW-Mannschaft auf einer Luxus 300 **AFB**

schwarz lieferbar. Für die Sonderlackierung eines Tanks war ein Aufpreis von 6 RM fällig. Auch eine Vernickelung des Tanks war auf Wunsch möglich. Für die 838 RM, die die Luxus 300 1929 kostete, erhielt man eine Maschine mit 8 PS, die für ca. 85 km/h gut war. Die Luxus Spezial 200 erreichte mit 4,5 PS 75 km/h.

Ein mit der Geschichte der Luxus-Baureihe eng verknüpftes motorsportliches Ereignis war die am 7. April 1930 um 15 Uhr auf dem Nürburgring gestartete »144-Stunden-Prüfungsfahrt für Serienmotorräder«, die unter der Regie des ADAC lief. Um den Motorradinteressenten einen Vergleich zwischen den verschiedenen Fabrikaten zu ermöglichen, hatten Vertreter des ADAC 43 Motorräder aus Fabriklagern und Vertretungen der Firmen Ardie, BSA, DKW, Deutsche Industrie- Werke, FN, Hecker, Horex, Imperia, NSU, Peugeot, Standard, Tornax, Triumph, Victoria und Zündapp ausgewählt und für die Prüfungsfahrt Fahrer für die Maschinen von den Herstellern angefordert. DKW setzte eine aus je drei Fah-

Eine Methode zur Bekämpfung thermischer Probleme der Motoren war, wie die Abbildung zeigt, die Gasstromventilation genannte Frischgasführung unter dem heißen Kolben hindurch. ***AFB***

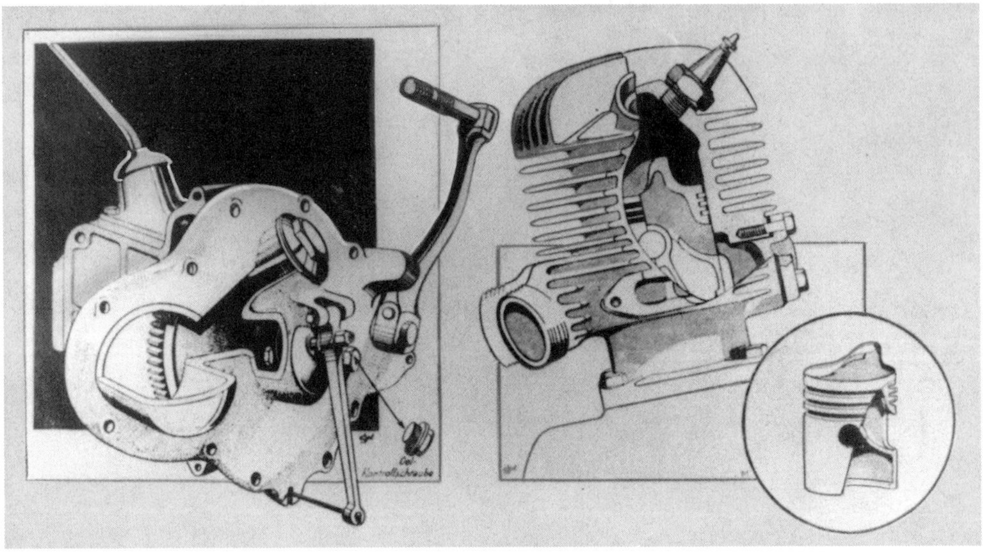

Abbildung einer Sport 500, die wassergekühlte Nachfolgerin der Luxus 500, aus dem Übersichtsprospekt der Auslaufmodelle von 1932 ***AFB***

rern bestehende Mannschaft auf Luxus Spezial 200 und eine auf Luxus 300 sowie einen Einzelfahrer auf Luxus 500 ein. Die Fahrer eines Fabrikates durften sich untereinander auf den verschiedenen Maschinen ablösen. Die Zschopauer hatten so bekannte Leute wie Hans Winkler, Toni Bauhofer und Herbert Kirchberg im Aufgebot. Und dennoch kam es zur Panne. Infolge eines Fehlers bei der Aufbereitung des Kraftstoffgemisches war das Benzin-Benzol-Gemisch mit zuviel Castrol-Öl gefettet worden. Das verursachte einen überaus starken Ölkohleansatz in den Motoren, der die Kühlung behinderte und Kolbenklemmer zur Folge hatte. Zwei der 200er Maschinen mußten aus diesem Grund aus dem Wettbewerb genommen werden. Als man nach dem sofortigem Abziehen der Zylinder die Ursache erkannte, wechselte Winkler bei seiner Maschine mit der Startnummer 12 in 19 Minuten den Kolben und konnte, mit einigen Strafpunkten belastet, die Fahrt zu Ende führen. Für die 300er Maschinen reichte ein Betanken mit frischer Mischung zur Beseitigung der Schwierigkeiten. Alle drei erreichten das Ziel am 13. April strafpunktfrei, was mit der großen Goldmedaille belohnt wurde und für den hohen Gebrauchswert der Maschinen sprach.

Die Luxus 500, die anfangs auch mit thermischen Schwierigkeiten zu kämpfen hatte, fiel leider durch einen Sturz Kirchbergs am fünften Tag aus! Dieses hubraumstärkste, 14 PS leistendes Luxusmodell war mit einem Preis von 1095 RM eine relativ preiswerte 500er. In puncto Aussehen machte sie mit ihrem Blockmotor, dem formschönen Satteltank und der mehrfarbigen Lackierung ihrer Marke alle Ehre. In technischer Hinsicht aber war sie wie ihre Vorgängerin, Z 500, infolge der mangelhaften Wärmeabführung von den Zylindern ein Sorgenkind. Für den kompakten Zylinderblock und die Nasenkolben reichte die Fahrtwindkühlung nicht aus. Auch durch die unter der Bezeichnung »Gasstromventilation« bei den 300ern und 500ern angewendete Zwangsführung des Frischgases unter dem heißen Kolbenboden hindurch konnte hier keine Lösung des Problems erzielt werden. So baute man später einige solcher Maschinen mit Wasserkühlung, so daß aus der ZB, wie die technische Bezeichnung der Luxus 500 lautete, die ZBW 500 (Zweizylinder-Blockgetriebe-Wasserkühlung) wurde. Diese Maschinen wurden dann unter der Handelsbezeichnung Sport 500 angeboten. Der Unterschied zum Antriebsaggregat der Supersport bestand bei der Sport in der geringeren Verdichtung des Motors, dessen Verdichtungsraum 54 cm^3 und der der Supersport 50 cm^3 betrug. Eigenartigerweise wird aber in den damaligen Veröffentlichungen für beide Typen die gleiche Leistung angegeben. Für

***Restaurierte Spezial 200 aus der Sammlung von Dr. Ove Rasmussen* AOR**

***Kopf des Vorstellungsberichtes über die L 200 in der Zeitschrift »Motor und Sport«* AFB**

Kunden, deren ZB-Motor sich besonders anfällig erwies, gab es ebenfalls den Weg der Umrüstung zur ZBW.
Obwohl im Lieferprogramm von 1929 schon zwei Modelle mit 200 cm³-Motor enthalten waren, wurde Mitte des Jahres unter dem Slogan: »DKW-Spezial 200, das preiswerte steuer- und führerscheinfreie Dreiganggetriebe« noch eine weitere 200er angeboten. Mit dieser Maschine hatte es aber eine besondere Bewandtnis: J. S. Rasmussen hatte Aktien des Chemnitzer Motorradherstellers Schüttoff erworben. 1930 übernahm er dessen Motorradfabrikation ganz. Während der Auto-Union-Zeit wurden dann in den Räumen der ehemaligen Schüttoff-Motorradfertigung die Elektroanlagen für DKW produziert. Da Schüttoff auf Viertaktmaschinen ab 350 cm³ spezialisiert gewesen war, ist die oben genannte 200er seit Ende 1928 als steuerfreie Schüttoff vom Typ L 200 verkauft worden. An dem für Schüttoff typisch rotbraun lackiertem Tank und den Werkzeugkästen war der Schriftzug der Chemnitzer Firma angebracht.
Sicherlich aus verkaufsstrategischen Gesichtspunkten – es gab ja schon damals Fahrzeugkäufer, die auf ein bestimmtes Fabrikat eingeschworen waren – bot man die Maschine nun auch unter der Marke DKW an. Als solche war sie schwarz lackiert und mit rotem Tank versehen worden. Sie wies im Gegensatz zu den Luxus-Modellen einen Rohrrahmen auf. In den überlieferten Werksunterlagen wurde nicht erfaßt, wieviele Maschinen man als DKW und wieviele man als Schüttoff verkauft hat. Es gibt auch nur eine Ersatzteilliste, die Nr. 11, die auf dem Umschlag die Bezeichnung Spezial 200 trägt, und auf den abgebildeten Teilen sind die Schriftzüge »Schüttoff« zu sehen.
Ein weiteres, etwas absonderliches Motorradprodukt der Zschopauer war das sogenannte Volksrad, das man mit der Absicht in die Produktion nahm, auch Motorradinteressenten, die den Preis der Luxus 200 nicht aufbringen konnten, in die DKW-Kundschaft einreihen zu können. Diese Maschine mit dem prinzipell gleichen Motor wie das bisher billigste Modell mit 198 cm³ (jetzt lediglich ohne Schaltgetriebe) kostete 485 RM. Rahmen und Gabel waren in gleicher Preßstahlbauweise hergestellt, wie die der teureren Modelle. Auf Gepäckträger, Luftfilter, Lenkungs- und Stoßdämpfer sowie Kickstarter

***Es war zwar die billigste Maschine von DKW, aber ein »Volksmotorrad«, wie der Name verhieß, ist sie trotzdem nicht geworden.* AFB**

Z 200 (ZiS) im Schaufenster eines DKW-Händlers **AFB**

Diese wassergekühlte Einzylinder-Maschine wurde von DKW für Rekordversuche gefertigt. **AFB**

Die Unterkunft der Zschopauer Versuchsfahrer am Nürburgring **AFB**

Mit dieser Version (ohne Seitenverkleidung) errang W. Winkler in Ungarn einige Geschwindigkeitsrekorde und später viele Siege bei Bahnrennen. **AFB**

mußte der Käufer bei dieser Preisklasse verzichten. Im Herbst 1929 wertete man das Billigmodell etwas auf durch die Verwendung eines Zweiganggetriebes und eines Framo-Zweihebelvergasers. Es wurde nun zum Preis von 545 RM unter der Bezeichnung ZIS angeboten.

Daß das Erscheinen derartiger Billig-Modelle auf die durch die Wirtschaftskrise gesunkene Kaufkraft zurückzuführen war, konnte man auch der Formulierung einer Werbeschrift entnehmen: »Wenn wir als größte Motorradfabrik in diesen schlechten Zeiten ein anständiges, billiges Volksmotorrad herausbringen, eröffnen wir uns ein neues, großes Absatzfeld, denn wir verbreitern so die Basis unserer Absatzpyramide. Wer bisher unsere Luxusmodelle selbst nicht mal trotz der günstigen Abzahlungsbedingungen kaufte, hat eben noch weniger Geld, als erforderlich ist!«

Aber auch in Zeiten geringeren Absatzes arbeiteten die Techniker in Zschopau an der Vervollkommnung ihrer Produkte. Hierzu erforderliche Erkenntnisse erhielt man natürlich oft im Ergebnis von Extrembeanspruchungen

Die Zschopauer Werksmannschaft beim Skat in einer Fahrpause: Arthur Geiß kann man ins Blatt sehen; Herbert Kirchberg (dahinter) scheint noch zu überlegen, während Walfried Winkler (rechts, daneben) das Spiel schon sicher zu haben scheint. Ganz links Hugo von Eckleben, aus dessen Nachlaß u. a. dieses Bild stammt. AFB

Der Eingang zur Behausung der Zschopauer Testfahrer am Nürburgring. Sultan Toni war das Pseudonym von Toni Bauhofer. AFB

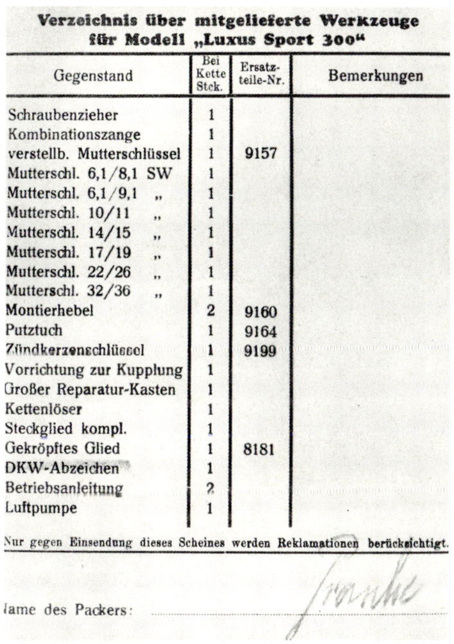

Verzeichnis über mitgelieferte Werkzeuge für Modell „Luxus Sport 300"

Gegenstand	Bei Kette Stck.	Ersatz-teile-Nr.	Bemerkungen
Schraubenzieher	1		
Kombinationszange	1		
verstellb. Mutterschlüssel	1	9157	
Mutterschl. 6,1/8,1 SW	1		
Mutterschl. 6,1/9,1 „	1		
Mutterschl. 10/11 „	1		
Mutterschl. 14/15 „	1		
Mutterschl. 17/19 „	1		
Mutterschl. 22/26 „	1		
Mutterschl. 32/36 „	1		
Montierhebel	2	9160	
Putztuch	1	9164	
Zündkerzenschlüssel	1	9199	
Vorrichtung zur Kupplung	1		
Großer Reparatur-Kasten	1		
Kettenlöser	1		
Steckglied kompl.	1		
Gekröpftes Glied	1	8181	
DKW-Abzeichen	1		
Betriebsanleitung	2		
Luftpumpe	1		

Nur gegen Einsendung dieses Scheines werden Reklamationen berücksichtigt.

Name des Packers: Franke

Das serienmäßige Zubehör für die Luxus Sport 300 AFB

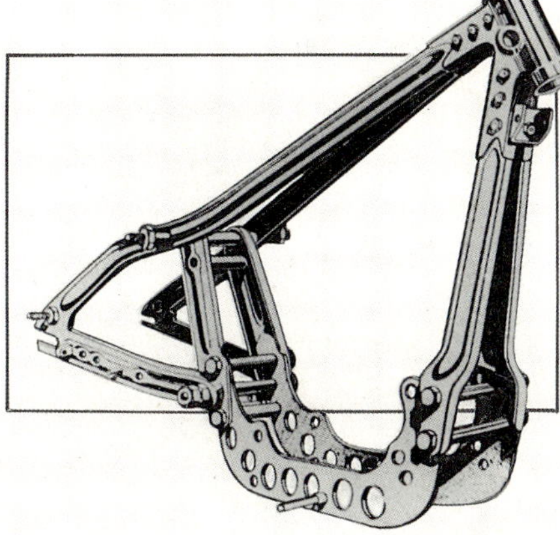

Der Preßstahlrahmen der Luxus Sport 300, der zu jener Zeit in keinem Motorrad-Bericht unerwähnt blieb. AFB

des Materials, wie sie Rekordfahrten und Rennen mit sich bringen. So stellten die Zschopauer 1929 eine wassergekühlte Spezialmaschine auf die Räder, von der sie sich Geschwindigkeitsrekorde erhofften. Die Verkleidung des Motorrades erwies sich aber aufgrund ihrer zu hohen Seitenwindempfindlichkeit als ungeeignet. So blieben die gewünschten Rekorde aus. Doch Walfried Winkler konnte mit dieser Maschine ohne Verkleidung große Erfolge bei Bahnrennen erzielen. Da der Nürburgring für Erprobungsfahrten gute Voraussetzungen bot, nutzten die DKW-Leute diese Rennstrecke in der Eifel ständig für derartige Zwecke und ließen sich dort auch eine Unterkunft errichten, die ihnen immer zur Verfügung stand.

Im Frühjahr 1930 veröffentlichten einschlägige Fachzeitschriften das ganz aktuelle Motorrad-Lieferprogramm von DKW unter besonderer Betonung einer Neuerscheinung, die, um technischen Vorlauf zu dokumentieren, als Typ 1931 bezeichnet wurde. Es handelte sich dabei um das am 2. April in Serienproduktion gegangene Modell Luxus Sport 300. Hier ist erstmals für ein DKW-Einzylindermodell die Blockbauweise angewendet worden, was auch durch die technische Bezeichnung EB 300 (Einzylinder-Blockmotor) belegt wurde. Diese neue 300er bildete den Vorläufer der Modellreihen, bei denen die Motor-Getriebe-Blockbauweise selbst für hubraumkleine Fahrzeuge zum Standard wurde. Bei diesem Modell ging man von der Konstruktion bis zur Werbung gegenüber den letzten Vorjahresmodellen einen entgegengesetzten Weg: Nicht mit niedrigen Preisen sollten die Kunden geworben werden, sondern mit modernster Technik und luxuriöser Ausstattung, was sich natürlich auch in dem beachtlichen Preis von 1050 RM ab Werk niederschlug.

Der bis dahin schon in 30000 Exemplaren produzierte Preßstahlrahmen bildete auch für den Typ 1931 das verwindungssteife Rückgrat. In gleicher Weise wie die Rahmen- und Gabelteile war hier erstmals der Lenker als Blechprägeteil ausgebildet, und zwar in einer solchen Form, daß er wie ein Armaturenbrett den Tachometer und eine Uhr sowie die übli-

Schüttoff 200, Zweitakt

4 PS / 200 ccm / Zweig.-Blockgetr. / Kettenantrieb / steuer- u. führerscheinfrei

Motor: Einzylinder-Zweitakt, 63 mm Bohrung, 64 mm Hub, Zylinderinhalt 198 ccm, Kurbelwelle und Pleuelstange auf Rollen gelagert, Leichtmetallkolben, Bremsleistung ca. 4 PS, Stundengeschwindigkeit ca. 70 km.

Vergaser: Einkolben-Spezial-Vergaser mit während der Fahrt von der Lenkstange aus veränderlicher Konusdüse; Luftreiniger.

Zündung: Rota-Schwungradmagnet in 1000fach bewährt. betriebssicherer Ausführung.

Schmierung: Durch Beimengung von Oel zum Brennstoff im vorgeschri-benen Verhältnis gewährleistet größte Sicherheit bei allen Füllungsgraden. Das Beimischen des Oeles kann gleich innerhalb des Maschinentanks durch eine besonders eingebaute Mischungsvorrichtung vorgenommen werden.

Getriebe: Zweigang-Blockgetriebe. Bedarf keinerlei Wartung, da die Schmierung gemeinsam mit dem Motor erfolgt.

Kupplung: Kork-mehrfach-Lamellenkupplung, unterwegs leicht nachstellbar.

Laufräder: CCI-Felge mit 26"x2,85" Ballonreifen.

Gewicht: ca. 85 kg.

Maße: Gesamtlänge 2020 mm, Raddurchmesser 680 mm, Bodenfreiheit 120 mm, Radstand 1275 mm, Sattelhöhe 680 mm.

Brennstoffverbrauch: ca. 3 Liter pro 100 km.

Elektr. Lichtausrüstung: Gegen Sonderberechnung.

Luxus Sport 300 vor dem Zschopauer Werk bereit zur Erprobungsfahrt; rechts im Bild Toni Bauhofer mit einer PRe 500 ***AFB***

Eine 300er während der Probefahrt ***AFB***

Prospektblatt zur DKW-Schüttoff mit Zweitaktmotor ***AFB***

chen Bedienungselemente aufnehmen konnte. Im Vorstellungsbericht der Maschine wurde die Elastizität des Lenkers hervorgehoben, wodurch Stöße, die von der Federung nicht geschluckt wurden, gemildert werden sollten. Damit war also ein Kompromiß zwischen dem Rohrlenker und dem Gazda-Federlenker gefunden worden. Letzterer wurde als Sonderzubehör für die Vorgängermodelle angeboten. Mit dem Preßstahllenker kam auch die serienmäßige Verwendung des Gasdrehgriffes anstelle des bisherigen Daumenhebels. Zur serienmäßigen Ausstattung der Luxus Sport 300 gehörte zudem eine elektrische Lichtanlage, die gemeinsam mit der Zündanlage von einer auf dem rechten Kurbelwellenstumpf befestigten Gleichstromlichtmaschine über eine Bleibatterie gespeist wurde. Mit dieser neuen Batteriezündung wurde auch die Fliehgewichtsverstellung des Zündzeitpunktes und der in einem Kunststoffgehäuse gemeinsam mit dem Regler/Rückstromschalter untergebrachte Zünd-Licht-Schalter mit abziehbarem Schlüssel eingeführt. Das äußere Bild der Luxus Sport 300 wurde im wesentlichen von dem Trommelscheinwerfer, dem Armaturenlenker, dem glattflächigen Antriebsblock und dem formschönen Satteltank geprägt, was alles der damaligen Vorstellung von einem modernen Motorrad entsprach. Auch leistungsmäßig war es mit seinen 9 PS aus 293 cm³ auf der Höhe der Zeit. Die farbliche Gestaltung und die Auswahl standen nicht hinter der modernen Technik zurück: Schwarze Lackierung mit vernickelten Tankseiten, Auspuffrohren und Kleinteilen waren serienmäßig. Ebenso konnte aber auch ein gänzlich vernickelter Tank mit lackierter Oberseite gewählt werden. Eine farblich sehr ansprechende Variante war die schwarze Lackierung mit hellgelb, fast elfenbeinfarbig abgesetzten Tankseitenspiegeln, Tankoberseite, Rädern und Werkzegkästen sowie blauer Absetzlinierung.

Der mit Typ 1931 in der Werbung versinnbildlichte Qualitätssprung gegenüber den Vorgängermodellen war offensichtliche Realität geworden. Allerdings sahen sich die Zschopauer wohl aufgrund der nicht sehr rosigen Wirtschaftslage zu keinen weiteren Neuerscheinungen veranlaßt. Die Vorjahrsmodelle blieben weiterhin im Angebot. Lediglich einige neue Schüttoff-Typen entstanden bei DKW noch in geringer Stückzahl.

Bei der 1929 gefertigten Zweitakt-Schüttoff L 200 hatten einige Fachjournalisten schon bei der Vorstellung der Maschine den Einsteck-

DKW-Schüttoff JS 500 während einer Veteranenveranstaltung im Hofe der Augustusburg, flankiert von »Blutblase« und Super-Sport **AFB**

Die Schüttoff-Motorräder wurden vom DKW-Vertrieb mit verkauft. AFB

tank gerügt. Aus diesem Grunde rüstete man schon kurze Zeit später die L 200 auch mit dem moderneren Satteltank aus, was eine geringfügige Rahmenänderung erforderte. So entstand der Typ EM, der als 200er und 300er Version geliefert wurde. Auch bei dieser Schüttoff verfuhr man wie bei der L 200-Spezial 200 und stellte 1931 200 Stück dieser Maschinen als DKW auf die Räder! Diese Motorräder unterschieden sich von den Modellen Luxus Spezial 200 und Luxus 300 lediglich durch den Rohrrahmen. Außerdem sind 200 Motorräder gebaut worden, denen man in den üblichen Preßstahlrahmen einen 200-cm³-Sturmey-Archer-Motor einsetzte. Da dieses Viertaktprodukt jedoch ganz aus der DKW-Art schlug, wurde es als Schüttoff RS 200 gehandelt. Die Motoren sind sicher im Rahmen der Geschäftsbeziehungen, die in Getriebelieferungen dieser englischen Firma an DKW bestanden, nach Zschopau geraten. Es hat auch Lizenzverhandlungen zwischen Rasmussen und einem Vertreter der englischen Firma betreffs einer solchen Viertakter-Fertigung in Chemnitz gegeben. Die Beweggründe hierfür sind nicht überliefert.

Im gleichen Stil wie die EM – also mit Rohrrahmen und Satteltank – produzierte DKW unter Verwendung des Zweigangmotors der »Blutblase« noch 800 Stück Zweitakt-Schüttoff unter der Modellbezeichnung Mifa.

Bei der Betrachtung des technischen Entwicklungsstandes der neuesten DKW-Typen ist die Produktion oben genannter Modelle nur unter dem Aspekt »Aufbrauch vorhandener Teile« zu betrachten. Infolge der verwendeten Motoren und Getriebe waren sie allesamt keine Fahrzeuge, die technischen Höchststand verkörperten. Der Marke Schüttoff konnte daraus kein Nachteil mehr erwachsen, da die Schüttoff-Motorradproduktion in Chemnitz schon eingestellt war und die Fahrzeugrestbestände vom DKW-Vertrieb mit verkauft wurden.

Aus der Sicht des Aufbrauchens noch vorhandener Teile ist auch das Entstehen der Schüttoff-DKW JS 500 zu betrachten. Unter geringfügiger Änderung der Motoraufhängung baute man die Bestände an seitengesteuerten Schüttoff-Motoren in 500er-DKW-Preßstahlrahmen ein. Mit dem 13-PS-Viertaktmotor ergab das eine solide Tourenmaschine, die bezüglich Auststattung dem Niveau der Luxus Sport 300 entsprach und in der Lackierung der traditionellen Schüttoff-Farbgebung angepaßt war.

Da durch die Auswirkungen der Wirtschaftskrise der Absatz von Fahrzeugen immer noch rückläufig war, bestand für die Zschopauer Motorenwerke auch 1931 noch kein Grund, das Lieferprogramm mit vielen neuen Modellen aufzustocken. Die Jahre 1931 bis 1933 wurden geprägt durch die Reihe der Block-Modelle, die die moderne technische Linie der Luxus Sport 300 auf die anderen Hubräume übertrug. Die 1931 in die Produktion gegangenen Modelle Block 200 und Block 300 unterschieden sich lediglich durch die Zylin-

Eine Block TB 200 im Versuchsstadium. Deutlich ist der vom Fußbremshebel zum Vorderrad verlaufende Seilzug zu erkennen. Der DKW-Wortlaut hierfür: »Zweirad-Bremse«. AFB

Sicherlich der einzige noch existierende Zoller-Doppelkolbenmotor aus der Versuchsreihe. Er wurde abgelöst, als Dr. Venediger die Umkehrspülung nach Zschopau brachte. Zwischen Vergaser und Zylinder ist das Gehäuse mit den Einlaßmembranen zu erkennen. Technische Daten: Hub 84 mm, Bohrung 2x55 mm, Hubraum 399 cm³, Viergang-Kugelschaltung DM

derbohrung von 60 bzw. 74 mm. Der Hub betrug 68 mm. Der Motor war, wie die Modellbezeichnung besagt, mit dem Getriebe verblockt – ein Doppelsportmotor mit dadurch seitlich angebrachtem Framo-B-Vergaser. Die Maschine war gegenüber dem Vorgängermodell wesentlich leichter geworden, ohne an Stabilität eingebüßt zu haben. Der Rahmenunterzug ist weggelassen worden, so daß der Rahmen unten vom Motor geschlossen wurde. Der Gehäuseblock fiel in seiner Gesamtheit kleiner aus, ebenso die Lichtmaschine.
Der Lenker samt Armaturen wurde wie vordem beibehalten. Der Tachoantrieb war nun gekapselt. Dreiwege-Kraftstoffhahn, neue, leicht zu reinigende Auspufftöpfe, aufklappbares Schutzblech zum leichteren Hinterradausbau und viel Chrom kennzeichneten die luxuriöse Ausstattung. Das neue Getriebe hatte keine Kugelschaltung mehr, sondern eine an der rechten Tankseite angebrachte Kulissenschaltung, die nun bei DKW zur Regel wurde. Mit dieser schönen Maschine kam noch eine Neuerung auf den Motorradmarkt, und zwar in der Ausführung Block 200 A, wobei das A für Anlasser stand. Der Motor hatte, wie der des DKW-Frontantriebswagens, einen Dynastart! Der Anlasserschalter war gut erreichbar neben dem Elektroschaltkasten (Spulenkasten) angebracht.

Der Zweitakttechnik größter Fortschritt

Auch wenn die Anzahl neuer DKW-Modelle in den Jahren 1930 und 1931 gegenüber den Vorjahren gering war, so kann das nicht als Zeichen dafür angesehen werden, daß die Zschopauer Konstrukteure die Hände in den Schoß gelegt hätten. Im Gegenteil, sie waren sehr aktiv. Schon Ende der zwanziger Jahre hatten sie erkannt, daß das Hindernis auf dem Wege zur Leistungssteigerung der Zweitakter und zur Senkung des Kraftstoffverbrauchs im Nasenkolben mit seiner hohen Massekonzentration und der dadurch bedingten schlechten Wärmeableitung bestand. Da das in den Motoren bislang verwendete Querstromspülverfahren die ungünstige Kolbenform bedingte und auch relativ hohe Spülverluste an Frischgas ergab, suchte man nach einem Weg zur Verwendung eines Kolbens mit glattem, wie bei den Viertaktern üblichem Kolbenboden. Der von Rasmussen mit derartigen Untersuchungen beauftragte Schweizer Konstrukteur Arnold Zoller, der mit Zweitaktmotoren schon eine mehrjährige Erfahrung besaß, sah die Möglichkeit der weiteren Entwicklung des Zweitakters hinsichtlich Wirtschaftlichkeit und Leistungssteigerung im Doppelkolbenmotor. Im Gegensatz zu den bei der österreichischen Firma Puch gefertigten Motoren, die mittels Gabelpleuel zwei Kolben auf einen gemeinsamen Hubzapfen arbeiten ließen, sollte der DKW-Motor mit einem Haupt- und einem Nebenpleuel ausgerüstet werden, was außer dem glatten Kolbenboden durch die Art der Anlenkung des Nebenpleuels eine Unsymmetrie des Steuerdiagramms des Motors und damit eine Leistungssteigerung durch bessere Füllung ermöglichte. Das Pleuel mit dieser Anlenkungsart wurde dann als Zollerpleuel bezeichnet. 1931 befanden sich einige Motorräder mit Doppelkolbenmotoren nach dem System Zoller im Fahrversuch. Damit konnten positive Ergebnisse erzielt werden – natürlich erkauft durch komplizierte Bauart, was Rasmussen schon zur Zeit der Ruppeschen Hilfskolbenkonstruktion Anfang der zwanziger Jahre widerstrebt hatte. Doch jede Änderung der von vielen Firmen und Konstrukteuren in den Zwanzigern gefertigten oder zu Papier gebrachten Zweitakter hatte als Ergebnis ein noch komplizierteres Gebilde von Motor gebracht, als der in Zschopau gefertigte. So standen Rasmussen und seine Firmenleitung vor einer schweren Entscheidung, ehe sie die Produktionseinführung der Doppelkolbenmotoren für 1932 beschlossen.
Kurz darauf erhielt man in Zschopau Kenntnis von der Dissertationsarbeit des in Würzburg ansässigen Dipl.-Ing. Herbert Venediger, die die Steigerung der Wirtschaftlichkeit von Zweitaktmotoren zum Thema hatte. Sie befaßte sich u.a. mit den Möglichkeiten der von Dr.-Ing. Adolf Schnürle für die Firma Klöckner-Humboldt-Deutz AG erarbeiteten sogenannten Umkehrspülung, die aber von dieser Firma nur für Dieselmotoren genutzt wurde. Nun überschlugen sich in Zschopau förmlich die Ereignisse: Dr. Venediger wurde als Leiter der Entwicklung in das Erzgebirgsstädtchen geholt, mit Humboldt-Deutz schloß man einen umfassenden Lizenzvertrag ab – und innerhalb kurzer Zeit liefen bei DKW die Versuchs-

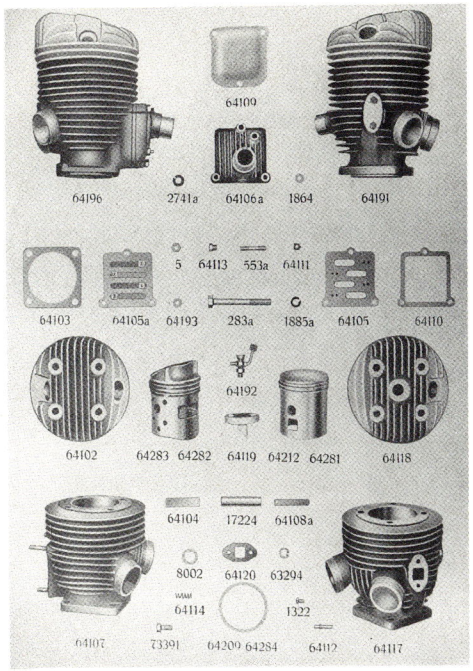

Bestandteile des Motors Block 350. Links alte Zylinderausführung mit Nasenkolben und Einlaßmembranen, rechts neue Ausführung mit glattem Kolben (Umkehrspülung) ***AFB***

Vorderseite des Prospekts für die Sport 350 ***AFB***

Zwei Sport 350 auf einer Nil-Fähre ***AFB***

motoren in einfacher Einkolbenbauart mit durch die neue Spülungsart ermöglichtem glatten Kolbenboden zur vollen Zufriedenheit ihrer geistigen Väter. Daß man nun leichten Herzens von der relativ teuren Fertigung der Doppelkolbenmotoren Abstand nahm, versteht sich von selbst. Lediglich die Rennmotoren profitierten von den Konstruktionsarbeiten Arnold Zollers, da hier die höheren Produktionskosten gegenüber den Möglichkeiten einer durch die oben beschriebenen konstruktiven Eigenheiten erzielbaren bedeutenden Leistungssteigerung eine untergeordnete Rolle spielten. So lief bald eine 250er Rennmaschine im Versuch, deren wassergekühlter Doppelkolbenmotor sogar in einem in der gleichen Profilform wie die Serienstahlrahmen gepreßten Leichtmetallrahmen untergebracht war.

Die Versuche mit den luftgekühlten Doppelkolben-Serienvorläufern wurden eingestellt und alle Kraft auf die Serieneinführung der Umkehrspülung bei den in der Produktion befindlichen Modellen konzentriert. Das erste Modell, das serienmäßig den neuen Zylinder und einen Kolben mit glattem Boden erhielt, war noch im Jahr 1932 die Block 350. Der erste Motor mit der neuen Spülungsart trug die Motornummer 284752. Damit änderte sich die Motorenbezeichnung von UT 76/76 in U 350.

Auch das Modell Block 200 wurde umgehend mit der neuen Motorengeneration ausgerüstet, die an dem nun hinter dem Zylinder angebrachten Vergaser und den seitlichen Überströmkanälen erkennbar war. Gleichzeitig wurde für die seit Anfang 1931 produzierten DKW-Frontantriebswagen diese neue wirtschaftlichere Spülungsart eingeführt. Lediglich für die in geringer Stückzahl gefertigten Modelle wie Supersport 500 und 600, TM 200 und KM 175 wurden die vorhandenen Teile noch aufgebraucht bzw. sah man vom Aufwand der Umrüstung ab.

Bei den großvolumigen Zweizylindermaschinen führte die Umkehrspülung sogar zum Wegfall der Wasserkühlung, da nun auch diese Motoren mit der einfachen Luftkühlung thermisch beherrschbar wurden, was zur Folge hatte, daß die Supersportmodelle 1933 aus dem DKW-Angebot herausgenommen wurden.

Die kurz vor der serienmäßigen Nutzung der Schnürle-Spülung ins Lieferprogramm genommene Block 350 war der direkte Nachfolgetyp der Luxus Sport 300 mit dem kräftigen Motor-Getriebe-Gehäuse und dem gelochten Rahmenunterzug. Die Auspuffanlage war prinzipiell die gleiche wie beim kleinen Blockmodell.

Vor Einführung der Umkehrspülung besaßen die Motoren eine Membran-Einlaßsteuerung, deren Zungen in einem entsprechend ausgebildeten Überströmkanaldeckel untergebracht waren.

Erwähnenswert ist bei dieser 350er noch das hier erstmalig installierte Rücklicht mit den rot leuchtenden DKW-Buchstaben, das dann auch bei den meisten nachfolgenden Modellen verwendet und dadurch typisch wurde.

Wenig später tauchte in der DKW-Werbung für eine Maschine die Bezeichnung Sport 350 auf. Hierbei handelte es sich technisch um

Letzte Ausführung der Super-Sport 600 mit Batteriezündanlage, Blockgetriebe und verchromten Tank AFB

DKW-Flugzeug Erla Me 5a AOR

das gleiche Block-Motorrad, das aber durch einen dem sogenannten Henne-Rennlenker ähnelnden sportlichen Rohrlenker aufgewertet worden war. Um aber im Ausstattungsniveau keinen Schritt zurück zu gehen, wurde der Lenker durch ein brillenförmiges Armaturenblech ergänzt, das den Tachometer und eine Uhr aufnahm. Späterhin unterschied sich das Sportmodell von der Block 350 noch durch einen anderen Vergaser und ein Vierganggetriebe.

Da in die Fertigungszeit dieser Maschinen 1932 die Gründung der Auto Union fiel, ist von da an auf Tank, Schutzblech und Werkzeugkästen das neue weißgrüne Firmenemblem angebracht worden. Die älteren Exemplare dieses Typs trugen demzufolge noch das gelbe Rechteck mit den blauen DKW-Initialen, was bemerkenswerterweise für elfenbeinfarbene oder vernickelte bzw. verchromte Tanks auch in umgekehrter Farbfolge verwendet wurde. Einige Zeit nach dem Zusammenschluß der vier großen sächsischen Fahrzeughersteller wurde dann das Emblem nach einem Vorschlag des Auto Union-Mitbegründers K. D. von Oertzen zumeist noch durch das Vier-Ringe-Symbol ergänzt.

Ein weiteres, zur Zeit der Blockmodelle gefertigtes Fahrzeug war die mit 594 cm^3 hubraumgrößte Serienmaschine Supersport 600. Der laut Prospekt 22 PS leistende wassergekühlte Zweizylindermotor war mit der 50-Watt-Lichtmaschine und der Auspuffanlage der Blockmodelle ausgerüstet und ergab mit dem schon bei der 500er bewährten Rohrrahmen eine sehr gute Maschine für den Seitenwagenbetrieb. Der Zylinderblock dieses stärksten Zschopauer Motorrades war nicht nur fast identisch mit der Antriebsquelle der DKW-Automobile, sondern auch das Antriebsaggregat für ein Flugzeug DKW-eigener Fertigung. Der kunstflugtaugliche Einsitzer Erla Me 5 a wurde in Rasmussens Eisen- und Flugzeugwerk Erla/Erzgebirge hergestellt. Im Zuge der Umstellung der DKW-Motoren auf die Umkehrspülung erhielt auch der Flugmotor dann einen neuen, ebenfalls wassergekühlten Zylinderblock.

Unter dem Motto »TM 200, das Modell für die Liebhaber des Sondergetriebes«, wurde 1932 und 1933 eine kleine Serie von Motorrädern angeboten, die ein Konglomerat alter und neuer Zschopauer Technik darstellten. Wie in dem Prospekt beschrieben, besaß die TM ein getrenntes Getriebe, dazu einen Nasenkolbenmotor und den üblichen Preßstahlrahmen. Von den modernen Blockmodellen hatte sie die Auspufftöpfe und die 35-Watt-Lichtmaschine mit Batteriezündung übernommen. Bei diesem mit 200-, 250- und 300-cm^3-Motoren gefertigten Modell liegt die Vermutung nahe, daß sein Entstehen der Notwendigkeit des Aufbrauchens vorhandener Teile aus zurückliegender Fertigung zu verdanken war.

Kaum hatten die Billigmodelle ZiS und Volksmotorrad ihr etwas müdes Dasein im DKW-Angebot beendet, erschien in den Werbeschriften wieder ein billiges Doppelmodell in Gestalt der KM 125/175. Auch bei diesem hatte man sicherlich aus der Not eine Tugend gemacht. Der von der Luxus 200 stammende Zweigang-Motor in vereinfachter Ausführung, d.h. ohne Kühlgebläse, etwas schräg nach

Prospektbild von der nur in geringen Stückzahlen produzierten TM 200. Von der jüngsten Entwicklung bei DKW hatte sie die Lichtmaschine mit Batteriezündung und die Doppelportanlage abbekommen. Das getrennte Getriebe war jedoch nicht gerade der letzte Schrei. AFB

Eine nicht mehr ganz junge Zweigang-Konstruktion, aber ein neuer Motorradtyp: die KM 175 AFB

vorn geneigt in einen leichten Rohrrahmen eingebaut, bildete die Grundlage dieses Fahrzeuges. Bei der billigeren 125er mußte der Käufer auf Gepäckträger und Kickstarter verzichten. Beide Ausführungen zielten auf eine Käuferschicht, die ein einfaches, aber neues Motorrad einem luxuriöseren, doch gebrauchten vorzog.
Ein technisch wesentlich progressiveres, in die gleiche Hubraumkategorie wie die KM gehörendes Maschinchen ging im Frühsommer 1933 in die Serienproduktion, nachdem Ende 1932 fünf Exemplare für Versuchszwekke und die 1933er Fahrzeugausstellung hergestellt worden waren. Es handelte sich um das vom Hubraum her kleinste Modell der Block-Reihe. Das Fahrgestell war nach den gleichen Prizipien – leichter Rohrrahmen und Preßstahlgabel – wie das der KM konzipiert. Den Motor hingegen hatte man nach den modernen Gesichtspunkten mit Umkehrspülung, Batteriezündanlage, Doppelport-Auspuff und Dreiganggetriebe ausgelegt, und er gab aus seinen 173 cm³ beachtliche 5,5 PS ab. Bei dem Motorengehäuse waren die Konstrukteure gegenüber der 1931er Block 200 schon einen Schritt weiter gegangen: Jetzt wurden Motor und Getriebe in einem Gehäuse integriert, allerdings nicht wie beim Zweigangmotor der E 200, sondern in getrennten Räumen. Der Motor wurde dadurch leichter als bei der vorherigen Blockkonstruktion. Das Fahrgestell der Block 175 wurde dann auch gleich noch für die Fertigung einer leichten 200er Maschine benutzt. Durch die Herstellung eines Zylinders mit einer Bohrung von 63 mm gegenüber der von 59 mm bei der 175er und einer reichlicheren Verrippung zur ausreichenden Wärmeabführung entstand das Modell BM 200. Wegen der Identität der meisten Teile beider Modelle wurden sie in einer gemeinsamen Ersatzteillliste (Nr. 31) geführt. Die beiden Modelle Block 175 und BM 200 sind von ihrer konstruktiven Auslegung (Hub und Gehäusekonstruktion) die Vorläufer der KM 200 und KS 200, bei denen diese Grundlage beibehalten wurden.
Wie schon an anderer Stelle erwähnt, erübrigte sich durch die serienmäßige Einführung der Schnürle-Umkehrspülung die Wasserkühlung bei den Zweizylindermodellen. Die erste luftgekühlte Halbliter-Maschine mit der neuen Spülungsart und Flachkolben war die Block 500, die im Frühjahr 1933 anläßlich der Berliner Automobilausstellung der Öffentlichkeit präsentiert wurde. Sie war mit ihren 15 PS nicht nur das stärkste, sondern auch das komfortabelste Block-Modell, zu haben mit dem sportlichen Rohrlenker und dem Armaturenblech (analog Sport 350) oder auch mit dem Preßstahlarmaturenlenker.
Der Preßstahlrahmen und das mit dem Motor verblockte Getriebe waren nun schon Selbstverständlichkeiten. Das Getriebe an sich aber bildete eine Besonderheit, da es das erste für eine DKW-Zweizylindermaschine verwendete Viergang-Getriebe war. Um das Maß an Motorradluxus voll zu machen, erhielt die gesamte Serie der Block 500-Maschinen eine Dynastarteinrichtung. Der Begriff Serie ist hier allerdings nur mit Vorsicht verwendbar, da insgesamt nur etwa 300 Maschinen hergestellt wurden, denn Ende 1933 begann mit einer neuen 200er die Ära der SB-Modelle.

Bei Einführung der SB-Baureihe wurde intensiv für die Block- Konstruktion geworben. **AFB**

Eine unrestaurierte, aber sehr gut erhaltene Block 500. Über die Kugelschaltung wurde das Viergang-Getriebe betätigt. **AFB**

SB 350 in Geländeausführung mit Fußschaltung **AFB**

Die Zeit der großen Serien

Das SB-Modell, das für lange Zeit zum Inbegriff für DKW-Motorräder wurde, kam nicht etwa wie die Luxus Sport 300 mit einem Paukenschlag der Werbung als Neuerscheinung auf den Markt, sondern es war durch kontinuierliche konstruktive Arbeit aus dem Modell Block 200 entstanden. Da es diese zielgerichtete Weiterentwicklung auch schon bei der Blockreihe gegeben hat, unterschied sich eine Block 200, Baujahr 31, wesentlich stärker von einer solchen Maschine des Baujahres 33, als letztere von den frühen SB-Maschinen. Die konstruktiven Prinzipien wie Preßstahlfahrgestell, Doppelport-Zylinder mit dem Bohrungs/Hub-Verhältnis 60/68 mm und angeblocktes Dreiganggetriebe wurden beibehalten. Viele Teile der beiden Typen waren identisch, was sich in gleichen Ersatzteilnummern ausdrückte. Die Rahmen unterschieden sich nur durch einige Bohrungen. Die auffälligste Änderung war die Rückkehr zum Rohrlenker. Der SB-Fahrer brauchte aber deswegen nicht auf die von den Block-Modellen her gewohnten Armaturen zu verzichten. Auf Wunsch konnte ein Blechprägeteil als Armaturenträger geliefert werden, das, an der Lenkerbefestigung mit verschraubt, Tachometer und Uhr gut ins Blickfeld des Fahrers rückte. Auch die Handhebel hatten eine neue Gestaltung erfahren. Es wurden nicht mehr die am äußersten Lenkerende befestigten Innenzughebel verwendet, sondern die sich später allgemein durchsetzende Form mit außerhalb des Lenkers verlegten Bowdenzügen. Äußerlichkeiten wie Schutzbleche, Gepäckträger und Werkzeugkästen unterlagen auch in den Folgejahren konstruktiven Änderungen. Diese waren sicher oft die Folge von Verbesserungen und Vereinfachungen der Technologie bei der Motorradherstellung. Natürlich konnte auch hier wie schon beim Vorgängermodell die komfortable Variante mit Dynastart erworben werden.

Die SB 200 blieb kein Einzeltyp. Nach dem Muster der Block-Reihe übertrugen die Zschopauer Konstrukteure auch die SB-Merkmale auf eine ganze Hubraumreihe. So entstanden mit gleichem Fahrgestell die SB 200, SB 200 Luxus, SB 250 und SB 300.

Mit einem Fahrgestell besonderer Abmessungen wurde die SB 350 gefertigt. Aufgrund der mit 11 PS motorisierten 130 kg Fahrzeugmasse war ein handliches Fahrzeug mit sehr gutem Durchzgug aus niedrigen Drehzahlen mit ausreichender Spitzengeschwindigkeit (ca. 100 km/h) entstanden. Infolgedessen wurde die 350er gern für Zuverlässigkeitsfahrten benutzt, bei denen in jenen Jahren immer mehr die Einsatzmöglichkeiten der Motorräder im Gelände in den Vordergrund

Die hochgelegte Auspuffanlage verschaffte der Gelände-SB viel Bodenfreiheit. **AFB**

Der für DKW entwickelte Seitenwagen der Leipziger Firma »Stoye« an einer SB 500 **AFB**

gerückt wurden. Das Herstellerwerk reagierte auf dieses Interesse mit dem Angebot einer speziellen Geländeausführung, der SB 350. Die Auspuffanlage, der Kippständer und die Fußrasten lagen im Sinne größerer Bodenfreiheit höher. Zur sicheren Führung des Rades im Gelände hatte es eine kombinierte Hand- und Fußschaltung erhalten, wobei der Fußbremshebel auf die linke Fahrzeugseite verlegt worden war. Steckachse mit Handgriff, die eine Raddemontage ohne Werkzeug ermöglichten, schmale Sportschutzbleche, Geländebereifung sowie Tachometer mit Tageskilometerzähler und Zeituhr vervollständigten die Spezialausrüstung.

Um eine DKW-Baureihe zu komplettieren, gehörte natürlich auch eine Halbliter- Zweizylinder-Maschine in das Programm. In Anpassung an die kleineren Modelle der SB-Reihe hatte hier auch die stärkste Maschine ein Dreigang-Blockgetriebe mit am Tank angebrachter Schaltkulisse erhalten. Weitere prägnante Änderungen gegenüber dem 500er Vorgängermodell betrafen die Gabel und den Rahmen. Die Gabel mit den einfachen, aus Blech gepreßten Scheiden hatte sich für eine 500 cm^3-Maschine als nicht ausreichend verwindungssteif erwiesen. Deshalb erhielt die große SB doppelte Gabelscheiden mit einseitiger Hohlprägung und verstärkte Schwinghebel.

Die Rahmenänderung war notwendig gewesen durch den Einsatz eines neuen, wesentlich besser gefederten Schwingsattels. Zur Unterbringung dieser Sattelfederung wurden die oberen Rahmenstreben unter dem Sattel auf die durch das Hinterrad bedingte Breite gespreizt. Bei den älteren Modellen kam es erst vor dem hinteren Schutzblech zu dieser Spreizung. Dies ist ein augenfälliges Unterscheidungsmerkmal für die 500er Rahmen untereinander. Der neue Sattel brachte für den Fahrer einer SB 500 zwar eine erhebliche Verbesserung des Fahrkomforts, konnte aber mit zunehmendem Verschleiß der Sattelaufhängung problematisch werden, da eine ausgeschlagene Befestigung den Sattel zum Schwimmen brachte.

Auch von dieser hubraumgrößten SB wurde eine Luxusvariante analog zur 200er angeboten. Von der Standardausführung unterschied sie sich durch das Vorhandensein einer Dynastarteinrichtung mit der dazugehörigen großen Batterie, doppelte Zierlinien, zwei Scheinwerfer und verchromte Schalldämpfer.

Die SB 500 bot sich aufgrund ihrer Robustheit und ausreichenden Leistung zur Komplettierung mit einem Seitenwagen an. Den fertigte die Leipziger Firma Stoye speziell für diese Maschine an. Über den DKW-Händler konnte man ihn beziehen. Für Großabnehmer, wie ausländische DKW-Impoteure oder Behörden im Herstellerland, erhielten die SB-Modelle Sonderlackierungen, Sonderausrüstungen und, bei Gespannen, besonders robuste oder

SB 500 mit Seitenwagen in Behördenausführung mit seitlich offenem Einstieg **AFB**

In diesem Gebäude befand sich der Ersatzteilversand von DKW – ein Maßstab für Kundendienst. **AFB**

Das Jubiläums-Motorrad Nr. 300000, eine SB 500 Luxus in silberner Lackierung (wie die Rennmaschinen) **AFB**

Transportseitenwagen (z. B. für die Reichspost).

In die Zeit des SB-Programms fiel ein Jubiläum, das zu einer breiten Werbekampagne für die DKW-Erzeugnisse genutzt wurde: Im November 1935 entstand das 300000. DKW-Motorrad! Aus diesem Anlaß wurde die Jubiläumsmaschine, eine SB 500 Luxus, silbern lackiert.

Nicht nur dieses Produktions-Jubiläum war sehr werbewirksam. Auch die in den letzten Jahren immer mehr erweiterten Kundendienstleistungen des Werkes und der anerkannten Werkstätten brachten steigenden Absatz nach den Jahren der Wirtschaftskrise. Über Rundschreiben des Werkes wurden besonders das Teileaustauschverfahren forciert, bei dem die an das Werk zurückgesandten Teile industriemäßig repariert wurden und somit auch die Gewähr füe eine DKW-gerechte Qualität bestand. Weiterhin hielt die Kundendienstabteilung des Werkes die Werkstätten im Interesse zufriedener Kunden ständig zur Erhöhung ihres Ersatzteilbestandes an. Die Ersatzteilversandabteilung war durch die große Verbreitung der Zschopauer Motorräder inzwischen beachtlich angewachsen. Zur Bedienung sehr eiliger Aufträge hatte man sogar einen Expreß-Teileversand per Flugzeug eingerichtet. Hierzu pendelte ein Lieferdreirad zwischen dem Zschopauer Werk und dem Flughafen in Chemnitz.

Teilansicht von der Ersatzteilpakkerei **AFB**

DKW-Ersatzteilversand vom Flughafen Chemnitz aus **AFB**

Ersatzteillager der DKW-Vertretung Egon Elb, Dresden – Teil des von Dr. Carl Hahn hervorragend organisierten Service-Netzes **AFB**

DKW-PRAXIS

Nr. 15

Zschopau, den 15. Juni 1934

Der Luftexpress

erspart Stunden

zum Vorteil der Kunden!

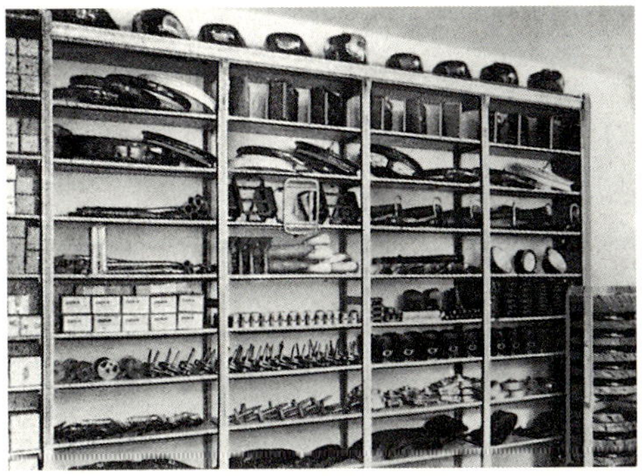

Auf schnellstem Wege wurden auch nach wie vor die Rennerfolge vermarktet. Außer dem beim DKW Vertreter käuflich zu erwerbenden 350er Geländemodell setzten Werksfahrer natürlich auch speziell für Geländefahrten aufgebaute Fahrzeuge der anderen Hubraumklassen ein. Seit Beginn der dreißiger Jahre hatten sich die Straßenrennfahrzeuge aufgrund der Entwicklung zu immer schneller steigender Leistung von den Serienfahrzeugen konstruktiv weit entfernt, doch konnten natürlich trotzdem Erkenntnisse mit Auswirkungen auf die Serienkonstruktion gewonnen und zudem Rennsiege auch unmittelbar werbe- und damit absatzwirksam vermarktet werden. Zur Zeit des genannten Fertigungsjubiläums warb die Auto Union beispielsweise mit folgenden Schlagzeilen:

»DKW ist Europameister in der Klasse bis 250 cm³!«

»DKW gewinnt erstmalig für Deutschland unter schwersten Bedingungen die Silbervase bei der Internationalen Sechstagefahrt und erst vor wenigen Tagen wurden neue Weltrekorde aufgestellt! u.a. in der Klasse bis 250 cm³: 1 km bei stehendem Start 128,617 km/h...«

Das DKW-Verkaufsprogramm enthielt 1934 unter der Bezeichnung KM 200 ein Motorrad, das sich von der in den Vorjahren als KM 175 bezeichneten Maschine sehr stark unterschied. An Stelle des Zweigang-ZS-Motors hatte die 175er KM 1932 (im Zuge der Umstellung der Motoren auf das neue Spülungsverfahren) schon den als B-Motor bezeichneten Antriebsblock erhalten. Dieser bildete auch die Grundlage für den 200er KM-Motor, hier allerdings mit einem Einport-Zylinder mit 63 mm Bohrung ausgestattet. Zur weiteren Senkung der Herstellungskosten wurde statt der Luma-Batteriezündung ein Schwungmagnetzünder montiert. An Stelle des noch im Vorjahr für die KM 175 benutzten Rohrrahmens erhielt die 200er Variante wie alle anderen 34er Modelle einen Profilstahlrahmen. Die Gabel hatte zwar auch schon bei der 175er aus Profilstahl bestanden, doch in anderer Form. Nun erhielt sie das gleiche Profil und die gleichen Abmessungen wie die der teureren Modelle. Verchromte Teile waren auf das äußerst Notwendige beschränkt. So konnte DKW ein 200-cm³-Motorrad mit einer Höchstgeschwindigkeit von 85 km/h bei 6 PS für 475 RM abieten. Für 515 RM bekam man eine Luxusausführung der KM, die für die Preisdifferenz einen Akku mit Gleichrichter, elektrische Hupe, Gasdrehgriff und einen verchromten Tank bot.

1935 wurde das Modell durch einen Doppelport-Zylinder und eine Batteriezündanlage aufgewertet. Der Preis stieg dafür auf 540 RM. Im Laufe der weiteren Produktionszeit folgten dann noch einige Detailänderungen. So wurde im Prospekt von 1936 als Höchstgeschwindigkeit 90 km/h bei einer Leistung von 7 PS angegeben. Mit diesem technischen Stand blieb die einfache, völlig schwarz lackierte Maschine bis Anfang 1937 im Angebot. Sie stand in der Absatzstatistik immer auf den vorderen Plätzen und bestätigte damit die Richtigkeit der fertigungs- und absatzstrategischen Linie der Zschopauer, robuste, einfach zu bedienende Motorräder zu erschwinglichen Preisen anzubieten. Infolgedessen war in Deutschland etwa jedes dritte Motorrad eine DKW!

Emil Bergelt während der Ostpreußenfahrt auf einer Werks- Geländemaschine SB 500 im Jahre 1934 **AFB**

Die KM in Luxusausführung mit 200 cm³ und Preßstahlrahmen **AFB**

Eine 35er KM und ihre zufriedenen Besitzer **AFB**

Eine minimierte RT 100 und zudem eine von den ersten 200 Maschinen mit direkter Schaltung **AFB**

Werbung für den sparsamen Reichstyp 2,5 PS **AFB**

RT 100 in der älteren Ausführung mit Schraubenfederung und Hebelbetätigung für die Kupplung **AFB**

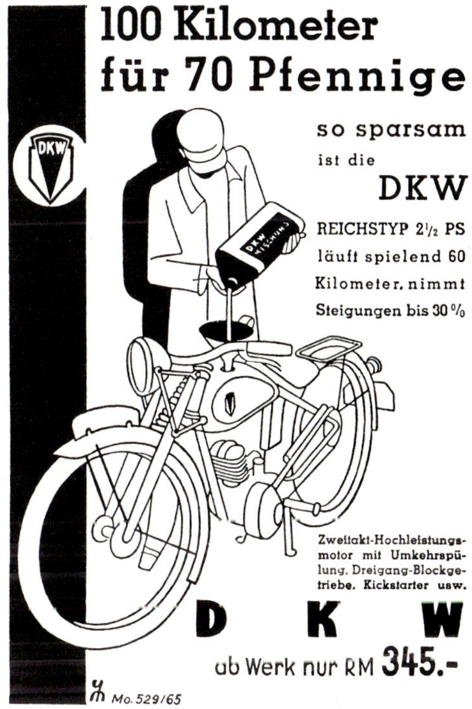

Anhand der wachsenden Beliebtheit von Leichtmotorrädern und Motorfahrrädern zahlreicher Fahrzeughersteller erkannte man natürlich auch in Zschopau die sich hier bietenden Absatzmöglichkeiten und brachte im Frühjahr 1934 ein als RT 100 (Reichstyp 100 cm³) bezeichnetes Leichtmotorrad auf den Markt. Die Werbung behauptete: »Ein wirkliches Motorrad! Kein Fahrrad mit Hilfsmotor! Sondern wieder einmal... Das Kleine Wunder! Im wahrsten Sinne des Wortes. Durch geniale Vereinfachung der DKW-Konstruktion, ohne jedoch die hervorragenden Eigenschaften fortfallen zu lassen, ist der außergewöhnlich niedrige Preis ermöglicht worden. Prüfen Sie! Fahren Sie die DKW RT 2,5 PS! Sie sparen Zeit und Geld, Sie haben Nutzen im Beruf, mehr Freude im Leben und kommen überall schneller voran! DKW wird heute am meisten gekauft – Tausende und

Die abgebildete Dame unternahm mit ihrer RT 3 PS eine Urlaubsfahrt über 3000 km, davon 1000 km in den Alpen. ***AFB***

Werbung für die RT. Sie soll individuelle Freizügigkeit bringen. ***AFB***

Abertausende sind mit DKW zufrieden! Auch Sie werden es sein!«
Gegenüber ihren zumeist durch Fichtel und Sachs oder Ilo motorisierten Konkurrenten wirkte die kleine RT zweifelsohne wie ein richtiges Motorrad, da sie Fußrasten und Kickstarter besaß. Das Dreigang-Getriebe tat ein übriges, um sie über das »Mofa«-Niveau zu erheben. Es gab aber auch bei DKW Bestrebungen, mit der RT das schon fast unüberschaubar gewordene Heer der Motorfahrräder um noch einen Typ zu erweitern. So wurden einige der kleinen Flitzer mit Pedalantrieb hergestellt. Laut DKW-Verkaufsliste wurden davon in den Jahren von 1937 bis 1939 aber nur 75 Stück an den Mann gebracht.
Um die kleinste DKW populär zu machen, fuhren die Werksrennfahrer Arthur Geiß und Walfried Winkler auf der Avus am 25. und 26. Oktober 1934 drei Dauerrekorde. In 24 Stunden brachten sie mit dem Maschinchen 1817,6 km zusammen, was einer Durchschnittsgeschwindigkeit von 75,74 km/h entsprach. Für 1500 km benötigten sie 19:36:21 Stunden und für die 100 Meilen 20:59:05 Stunden, was jeweils eine Durchschnittsgeschwindigkeit von mehr als 76 km/h bedeutete.
Die DKW-typische konstruktive Modellpflege sparte natürlich auch den hubraumkleinsten Typ nicht aus. So wurde schon nach 200 gefertigten Fahrzeugen der freibewegliche Schalthebel durch eine Tank-Kulissenschaltung ersetzt. Äußerlich auffälligste Änderung war der Ersatz der schraubengefederten Vorderradgabel beim 36er Modell durch eine Gabel mit Neimann-Gummi-Federung. Die motortechnisch bedeutendste Änderungen war die im Herbst 1936 durch konstruktive Überarbeitung herbeigeführte Erhöhung der Motorleistung auf 3 PS, die auch eine Änderung der Modellbezeichnung in RT 3 PS mit sich brachte. Die Ende 1938 vorgenommene Erhöhung der Lichtspannung von 4 auf 6 Volt durch Verwendung eines neuen Zünd-Licht-Magneten brachte für den Fahrer eine günstige technische Veränderung und auch eine optische Aufwertung des Motorrades durch die damit eingeführte Abdeckung des Zündmagneten mit einer polierten Aluminiumkappe.
Neben der Verwendung der RT als unproblematisches Alltagsfahrzeug wurde sie auch gern für sportlichen Einsatz genutzt. Obwohl das kleine Motorchen vom optischen Eindruck her eigentlich gar nicht Anlaß zu derartigem Optimismus gab, reichte seine Leistung aus, um Erstaunliches im Gelände zu vollbringen! Hochgelegter Auspuff und leicht frisierter Zylinder machten zahlreiche Siege bei den durch Schlamm, Geröll und Flüsse führenden Mittelgebirgsfahrten möglich. Selbst bei so schweren Prüfungen wie der Sechs-Tage-Fahrt waren DKW-Fahrer auf RT erfolgreich. In Wales blieb die DKW-Mannschaft mit ihren 98-cm^3-Maschinen 1938 strafpunktfrei. 1939 konnte man an werksmäßig für Geländewettbewerbe zurechtgemachten RT gelegentlich schon Hinterradfederungen sehen.
Außer dem Erfolgsmodell Reichstyp wurde der als KF 100 bezeichnete Motor auch für verschiedene andere Zwecke genutzt. Als mit Kühlgebläse versehener Stationärmotor bildete er z. B. die Kraftquelle für ein Notstromaggregat. In Holland wurde er sogar zum Antrieb eines Dreiradwagens eingesetzt.
Die teureren Modelle ab SB 200 gerieten durch das am 17. Dezember 1935 von der Auto Union bekanntgegebene Lieferprogramm im Jahre 1936 noch mehr ins Licht des allgemeinen Interesses. Für die Typen SB 200 und 350 wurde eine Verlängerung des Rahmens um sechs Zentimeter zur wesentlichen Verbesserung der Straßenlage an-

Die ganze Familie scheint DKW zu fahren. Eine schöne SB-Parade! AFB

Auch eine Parade: Fahrzeug-Ausstellung in der Eingangshalle der Auto Union-Verwaltung AAU

Mit der SB-Technik hatten diese Ausstellungsstücke kaum noch etwas Gemeinsames, aber bei ihrem Einsatz konnten wertvolle Erkenntnisse für die Zweitakt-Entwicklung gewonnen werden. AAU

Ein Ausstellungsstück: der gläserne Motor der SB 350 AAU

Blick in einen Raum der DKW-Werkschule in Chemnitz mit Schnittmodellen von Motoren und Aggregaten für Lehrzwecke AFB

Lehrgangsraum für die praktische Schulungsarbeit der Monteure aus anerkannten DKW-Werkstätten AFB

Lehrgangsteilnehmer bei der Arbeit an einem SB 350-Motor AFB

Erinnerungsfoto für Lehrgangsteilnehmer – Werkstättenbesitzer und Monteure – mit dem DKW-Kundendienstchef W. A. Doernhoeffer (Mitte, mit weißem Mantel) AFB

Seinerzeit neuartige Motorradversandverpackung, die aufgrund sich häufender Transportschäden von Herrn Böhm entwickelt und mit der Reichsbahn durch Prellbock-Auffahrten getestet wurde. AFB

gekündigt. Damit verbunden war auch eine Verlängerung des Kraftstofftanks, was den Maschinen zusammen mit einigen anderen technischen Änderungen ein auffallend neues Ansehen verlieh. Mit diesem neuen Fahrgestell brachte man mit der Bezeichnung Sport 250 auch ein neues Modell ins DKW-Programm, das als Besonderheit eine kombinierte Fuß- und Handschaltung besaß, die es vorher nur bei der 350er Geländesportausführung gegeben hatte. Begründet wurde das Erscheinen der Sport 250 mit den zahlreichen sportlichen Erfolgen in der 250er Klasse und dem guten Auslandsgeschäft. Als Lieferbeginn für die Maschinen mit längerem Fahrgestell wurde der Februar 1936 angekündigt. Ende 1936 erhielt auch das Modell SB 350 als 37er Ausführung eine kombinierte Schaltung. Als letztes Modell wurde die SB 500 auf das neue Fahrgestell umgestellt.

Nachdem seit dem Absatztief im Verkaufsjahr 1932/1933, in dem nur 10280 Motorräder verkauft wurden, das Motorradgeschäft wieder tüchtigen Auftrieb erlangt hatte, wurden auch Kundendienst und Ausbildung kräftig ausgebaut. Eine Besonderheit bildete in diesem Rahmen die Werksschule, in der DKW-Händler und -Reparateure kostenlos 6-Tage-Lehrgänge besuchen konnten. Allein im Verkaufsjahr 1936/1937 wurden 21 solcher Kurse mit insgesamt 945 Personen durchgeführt, was natürlich eine erhebliche Qualifizierung des DKW-Vertragswerkstätten-Personals bedeutete.

Eine andere interessante Maßnahme des Werkes im Zusammenhang mit dem steigenden Absatz zu jener Zeit war die Einführung einer neuen Motorrad-Versandverpackung. Aufgrund zunehmender Schäden beim Transport durch die Eisenbahn wurden die Motorräder ab August 1937 mit den Fußrasten auf spezielle Holzböcke geschraubt, die nun eine ausreichende Standfestigkeit in den Waggons gewährleisteten. Bis zum Ende jenes Jahres konnten damit die Transportschaden um 85% gesenkt werden.

Eine im Dezember 1937 an die Händlerschaft ausgegebenes Rundschreiben der Auto Union kündigte aufgrund der ab 1. Oktober 1938 in Kraft tretenden neuen »Reichsstraßenverkehrsordnung« eine Modelländerung für die kommende Saison an. Entsprechend dieser neuen Verkehrsordnung mußten Benutzer von Fahrzeugen bis 250 cm^3 im Besitz eines Führerscheines der Klasse 4 sein. Diesen Schein erhielt man ohne Fahrschullehrgang. Nur die Kenntnis der Verkehrszeichen war erforderlich. Als Schlußfolgerung aus dieser neuen Verordnung sollte die SB 200 im Laufe des Jahres 1938 serienmäßig einen Hubraum von 250 cm^3 erhalten. Begonnen wurde damit ab März. Nur die Luxusvariante, SB 200 A, wurde noch bis Mai ausgeliefert. Im Dezember 1938 stellte man die Fertigung der kleinen SB als Folge der im Frühjahr erschienenen neuen NZ-Modelle ganz ein! Die Neuerscheinung derselben war schon im oben erwähnten Rundschreiben vom Dezember 1937 angekündigt worden, sie bildete auch den Grund dafür, daß die Produktion der

In der SB-Montage hängen einfarbig lackierte, unverchromte Tanks – ein Zeichen dafür, daß gerade eine Sonderausführung montiert wurde. AAU

SB 500 mit Dynastart und schwerer Seitenwagenausführung AFB

So kündigte DKW den neuen Typ KS 200 auf einem provisorischen Prospekt an. Die Schwinge am Tank hatte noch eine andere Form als später in der Serie. AFB

Die KS in ihrer letzten Ausführung – eine formschöne Maschine AFB

Typen Sport 250 und SB 350 im Frühjahr 1938 ebenfalls eingestellt wurde.
Während 1936/1937 noch kräftig die Werbetrommel für DKW-Motorräder gerührt wurde, tauchte Ende 1937 in einer Händlermitteilung erstmals der Begriff »Materialkontingentierung« auf. In dem Schreiben wurde mitgeteilt, daß an Behörden und Institutionen der Wehrmacht, Arbeitsdienst, Reichspost, Reichsbahn usw. Motorräder nur geliefert werden dürften, wenn der Besteller einen Materialkontingentanteil zur Verfügung stelle. Auf diese Verfahrensweise wurde von da an in den Rundschreiben des Werkes hingewiesen. Dies waren deutliche Zeichen dafür, daß die Rohstoffe für die expandierende Wirtschaft nicht ausreichten, weil sie gezielt der Rüstungsproduktion zugeführt wurden. Die Materialbewirtschaftung führte dazu, daß die Fahrzeugindustrie bei der Belieferung der Händler dem möglichen Absatz nicht folgen konnte und Wartezeiten für den Erwerb von Fahrzeugen entstanden. Das Werk mußte Lieferquoten für die Händler einführen.
Bis zu dem Zeitpunkt (1939/1940), an dem durch zunehmende Rüstung die Motorradproduktion zwangsweise zurückging, hatte der jährliche Produktionsausstoß bei weitem die Produktionszahlen der Vorkrisenjahre überflügelt. Allein im Verkaufsjahr 1937/1938 hatte die Auto Union mehr DKW-Motorräder exportiert als in der Krisenzeit im ganzen Jahr produziert worden sind.
Die Fahrgestellverbesserung »längerer Rahmen« ist auch bei dem schlichten KM-Modell wirksam geworden. Die dadurch bedingte Vergrößerung des Tanks ergab in Verbindung mit dem Einsatz eines schlankeren Scheinwerfers ein wesentlich verbessertes Erscheinungsbild des Motorrades, was zu einer neuen Typenbezeichnung führte. Die neue KS 200 löste das Vorgängermodell nach einer Einlaufphase von August bis Oktober 1936 in der Produktion ab. Der Motor wurde zunächst völlig unverändert übernommen. Sämtliche Teile – außer Auspuffkrümmer, Lampenring und Handhebel – waren lackiert. Das Motorrad wirkte dadurch aber keineswegs wie ein Primitivmodell. Man konnte der Werbung eigentlich nur zustimmen, die von der KS behauptete: »Eine handliche, strapazierfähige Maschine von außerordentlicher Zweckmäßigkeit und unübertroffener Wirtschaftlichkeit.« Sie entsprach damit voll und ganz dem von Rasmussen geprägten Leitmotiv für die Zschopauer Motorradkonstruktion. Deshalb wurde sie auch ein großer Erfolg im DKW-Absatz. Bis weit in die fünfziger Jahre war sie im Straßenbild zu sehen.
Obwohl die Begriffe »KS 200 - schwarzer Lack - 540 Mark« für den Motorradfahrer der Enddreißiger gedanklich eine Linie bildeten, existierten doch auch KS-Fahrzeuge, die wie Luxusausführungen mit Chromteilen versehen waren. Dies waren für den Export vorgesehene Exemplare der KS, die aufgrund ihres im wahrsten Sinne glänzenden Aussehens und der großen maschinellen Zuverlässigkeit den durch die Rennmaschinen erworbenen guten Ruf der DKW-Erzeugnisse bestätigten.

Ein Beweis für die ständige Detailentwicklung bei DKW ist diese SB 500 mit völlig neuem Scheinwerfer, Tachometer und Zündschloß. Dieses Zündschloß wurde dann später auch bei der NZ verwendet, allerdings auf dem Tank angebracht. Die Scheinwerferform wurde serienmäßig erst in den fünfziger Jahren bei MZ ES 250 und 175 realisiert. **AFB**

Zur Demonstration der Technik scheute man bei DKW keine Mühe und offenbarte alle NZ-Details. **AFB**

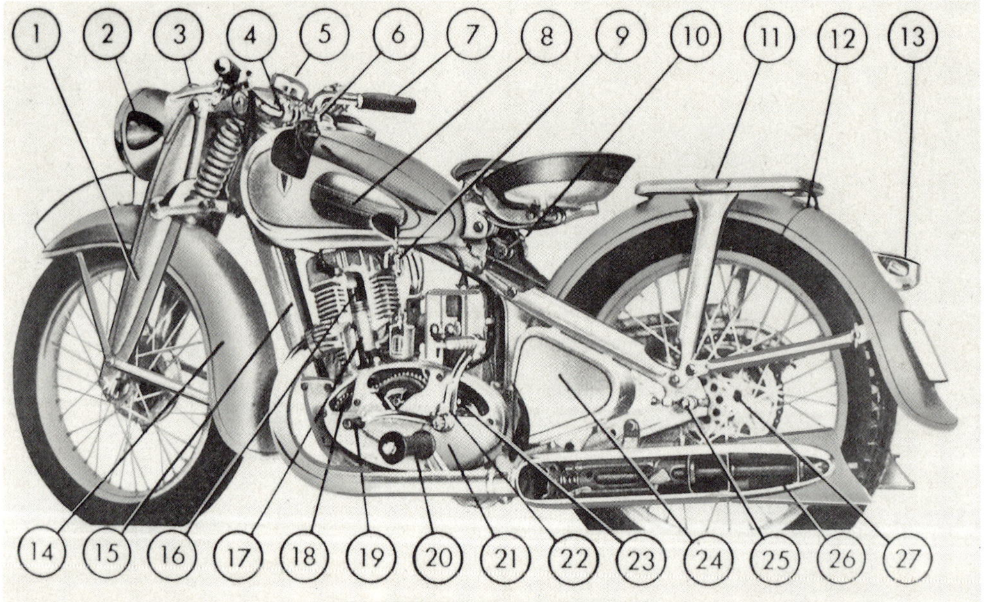

Fußschaltung und Hinterradfederung – Maßstäbe für die Zukunft

Die SB-Typenreihe war für DKW-Verhältnisse lange im Angebot. Vorher ist es schneller zum Modellwechsel gekommen. Nun könnte man annehmen, daß sich die Zschopauer auf ihren in den großen Rennen erworbenen Lorbeeren ausgeruht hätten. Dem war aber nicht so. Die Konstrukteure und der Versuch haben in den dreißiger Jahren genauso emsig gearbeitet wie in den zwanzigern. Nur die Übergabe des im Versuch als serienreif Bestätigten in die Produktion wurde verzögert. Der Grund dafür mag darin zu suchen sein, daß die SB-Fertigung ein sehr hohes technologisches Niveau erreicht hatte, der Absatz immer noch stieg und der Kundendienst infolge des hohen Fertigungsniveaus wenig Sorgen hatte. Auch die Konkurrenz (z. B. NSU mit der OSL-Reihe) lebte zu dieser Zeit mit geringen Änderungen an ihren Modellen.

In einer Händlermitteilung vom 28. Dezember 1937 wurden für die mittleren Hubräume von 250 und 350 cm^3 dann schließlich doch zwei neue Modelle angekündigt, die NZ. Im Mitteilungsblatt vom 28. März 1938 wurde geäußert, daß es gewisse Verzögerungen beim Produktionsbeginn der NZ-Modelle gegeben habe, aber nun die Herstellung mit täglich steigender Stückzahl im Gange sei. Gleichzeitig verwies man auf weitere Schwierigkeiten bei der Beschaffung von Sonderzubehör für die im Hauptkatalog 1938 schon angekündigte Geländesportausführung der NZ. Deshalb sei diese Ausführung erst zu einem späteren Zeitpunkt lieferbar. Im November 1938 verließen dann die ersten Maschinen dieser Ausführung das Werk. Für einen Aufpreis von 40 Mark gegenüber der Normalausführung konnten sie gekauft werden.
Gleiche Zulieferungsprobleme wurden im Zusammenhang mit zwei im voraus angepriesenen Neuerungen erwähnt. Es waren der als Sonderwunschausrüstung vorgesehene geschlossene Kettenkasten und ein Schnellständer. Der Kettenkasten wurde in der Serie dann nie realisiert.
Ein Hinweis auf die durch die steigende Rüstungsproduktion beginnende Rohstoff-

Mit dieser NZ 250 hatte der junge Mann ein durchkonstruiertes Fahrzeug erworben. **AFB**

Am 6. Februar 1939 gab es dieses Jubiläum in Zschopau zu feiern. **AFB**

Werbung für die NZ und die neue Rahmenbauweise **AFB**

Seinerzeit Schrittmacher im Motorradbau: NZ 500 ***AFB***

Schweißmaschine zum Verschweißen der beiden Rahmenhälften. Die Stundenleistung betrug etwa 50 Stück. ***AFB***

knappheit bildete auch die in eben genannter Mitteilung bekanntgegebene Erhöhung der Preise für technische Gummiartikel. Diese Problematik weitete sich während des Krieges so aus, daß schon im Juni 1940 die Gummiklemmstücke für den NZ-Lenker nicht mehr beschaffbar waren und durch Buchenholz ersetzt werden mußten. In den späteren Kriegsjahren wurden die Fahrzeuge sogar ohne Reifen ausgeliefert. Reifen konnten lediglich über das Kontingent der Besteller beschafft werden.

Die Materialschwierigkeiten nahmen immer mehr Raum in den Mitteilungsblättern ein. War einige Jahre zuvor der Ansporn der Händler zu steigendem Absatz das vorherrschende Thema in den Rundschreiben des Werkes gewesen, so beinhalteten sie jetzt die bei Händlern umstrittenen Fahrzeugzuteilungen. Als Gründe für die oft unzureichenden Kontingente wurden die enorme Exportsteigerung und die Belieferung von Händlern in den Gebieten genannt, die durch die »Heim-ins-Reich«-Politik schon vor dem Krieg an das Deutsche Reich angegliedert worden waren. Da die Vertreterverträge nun über das jeweilige Verkaufsjahr abgeschlossen wurden, hatte sich die Absatzorganisation des Werkes 1938 von rund 1000 DKW-Händlern trennen können, die immer schon sehr geringe Umsätze gebracht hatten bzw. noch andere Marken vertraten.

Ab 1. Oktober 1938 mußten die Motorräder durch die neue Verkehrsordnung mit Rückstrahlern ausgerüstet sein. Auch hier waren die Zulieferer nicht in der Lage, die benötigten Mengen zu liefern. So wurden Motorräder auch nach diesem Termin noch ohne Rückstrahler ausgeliefert – mit der Zusicherung, daß sie nachgeliefert werden.

Am 6. Februar 1939 gab es im Zschopauer DKW-Werk wieder einmal ein Jubiläum zu feiern: Eine SB 500 war das 500000. Motorrad der Firma seit Beginn der Zweiradfertigung. Die große SB war zu dieser Zeit das letzte, aus dieser Typenreihe noch gefertigte Modell. Man blieb in der 500er Klasse bis ins zweite Halbjahr 1939 bei diesem bewährten Typ. Die Erweiterung der NZ-Reihe auf die hubraumstärkste Motorradklasse im Zweitakterbereich wurde den DKW-Händlern in einer Mitteilung vom 3. Juli 1939 bekanntgegeben. Die drei NZ-Modelle repräsentierten eine durch lange Versuche ausgereifte Neukonstruktion. Die gegenüber den SB-Typen nur geringfügig angehobene Motorleistung wurde nun durch ein Viergang-Getriebe mit Hand- und Fußschaltung übertragen. Eine auffällige konstruktive wie auch technologische Neuheit bildete das Fahrgestellmittelteil der Fahrzeuge, der sogenannte Zentralkastenrahmen, symbolisiert durch das »Z« in der Typenbezeichnung. Die 500er war sogar mit einer aufwendigen Schwinggabel-Hinterradfederung und einem hydraulischen Stoßdämpfer für die Vorderradfederung versehen. In Verbindung mit anderen sehr gut gestalteten Details brachten derartige konstruktive Lösungen den NZ-Motorrädern den Ruf eines Spitzenprodukts im internationalen Motorradbau ein.

Betrachtet man das im Mai 1939 veröffentlichte DKW-Verkaufsprogramm, das sich auf die Hubraumklassen 125, 250, 350 und 500 cm^3 erstreckte, so muß man einen erheblichen Rückgang der Typenvielfalt während der dreißiger Jahre konstatieren. Für den Fahrzeugkäufer ist eine größere Auswahl an Modellen zwar von Vorteil, doch hatte Anfang der dreißiger Jahre im DKW-Angebot zuweilen ein Typenwirrwarr geherrscht, der erst zur SB-Zeit entflochten wurde. Kriegsbedingt minimierte sich das DKW-Programm später auf nur zwei Modelle, die zudem Privatkäufern nicht mehr zugänglich waren. Der »totale Krieg« erreichte schließlich auch das kleine Zschopau, und was mit einer Vorschrift zur Typenbegrenzung im Rahmen des »Schell-

Reichsfahrtmodell mit Pendelgabel und Zweigangschaltung in der Hinterradnabe ChO

Ein Fahrgestell der Firma Marquardt und Hillmann, Magdeburg, mit einem DKW-Motor vervollständigt, ergab ein für die ersten zwanziger Jahre typisches Motorrad DM

Ein weiteres Konfektionsrad mit DKW-Antrieb (hier schon ein Zweigangmotor): die Freital **DM**

Der Zweigangmotor bildete zusammen mit dem Preßstahl-Fahrgestell der SM aus den Zschopauer Motorenwerken ein auffälliges Fahrzeug. **ChO**

E 206 (rechts) und E 200 laden zur Erzgebirgsrundfahrt ein. **DM**

Der Käufer dieser E 206 sparte an der Beleuchtung (Gas- Lichtanlage) und zahlte lieber den Aufpreis für die Kette, um auf den Riemenantrieb verzichten zu können. **DM**

Diesem Besitzer eines E-Modells sagte der serienmäßige Riemenantrieb zu, dafür leistete er sich eine elektrische Schneider- Lichtanlage. **DM**

Der Teilzahlungswechsel zum Erwerb eines Motorrades ist mit der von Prof. Hohlwein entworfenen Werbung für das E-Modell versehen. **DM**

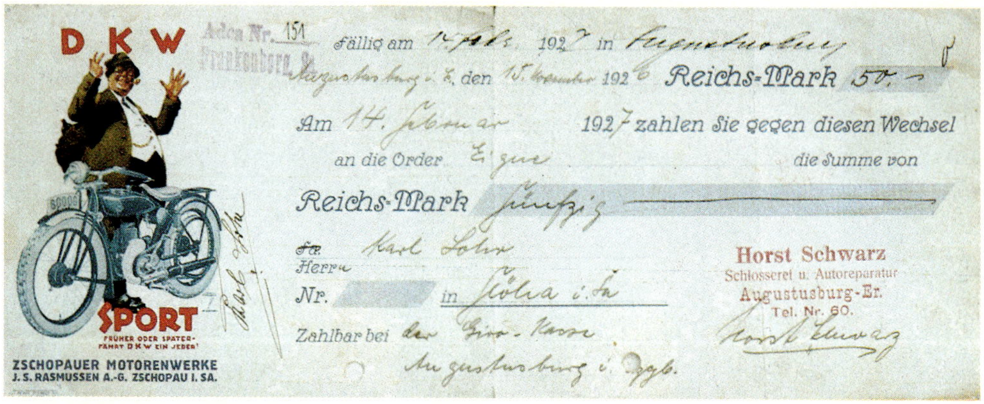
DKW
Fällig am 14. Febr. 1927 in Augustusburg
den 192 Reichs-Mark 50.–
Am 14. Februar 1927 zahlen Sie gegen diesen Wechsel
an die Order die Summe von
Reichs-Mark fünfzig
Herrn Karl Lohr
Nr. in Zöblitz i. Sa.
Zahlbar bei der Giro-Kasse Augustusburg i. Erzgeb.
Horst Schwarz
Schlosserei u. Autoreparatur
Augustusburg-Er.
Tel. Nr. 60.
SPORT
FRÜHER ODER SPÄTER FÄHRT DKW EIN JEDER!
ZSCHOPAUER MOTORENWERKE
J. S. RASMUSSEN A.-G. ZSCHOPAU I. SA.

Diese E 300 hat aus dem Zubehörprogramm einen Fenag-Scheinwerfer mit Anbaulichtmaschine und Trittbretter erhalten. **DM**

Die älteste Ausführung des ersten Zschopauer Zweizylinder-Modells besaß ein Kühlgebläse (1927). **DM**

Die rechte Seite der durch Wasserkühlung thermisch nun problemlosen Zweizylinder-Maschine ZSW 500 war sehr zerklüftet. DM

Von links wirkte die ZSW 500 formschöner. DM

Die Super-Sport 500 wirkte durch den Satteltank und den in die Gesamtlinie eingearbeiteten Kühler wesentlich moderner als der Vorgängertyp. DM

In Rennausführung wies die Super-Sport keine Schalldämpfer auf, was bei höheren Drehzahlen eine herrliche »Musik« ergab. DM

Dieses Bild verdeutlicht, warum die Luxus 200 im Volksmund »Blutblase« hieß. DM

Auch von der Luxus 300 gab es die Variante mit rotem Tank. **DM**

Die luftgekühlte Luxus 500 machte äußerlich ihrem Namen alle Ehre, doch der Motor hatte mit der Wärmeabführung so seine Probleme. **DM**

Legende zu Seite 64:

Nachdem das ZweiZylindermodell Sport 500 wieder eine Wasserkühlung erhalten hatte, lief es so gut wie es auch aussah. **ChO**

II-6047

Die RT – einen Spitzenleistung der Zschopauer Konstrukteure ***AFB***

Programms« begonnen hatte, endete mit der ausschließlichen Rüstungsproduktion des Motorradwerkes. Aus der NZ 350 wurde das »mittelschwere Kraftrad 350 cm³« – so die Wehrmachtsbezeichnung. In der DKW-Typisierung handelte es sich um die NZ 350–1, die durch völlige Einfarbenlackierung und Wegfall allen Chroms und sonstiger polierter Teile der Einheitsoptik der Militärfahrzeuge angepaßt war. Infolge der während des Krieges immer stärker werdenden Materialverknappung erhielt die Militärmaschine ein Motorgehäuse aus Grauguß, was ihrer Handlichkeit im Gelände natürlich abträglich war, sowie eine kleinere Lichtmaschine.
Da die NZ 500 für militärische Einsatzzwecke nicht als geeignet erschien, kam es zu keiner großen Verbreitung dieses Modells. In der schweren Kraftradkategorie wurden 750-cm³-Produkte der Firmen BMW und Zündapp eingesetzt. In die zuletzt hergestellten Fahrgestelle mit Hinterradfederung wurden im DKW-Werk 350er Motoren montiert, um sie für den militärischen Einsatz verwendbar zu machen.
Das in schon erwähnter Mitteilung an DKW-Händler angeführte 125-cm³-Motorrad war – obwohl äußerlich wenig attraktiv – die als Krönung der Arbeit des Chefkonstrukteurs Weber angesehene RT 125. Sie entsprach völlig der schon von Rasmussen verfolgten und heute noch in Zschopau geltenden Firmenphilosophie, das einfache, zuverlässige und zweckmäßige Gebrauchsmotorrad mit vielseitigen Einsatzmöglichkeiten zu produzieren. Die Erfüllung dieser Ansprüche war den Zschopauer Technikern mit der RT 125 so hervorragend gelungen, daß die RT-Grundlagen in den 125er Motorrädern aus dem Erzgebirge über 20 Jahre lang weitergeführt wurden. Auch ausländischen Motorradherstellern kam diese Konzeption einer leichten und doch sehr leistungsfähigen Maschine sehr gelegen, und so wurde die in Zschopau geborene Konstruktion in vielen Ländern kopiert. Leichter, geschlossener Rohrrahmen, leistungsfähiger 125-cm³-Motor mit Umkehrspülung und fußgeschaltetem Getriebe in einem formschönen und zweckmäßigen Gehäuse machten aus einem nur 70 kg schweren, sogar soziusfesten Fahrzeug das Lieblingsmotorrad mehrerer Generationen.
1940 hatte der 100000. DKW-Motor seinen Platz in einem RT-Rahmen gefunden. Das dieses Jubiläum schon überschattende Ereignis Zweiter Weltkrieg sollte einige Zeit später auch dieses Motorrad für seine Zwecke formen: Das Militär erkannte seine Verwendbarkeit bei der Durchquerung unwegsamen Geländes. So entstand das »leichte Kraftrad«, das im Laufe seiner Produktionszeit aus den gleichen Gründen wie die NZ 350–1 ein Motorgehäuse aus Grauguß erhielt.
Ebensowenig, wie der Trümmerhaufen, den der Zweite Weltkrieg hinterließ, den Lebenswillen der betroffenen Nationen verschütten konnte, war er imstande, den Willen der Menschen zu zerstören, den einmal erreichten hohen Stand der Technik nun für friedliche Zwecke zu nutzen.

Die Zschopauer DKW-Motorradtypen

DKW-Motor 1 PS (Fahrradhilfsmotor)
Der Fahrradhilfsmotor wurde liegend über dem Hinterrad mittels einer Stützgabel montiert. Die Bedienung erfolgte durch zwei Bowdenzüge vom Lenker aus für das Dekompressionsventil und die Vergaser-Regulierung. Die Kraft wurde über Rund- oder Keilriemen auf eine an die Speichen des Hinterrades geschraubte Riemenfelge übertragen. Im Laufe der Produktion kamen verschiedene Riemenscheiben am Motor, verschiedene Verrippungen des Zylinders und drei unterschiedliche Tanks zum Einsatz. Im Kraftstofftank war die Werksbezeichnung eingeprägt.

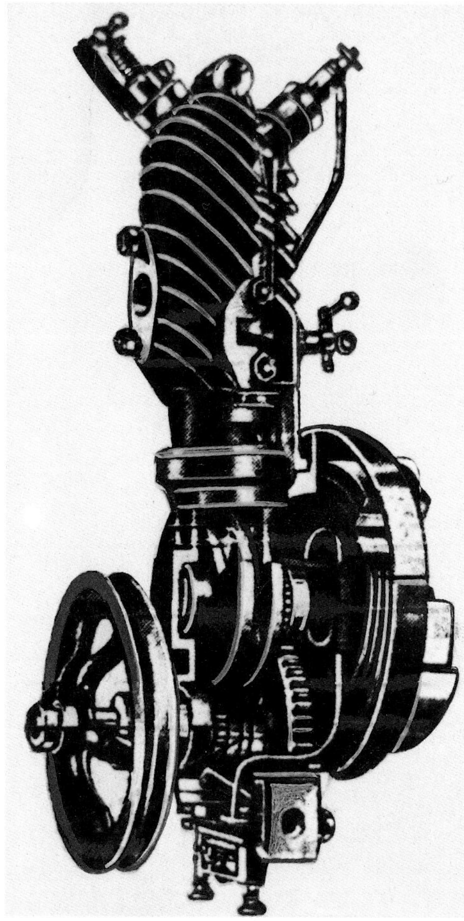

Teilschnitt durch den Fahrradhilfsmotor. Die Untersetzung im Kurbelgehäuse und der außenliegende Unterbrecher sind gut zu erkennen. ***AFB***

Technische Daten					
		Kühlung	Luft	Masse	14 kg
Hubraum	118 cm³	Schmierung	Gemisch, 1:10	Tankinhalt	2 l
Bohrung/Hub	50/60 mm	Getriebe	Untersetzung 1:3 im	Produktionszeitraum	1919...1923
Leistung	ca. 1 PS		Kurbelraum	produzierte Stückzahl	ca. 30000
Höchstgeschwindigkeit	40 km/h	Vergaser	Tuto, Adria, Meco	Ersatzteilliste	A-B

Golem
Der Golem muß in die Versuche mit eingereiht werden, mit Hilfe des DKW-Motors ein komplettes Fahrzeug auf die Räder zu stellen. Beachtlich ist hierbei die Verwendung der Kette als Antriebselement, da sonst bei derartigen Kleinmotoren die Kraftübertragung durch Riemen üblich war.

Golem ***AFB***

Technische Daten		Kühlung	Luft	Fahrzeugmasse	45 kg
Motorentyp	DKW-Motor 1 PS	Schmierung	Gemisch, 1:10	Tankinhalt	2 l
Hubraum	118 cm³	Getriebe	Untersetzung 1:3 im Kurbelraum	Produktionszeitraum	1921/1922
Borung/Hub	50/60 mm			produzierte Stückzahl	500
Leistung	ca. 1 PS	Vergaser	Tuto, Adria, Meco, Variat	Ersatzteilliste	–
Höchstgeschwindigkeit	40 km/h				

Lomos-Sesselrad
Das Lomos-Rad war in vielen Details dem Standard seiner Zeit voraus. Hinterradschwinge mit Teleskopfederung, Vorderradfederung mittels Kurzschwinge, stufenlose Übersetzungsänderung durch verstellbare Riemenscheibenhälften (Lomos-Kupplung) waren konstruktive Merkmale dieses Motorrollers. Es wurden Rahmen in normaler Rohrbauweise, aus verschweißten Blechprofilen und auch solche aus Elektron-Guß verwendet. Auch Einzelteile wie Lenker und vorderes Schutzblech gab es in verschiedenen Ausführungen. Lackierung Werbeprospekt 1924 »schwarz, gold abgesetzt«.

Lomos-Sesselrad ***AFB***

Technische Daten		Kühlung	Luft (Gebläse)		
Motorentyp	DKW-Motor 1,5 PS	Schmierung	Gemisch, 1:10	Fahrzeugmasse	52 kg
Hubraum	143 cm³ (170 cm³)	Getriebe	Untersetzung 1:3 im Kurbelraum und stufenlose Übersetzungsänderung	Tankinhalt	5 l
Bohrung/Hub	55/60 mm			Produktionszeitraum	1922...1925
Leistung	1,5 PS (2,2)			produzierte Stückzahl	2500
Höchstgeschwindigkeit	60 km/h			Ersatzteilliste	–

RM – Reichsfahrtmodell

Unter dem Begriff Reichsfahrtmodell gefertigte Fahrzeuge waren von sehr unterschiedlichen Äußerlichkeiten geprägt. Nur der Platz der Motoranbringung im vorderen Rahmendreieck war allen diesen Ausführungen gemeinsam. Als Motor fand der Grundtyp M mit verschiedenen Hubräumen infolge unterschiedlicher Zylinderbohrung Verwendung. Gefertigt wurden Hubräume von 118, 128, 143 und 148 cm^3. Anfangs hatten die Motoren noch – wie beim Einbau in das Fahrrad üblich – einen außenliegenden Unterbrecher, der dann innerhalb des Magnetzünders mit angeordnet wurde.

Die ersten Fahrgestelle waren verstärkte, für den Motoreinbau etwas modifizierte Fahrradrahmen. Dann erhielt die Vorderradgabel eine Schwinghebelfederung. Später kam noch eine Ausführung mit Pendelgabel hinzu. Räder, Bremsen, Schutzbleche und Lenker wurden in vielfachen Ausführungen eingebaut. So stammten die verwendeten Naben und Achsen von Stempelwerk, Rotax und Fichtel & Sachs, teilweise auch mit Zweigangschaltung ausgerüstet. Auch unterschiedliche Auspuffanlagen wurden erprobt. Dabei gewann man schon zu jener Zeit Erkenntnisse darüber, daß der Auspuff des Zweitakters gewisse Auswirkungen auf die Spülung und damit die Leistung des Motors hat. Dies bestätigte J. S. Rasmussen dem Hersteller der Steigboy-Auspuffanlage, Ing. Fr. Boysen, und zwar im Hinblick auf die leistungserhöhende Wirkung dieses Auspuffs bei den DKW-Fahrzeugen, die am 10. Juni 1922 auf der Avus siegreich waren.

Die späteren RM wurden z. T. ohne Tretlager mit Fußrasten ausgeführt. Zum Anfahren und – in Grenzen – auch zur Übersetzungsänderung verfügten sie über die Lomos-Kupplung, die über einen Hebel mit Rastensegment gehandhabt wurde.

Als Lackierung wurde im 1923er Prospekt »schwarz mit goldenen Absetzlinien« angegeben, DKW-Markenzeichen wurden an den Fahrzeugen in verschiedenen Ausführungen angebracht: u. a. die DKW-Initialen in ovaler Umrandung, das an den Dampf-Kraft-Wagen erinnernde Emblem mit einem qualmenden Vulkan wie auch die Tankprägung »GDA-Rad mit DKW-Motor«. Dieser Tankprägung zufolge wurden jene Fahrzeuge auch von der Vertriebsgesellschaft GDA (Gemeinschaft Deutscher Automobilfabriken) verkauft.

Technische Daten

Handelsbezeichnung	Renntyp
Motorentyp	M 56/60
Hubraum	148 cm^3
Bohrung/Hub	56/60 mm
Leistung	2,25 PS
Höchstgeschwindigkeit	60 km/h
Kühlung	Luft (Gebläse)
Schmierung	Gemisch 1:10
Getriebe	Untersetzung 1:3 im Kurbelraum, teilweise Lomoskupplung
Vergaser	Meco, Adria, Pichler
Fahrzeugmasse	42 kg
Tankinhalt	4 l
Produktionszeitraum	1922...1925
produzierte Stückzahl	ca. 20000
Ersatzteilliste	1

Reichsfahrtmodell

Jüngere Ausführung des Reichsfahrtmodells mit Pendelgabel, Lomoskupplung und Fußrasten AFB

ZL – Zschopauer Leichtmotorrad

Mit dem Modell ZL waren die Zschopauer – wenn von der Lenkerbefestigung abgesehen wird – nun ganz von der fahrradähnlichen Bauweise ihrer Fahrzeuge abgerückt. Der Motor hatte jetzt die allgemein übliche Einbaulage, und die Füße des Fahrers ruhten auf einem Trittblech. Der am Rahmen rechts vom Tank angeordnete Hebel diente zur Kupplungsbetätigung. Der Fußbremshebel bewegte die Bandbremse, der Handbremshebel eine Klotzbremse. Beide wirkten auf das Hinterrad. Der Motor besaß anfangs noch den schräg verrippten Zylinder, später einen mit waagerechter Verrippung.

Zschopauer Leichtmotorrad (ZL)
AFB

Technische Daten		Höchstgeschwindigkeit	65 km/h	Fahrzeugmasse	47 kg
Handelsbezeichnung	Sportmodell, Sport 24	Kühlung	Luft (Gebläse)	Tankinhalt	5 l
Motorentyp	M 56/60	Schmierung	Gemisch, 1:10	Produktionszeitraum	1923/1924
Hubraum	148 cm³	Getriebe	Untersetzung 1:3 im Kurbelraum	produzierte Stückzahl	2000
Bohrung/Hub	56/60 mm			Ersatzteilliste	–
Leistung	2,25 PS	Vergaser	Meco, Adria, Pichler, Variat		

ZM – Zschopauer Modell

Auch bei der ZM konnte von einem einheitlichen Typenbild noch keine Rede sein. Zwischen der 1924er und 1925er Ausführung wiesen Rahmen, Tanks, Schutzbleche, Trittbretter und Lenker erhebliche Unterschiede auf. Die Handhebel für Kupplung und Bremsen waren anfangs – wie bei den Vorgängermodellen üblich – einfache Blechhebel, während gegen Ende der Produktionszeit die für DKW jahrelang typischen Innenzughebel eingeführt wurden. Die Bremsen waren unterschiedlichster Bauart. Zunächst betätigte der Fußbremshebel eine Bandbremse am Hinterrad und der Handhebel eine Klotzbremse, die ebenfalls auf das Hinterrad wirkte. Später erhielten die Fahrzeuge an beiden Rädern Komet-Bremsnaben.

1924 hatten die Z-Motoren einen Hub von 60 mm, was bei gleicher Bohrung einen Hubraum von knapp 170 cm³ ergab. 1925 wurde der Hub auf 64 mm vergrößert. Durch Benutzung unterschiedlicher Zylinderdurchmesser entstanden die einzelnen Motorvarianten:

Ausführung A 175 cm³
Ausführung B 181 cm³
Ausführung C 206 cm³
Ausführung D 128 cm³ (steuerfrei)

Etwa 5800 Motoren vom Typ Z wurden an andere Fahrzeughersteller als Einbaumotoren bzw. für anderweitige Einsatzzwecke geliefert.

Interessante Details an den ZM-Fahrzeugen waren der erstmals verwendete Kickstarter und ein mittels einer Klappe umschaltbarer Auspuff für »Orts-« und »Über-Land-Verkehr«. Auch beim Markenzeichen hatte man sich noch nicht auf eine einheitliche Ausführung festgelegt. Die Lackierung war wie bei den Vorgängertypen üblich.

Zschopauer Modell (ZM) ***AFB***

Technische Daten					
Motorentyp	Z (Zweigang)	Leistung	2, 2,5, 3, 3,25, 3,5 PS	Vergaser	Framo, Adria
Hubraum	128, 170, 175, 181, 206 cm³	Höchstgeschwindigkeit	40...65 km/h	Fahrzeugmasse	70 kg
Bohrung/Hub	50/64, 60/60, 59/64, 60/64, 64/64 mm	Kühlung	Luft (Ventilator)	Tankinhalt	7 l
		Schmierung	Gemisch	Produktionszeitraum	1924/1925
		Getriebe	Zweigang (1:2,4 und 1:3,8), im Kurbelraum	produzierte Stückzahl	7200
				Ersatzteilliste	C

SM – Stahlmodell

Das Stahlmodell war ein Versuch, durch neue konstruktive Ideen im Fahrgestellbau den Anteil an manueller Arbeit bei der Motorradproduktion beträchtlich zu senken. Daß dieses Bestreben schon zu Anfang der Fahrzeugfertigung in Zschopau vorhanden war, beweist die Abbildung eines Motorrades auf einem Werbeblatt, das die beim SM realisierte geschweißte Rahmen-Tank-Einheit zeigte. Allerdings ist anzunehmen, daß diese ganze Angelegenheit 1924 wohl konstruktiv wie auch technologisch noch nicht ausgereift war, zumal bei der geringen produzierten Stückzahl noch sehr unterschiedliche Rahmen gefertigt wurden.

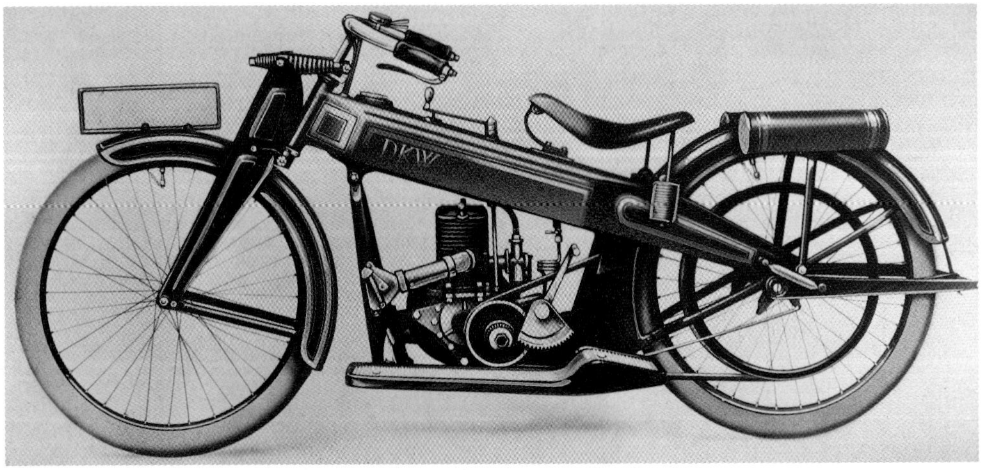

Stahlmodell (SM) ***AFB***

Technische Daten					
Motorentyp	Z und ZL	Höchstgeschwindigkeit	70 km/h	Fahrzeugmasse	80 kg
Hubraum	170, 181, 206 cm³	Kühlung	Luft (Gebläse)	Tankinhalt	10 l
Bohrung/Hub	60/60, 60/64, 64/64 mm	Schmierung	Gemisch	Produktionszeitraum	1924/1925
		Gangzahl	2	produzierte Stückzahl	1000
Leistung	3, 3,5, 4 PS	Vergaser	Framo, Adria	Ersatzteilliste	–

E 206/E 200

Bei dem charakteristischen, unten offenen Rohrrahmen dieser Maschine bildete der Motorblock das verbindende Element zwischen den Rahmenstreben. Die hinteren Streben der Maschinen der Baujahre 1925/1926 hatten nach unten offene Ausfallenden im Hinblick auf den Riemenantrieb, während die ab Januar 1927 auf Wunsch erhältliche Ausführung mit Kettenantrieb im Interesse der Spannmöglichkeit desselben mit nach hinten offenen Ausfallenden versehen war.

Die als Pendelgabel ausgebildete Rohr-Vordergabel war im Drehpunkt mit einem Reibungsstoßdämpfer versehen. Den Lenker hatte man noch nach Fahrradart mittels Konus und Spindel befestigt.

Der Sattel der 25er und 26er Ausführung bestand nur aus einem Blechprägeteil, dessen Federung lediglich die beiden Federn der Aufhängung besorgten. Der später verwendete Framo-Sattel wies unter der Sitzfläche 15 Spiralfedern und eine Filzauflage auf. Die Befestigung erfolgte durch zwei Druckfedern. Die unter dem Sattel angebrachte Werkzeugtrommel wurde bei der E 200 durch zwei rechteckige Werkzeugkästen ersetzt, die durch ihre Anbringung auch eine Änderung des Gepäckträgers erforderten. Die Rohrausführung wurde durch ein dünnes Winkelmaterial ersetzt.

Vom Auspuff wurden drei verschiedene Formen hergestellt. Die älteste besaß als Endstück einen Konus, der später abgeflacht wurde. Die letzte, am häufigsten gebaute Art, hatte als Endstück einen sogenannten Fischschwanz. Das als Vorschalldämpfer ausgebildete Anfangsstück der Auspuffanlage, die anfangs noch unverdeckte sogenannte Turbobirne, erhielt nach kurzer Herstellungszeit ein Abdeckblech.

Eine weitere Detailänderung im Laufe der Produktionszeit der Maschine betraf das vordere Schutzblech, dessen ältere Ausführung in einem geraden Endstück nach unten auslief, während die neuere einen etwa im rechten Winkel abstehenden Spritzschutz aufwies. Zur normalen Bereifung gehörten Wulstreifen der Abmessung 26x2,85. Lediglich bei Verwendung des 125er Zylinders bzw. bei Renneinsatz der Maschine wurden – unter Verzicht auf die Federwirkung der Ballonreifen – Hochdruckreifen geringerer Dimension empfohlen.

Die entwicklungsbedingten Änderungen am Motor betrafen den Kolbenbolzen, der von 12 auf 15 mm verstärkt wurde, den Zylinder, dessen ältere Ausführung ein Fenster mit aufgeschraubtem Deckel im Überströmkanal hatte, die Kickstarterwelle, die mit Einführung des Kettenantriebes gekröpft werden mußte, sowie die Kupplung und den Vergaser. Die Kupplung bestand zunächst nur aus Festscheibe, Losscheibe und Korklamellen. 1927 wurde die als K 3 bezeichnete Kupplung mit Kupplungskorb und Mitnehmerscheibe eingebaut. Als Vergaser wurde ein Framo-Erzeugnis mit direkt einstellbarer Düsennadel verwendet. 1927 kam dann der Framo-E-Vergaser mit Zentralschwimmer zum Einbau. Von den ZL-Motoren wurden ca. 19000 an andere Fahrgestell-Hersteller geliefert. Bei den als DKW-Sport und mit einer Leistungsabgabe von 4,5 PS verkauften Exemplaren dürfte es sich um auf dem Prüfstand ausgesuchte Motoren gehandelt haben. Eine in die Produktionszeit dieser Maschinen fallende wichtige konstruktive Motorendetailänderung war die Einführung einer Aluminiumlegierung als Kolbenwerkstoff anstelle des bisher verwendeten Graugusses.

Das bei den Vorgängermodellen schon mehrmals geänderte Firmenemblem unterlag auch während der Produktionszeit der E-Modelle noch Änderungen. Das mit dem E-Modell aufgekommene rhombusförmige Emblem war in den Jahren 1925 und 1926 auf Tank und hinterem Schutzblech zu finden. Etwa zur Zeit der Serieneinführung des Zweizylindermodells entstand das einfacher gestaltete blaugelbe DKW-Zeichen, das etwa über sechs Jahre für mehrere Modelle verwendet wurde. Eine Ausnahme gab es in der letzten Zeit des Rechtsstreites mit den Deutschen Kabel-Werken, in der zeitweise das farblich und förmlich gleichgestaltete DGW-Zeichen benutzt wurde. Auch Tankdeckel wurden mit dem DGW-Zeichen geprägt.

Hinsichtlich der Beleuchtungsanlage waren vielerlei Varianten möglich, da die Maschinen ab Werk üblicherweise ohne eine solche geliefert wurden und der Kunde sie nach seinen Wünschen vom Händler nachrüsten ließ. Das Werk bot zwei elektrische Schneider-Lichtanlagen an: die Ausführung I mit Schlußlicht und die Ausführung II nur mit Rückstrahler (Katzenauge). Die erforderliche Spannung wurde in zwei im Schwungradzünder eingebauten Lichtspulen erzeugt. Für das Standlicht war eine kleine Trockenbatterie vorgesehen. Man konnte vom Händler auch jede andere Lichtanlage einbauen lassen – von der teuren Boschanlage mit Anbau-Lichtmaschine bis zur billigsten Gas-Lichtanlage. Ebenso war für entsprechende Aufpreise vielerlei Sonderzubehör – von der Hupe über Rückblickspiegel bis zu Trittbrettern und Beinschutzblechen – erhältlich.

Die übliche Lackierung der Maschine war schwarz mit blauen Absetzlinien auf Tank und Schutzblechen.

E 206 ***AFB***

Technische Daten			Höchstgeschwindigkeit	70 km/h	Vergaser	Framo (alte Framo-Ausführung und E)	
	E 206	E 200	Bereifung	26x2,85			
Handelsbezeichnungen	DKW-Sport, LM		Kühlung	Luft (Gebläse)			
Motorentyp	ZL 64/64	ZL 63/64					
Hubraum	206, 175, 125, 198 cm^3		Schmierung	Gemisch, 1:8 (Einfahrzeit) bis 1:10	Radstand	1260 mm	
Bohrung/Hub	64/64, 59/64, 63/64, 50/64 mm				Tankinhalt	10 l	
			Getriebe	Zweigang im Kurbelraum	Produktionszeitraum	1925...1928	1928
Leistung	4 PS		Riemenfelgendurchmesser	380, 420, 450 mm	produzierte Stückzahl	49000	19200
Fahrzeugmasse	75 kg				Ersatzteilliste	2 und 3	

Transportrad
Grundlage für das Transportrad war die Eichlersche Lomoskonstruktion gewesen. Unter Verwendung des Lomos-Sitzes mit dem neuen Zweigang-4-PS-Motor und nach Anbringen eines zweirädrigen Vorderwagens daran entstand das Lastendreirad. Diese konstruktiven Ideen baute Rasmussen dann bei Framo zu einer Fertigung aus, die über Jahrzehnte den Grundgedanken »Kleintransporterbau« weiterführte.

Transportrad ***AFB***

Technische Daten					
Motorentyp	ZL 64/64	Getriebe	Zweigang im Kurbelraum	Nutzlast	250 kg
Hubraum	206 cm^3			Bereifung	26x2,5 Hochdruck oder 26x2,85 Niederdruck
Bohrung/Hub	64/64mm	Vergaser	Framo		
Leistung	4 PS	Fahrzeugmasse	175 kg		
Höchstgeschwindigkeit	35 km/h	Tankinhalt	5 l	Produktionszeitraum	1925/1926
Kühlung	Luft (Gebläse)	Radstand	1700 mm	produzierte Stückzahl	1100
Schmierung	Gemisch, 1:10	Ladefläche	1200x900 mm	Ersatzteilliste	5

E 250 (werksinterne Bezeichnung: **OM 250**)
Dieses im Sommer 1927 neu auf dem Motorradmarkt erschienene Modell reihte sich von der Fahrwerkskonstruktion her in die bisher angebotenen Typen ein. Die Federung war vom Zweizylindermodell übernommen, lediglich in der Dimensionierung dem leichteren Fahrzeug angepaßt worden. Motor und Getriebe wurden in einem aus Leichtmetall gegossenen Rahmenschuh verschraubt. Der in senkrechter Einbaulage befindliche Motor mit Sackzylinder gab seine Kraft über eine Primärkette an das an zwei Bolzen hängende Getriebe.
Die ersten 250er waren noch mit dem vom 206er Modell her bekannten Framo-Vergaser mit einstellbarer Düse ausgerüstet. Später erhielt die Maschine den Framo-E-Vergaser mit Zentralschwimmer. Das zunächst mit nach unten abstehendem Ende versehene Vorderschutzblech wurde im Laufe der Serie durch eines mit Spritzschutz ersetzt.

E 250 (OM 250) ***AFB***

Technische Daten		Kühlung	Luft (Gebläse)	Vergaser	Framo
Motorentyp	O Flansch 68/68	Schmierung	Gemisch, 1:20	Radstand	1320 mm
Hubraum	247 cm^3	Getriebeanordnung	getrennt	Tankinhalt	12 l
Bohrung/Hub	68/68 mm	Getriebefabrikate	Hurth, Sturmey-Archer, Pfeiffer	Produktionszeitraum	1927/1928
Leistung	6 PS			produzierte Stückzahl	ca. 8000
Bereifung	26x2,85	Gangzahl	3	Ersatzteilliste	8

E 300 (werksinterne Bezeichnung: **OM 300**)
Das Modell E 300 war lediglich durch Vergrößerung der Zylinderbohrung aus dem 250er Typ entstanden und demzufolge konstruktiv gleich, aber es wurden auch zahlreiche Detailänderungen realisiert, die dem Fahrzeug zu einem eigenständigen Äußeren verhalfen. Als augenscheinlichste Merkmale erhielt der 300er Typ einen abnehmbaren Leichtmetallzylinderkopf und den großen Tank der 500er. Bei einigen Exemplaren wurde sogar der Öltank beibehalten und eine Vorrichtung zur Schmierung der Primärkette installiert. Ein neuer Klemmkopf verbesserte die Verstellbarkeit des Lenkers. Der bislang übliche Rohrgepäckträger wurde durch einen aus dünnem Winkelprofil ersetzt, der die Anbringung zweier Werkzeugkästen gestattete.
Den Gußmotorschuh ersetzte man im Laufe der Serie durch einen Motorschuh aus gelochten und miteinander verschraubten Blechen.
Ab November 1928 wurde bei der Fertigung der Räder eine konstruktive Änderung wirksam. Bis dahin hatte man die Speichen an den Naben in zwei gleichgroßen Speichenkränzen eingehängt. Den neben der Bremstrommel befindlichen Kranz ließ man jetzt weg und hängte die Speichen direkt in die Trommel ein. Das bedingte natürlich auch die Verwendung von kürzeren Speichen auf dieser Seite. Gleichzeitig verstärkte man die Speichen von 2,5 auf 3 mm. So wurden drei verschiedene Speichenlängen erforderlich:

Vorderrad Bremstrommelseite	230 mm,
Vorderrad Einhängeseite	235 mm,
Hinterrad Bremstrommelseite	205 mm,
Hinterrad Einhängeseite	235 mm.

Diese Maßnahme betraf übrigens auch die Räder für die E 200! Eine weitere Änderung wurde an den Handhebeln vorgenommen. Das Maß des Drehpunktes der Hebel von der Lenkerrohrmitte wurde von 38 mm auf 30 mm verringert.
Sonderzubehör stand im gleichen Umfang zur Verfügung wie für das Z-Modell. Außerdem wurde noch ein Blechprägeteil als sogenannter Hosenschutz gegen den heißen Auspuffkrümmer angeboten.
Die typische Lackierung war schwarz, den Lenker eingeschlossen. Es ist aber auch die Auslieferung roter Fahrzeuge bekannt.

Vom Tank führte eine Ölleitung der Primärkette Tropföl zu. ***AFB***

Technische Daten	
Motorentyp	O-Flansch 74/68
Hubraum	293 cm^3
Bohrung/Hub	74/68 mm
Leistung	8 PS
Höchstgeschwindigkeit	80 km/h
Bereifung	26x2,85
Kühlung	Luft (Gebläse)
Schmierung	Gemisch, 1:20
Getriebeanordnung	getrennt
Getriebefabrikate	Hurth, Sturmey-Archer, Pfeiffer
Gangzahl	3
Vergaser	Framo E
Fahrzeugmasse	100 kg
Radstand	1320 mm
Tankinhalt	14 l
Produktionszeitraum	1928/1929

Z 500

Die nachfolgenden technischen Daten beziehen sich auf das Tourenmodell des Typs Z 500. Das Sportmodell unterschied sich davon durch Hochdruckreifen geringerer Dimension, Sondergetriebe und andere Lackierung. Die Leistung dieses Modells wurde mit 15 PS und die Höchstgeschwindigkeit mit 120 km/h angegeben.

Die Rahmenbauweise dieser ersten Zweizylinder-DKW entsprach der des Einzylindermodells, allerdings mit doppeltem Rahmenoberrohr (echter Einstecktank) und mit einem aus gelochtem Blech bestehenden Motorschuh, mit dessen Hilfe der Rahmen zu einer stabilen Einheit verschraubt wurde. Das Getriebe war an einer gegossenen Brücke hängend angeordnet. Die aus Rohr gefertigten Gabelscheiden hatte man mittels solider schraubengefederter Parallelogrammaufhängung am Steuerkopf befestigt. Reibungsstoß- und -steuerungsdämpfer gehörten zur Serienausstattung. Starke Ballonreifen und breite, weit um die Reifen greifende Schutzbleche bildeten Attribute des Fahrkomforts. Eine der auf der Automobilausstattung von 1926 gezeigten Z 500 besaß sogar eine kombinierte Bremsanlage, bei der über den Bremsfußhebel beide Räder verzögert wurden.

Die ältesten Maschinen dieses Typs hatten zwei Schalldämpfer analog der neueren E-206-Ausführung. Dann versah man die Z mit einer Auspuffanlage, die aus zwei durch ein starkes Querrohr miteinander verbundenen Schalldämpfern bestand. Die Dämpfer waren relativ große Blechprägeteile mit drei Quersicken und Fischschwanzende. Infolge der Schwierigkeiten mit der Wärmeabführung des Motors und damit auch der Schmierung wurden in der relativ kurzen Produktionszeit des Modells meherere konstruktive Änderungen durchgeführt. Diese betrafen die Kühlung sowie die Schmierung des Kurbelwellenmittellagers. Die Kühlung erfolgt gleichermaßen wie beim Einzylindermodell durch ein Gebläse. Als sich bei den Serienmaschinen die Kolbenklemmer häuften, glaubte man, das Übel läge darin begründet, daß die vom rechten Zylinder erwärmete Luft auf den linken geblasen werde und hier einen Wärmestau verursache. Aus diesem Grunde wurde Ende 1927 der Motor durch Weglassen des Gebläses auf reine Fahrtwindkühlung umgestellt. Zur Unterstützung dieser Kühlungsart wurden die zuvor als Sonderzubehör gelieferten Beinschutzbleche als Windleitbleche montiert. Um die Schmierung zu verbessern, änderte man zweimal die Ölnuten in den Lagerschalen des aus zwei Bronzelagerschalen bestehenden Kurbelwellenmittellagers. Die Zuführung des Frischöls zum Mittellager und den Pleuellagern geschah durch die im Kurbelgehäuse beim Druckwechsel entstehende Pumpwirkung über eine vor dem Zylinder auf das Gehäuse geschraubte Ölleitung. Der Schmierstoffvorrat befand sich in einer getrennten Kammer auf der linken Seite des Kraftstoffbehälters. Die dem Lager zugeführte Ölmenge war durch ein Schauglas auf dem Tank kontrollierbar und mittels einer kleinen konischen Spindel regulierbar.

Die erste Kurbelwellenausführung der Z 500 war aus einem Stück geschmiedet. Mit der zweiten Änderung der Ölzuführung im Mittellager, dem jetzt zusätzlich Tropföl außer dem Gemisch zugeführt wurde, erhielt der Motor auch eine neue Kurbelwelle. Diese war nun aus mehreren Teilen zusammengepreßt, besaß jedoch außen andere Hubscheiben als innen.

Hinsichtlich der Ausstattung wurde dem Käufer einer Zweizylindermaschine folgendes geboten: Steckachsen, Gasdrehgriff, Beinschutzbleche, Trittbretter, Soziussitz, Rückspiegel, Tachometer, Stoßdämpfer für die Sitzfederung, elektrische oder Ballhupe sowie elektrische oder Karbidlichtanlage. Alles dies war gegen Aufpreis erhältlich. Der ursprüngliche Grundpreis betrug für das Tourenmodell 1275 RM und für die Sportausführung 1500 RM. Die Standardlackierung war schwarz mit goldenen Absatzlinien beim Tourenmodell, während das Sportmodell in rot mit goldenen Linien angeboten wurde.

Kurbelwellen der Z 500. Von unten nach oben: älteste Kurbelwellenausführung; zweite Ausführung, auch noch mit mittlerem Gleitlager; jüngste Ausführung mit vollen Hubscheiben und mittlerem Rollenlager ***DM***

Z 500 ***AFB***

Technische Daten

Motorentyp	P 2-Zyl. 68/68	Getriebeanordnung	getrennt
Hubraum	494 cm³	Getriebefabrikate	Hurth, Sturmey-Archer, J. A. P., Burman
Bohrung/Hub	68/68 mm		
Leistung	12 PS		
Drehzahl	max. 4000/min	Gangzahl	3
Höchstgeschwindigkeit	100 km/h	Vergaser	Framo
Bereifung	27 x 3,5 und 27 x 3,85	Fahrzeugmasse	130 kg
Kühlung	Luft	Radstand	1400 mm
Schmierung	Gemisch und Frischöl komb.	Tankinhalt	12 l Kraftstoff u. 2 l Öl
		Produktionszeitraum	1927/1928

ZSW 500

Da das Modell ZSW aus der Z 500 entstanden ist, beschränkten sich die Unterschiede im wesentlichen auf die mit der Einführung der Wasserkühlung verbundenen Teile. Etwa mit der neuen Kühlung wurde auch eine neue Kurbelwelle verwendet. Sie hatte volle Hubscheiben, und an die Stelle des Bronzelagers ist ein doppeltes Rollenlager getreten. Damit änderte sich auch das Motorengehäuse. Diese Änderung wurde teilweise ab Motornummer 142 000 wirksam, und ab Motornummer 185 000 baute man nur noch die geänderten Motoren ein.

Die wassergekühlten Zylinderköpfe hatten zunächst zwei Wasserausgänge und wurden später durch solche mit einem zentralen Ausgang ersetzt.

Der Rahmen besaß jetzt eine aufgelötete Muffe zur Kühlerbefestigung am vorderen Rahmenrohr. Auch der Sattel und die Werkzeugkästen hatten Veränderungen erfahren.

Die typische Lackierung war rot mit Goldlinien.

ZSW 500 ***AFB***

Technische Daten

Motorentyp	P 2-Zyl. 68/68	Kühlung	Wasser (Thermosiphon)	Vergaser	Framo E
Hubraum	494 cm³	Schmierung	Gemisch, 1:20	Radstand	1400 mm
Bohrung/Hub	68/68 mm	Getriebeanordnung	getrennt	Tankinhalt	14 l
Leistung	14 PS	Getriebefabrikate	Hurth, Sturmey-	Produktionszeitraum	1928/1929
Drehzahl	max. 4000/min		Archer, J. A. P., Burman	produzierte Stückzahl	1000
Bereifung	27x3,5 und 27x3,85	Gangzahl	3	Ersatzteilliste	7 a

Luxus 200 (werksint. Bezeichnung: **ZS 200)**
Die Luxus 200 war wie die E 200 wieder ein Erfolgsmodell. Von dieser hatte man ja auch die Antriebstechnik übernommen. Lediglich die Turbobirne der Auspuffanlage war durch einen verrippten Gußkörper ersetzt und der Kickstarter dem neuen Fahrgestell angepaßt worden. Der bewährte Motor hatte zusammen mit zwei bemerkenswerten Neuheiten, die den Rahmen und den Tank betrafen, wiederum ein sehr zuverlässiges Gebrauchsmotorrad, aber mit moderner Linie, ergeben. Das neue Design brachte der Satteltank, der hier erstmals von DKW angewandt wurde. Der Rahmen bestand aus verschraubten, kaltgepreßten Profilteilen. Die Konstruktion ermöglichte eine vollkommen neue Technologie der Rahmenherstellung in großer Serie unter wesentlicher Verminderung der Handarbeit. Ein erster zaghafter Versuch in dieser Richtung war schon 1924 bei dem Stahlmodell gemacht worden. Der ursprünglich vorhandene Riemenantrieb wurde später durch einen Kettenantrieb ersetzt. Damit änderte sich auch das hintere Schutzblech. An Übersetzungen am Hinterrad wurden geliefert: Riemenfelgen mit 380, 420 und 450 mm Durchmesser, Zahnkränze mit 65 und 75 Zähnen.
Während der Serie wurden weiterhin geändert: die Lochabstände der Verschraubung des Steuerkopfes zu den Rahmenstreben, der Kickstarter, der Gepäckträger und die Räder.
Die Standardlackierung war schwarz mit rotem Tank und goldenen Zierlinien. Der letzte Teil der Serie hatte einen verchromten Tank. Von diesen Fahrzeugen wurden auch 100 Stück mit einem Hubraum von 175 cm³ verkauft.

Luxus 200 (ZS 200) ***AFB***

Technische Daten

		Bereifung	26x2,85	Vergaser	Framo E
Motorentyp	ZL 63/64	Kühlung	Luft (Gebläse)	Fahrzeugmasse	85 kg
Hubraum	198 cm³	Schmierung	Gemisch, 1:10 bis 1:15	Radstand	1275 mm
Bohrung/Hub	63/64 mm			Tankinhalt	10 l
Leistung	4 PS	Getriebeanordnung	im Kurbelraum	Produktionszeitraum	1929...1932
Drehzahl	3500/min	Getriebefabrikat	DKW	produzierte Stückzahl	37700
Höchstgeschwindigkeit	70 km/h	Gangzahl	2	Ersatzteilliste	12

Super-Sport 500 (werksinterne Bezeichnung: **PM 500/PM Sp. 29)**)
Das mit einem Rohrrahmen versehene Modell unterlag von seinem Erscheinen bis zur Produktionseinstellung (aufgrund der Einführung eines Zweizylinder-Modells mit Umkehrspülung) zahlreichen Detailänderungen, die vor allem das Äußere der Maschine wesentlich beeinflußten. Anfangs waren die Seitenteile der Schutzbleche weit heruntergezogen. Später wurden flache, sportlicher aussehende Schutzbleche montiert. Die Umstellung der Räder von Wulst- auf Drahtbereifung betraf – wie alle anderen in diesen Jahren gefertigten Modelle – auch die Super-Sport. Tanks gab es zudem in mehreren Varianten. Ursprünglich wurde der Tankdeckel durch einen kleinen federnden Hebel gehalten (sogenannter Blitztankverschluß), der später durch einen Kugelschnappverschluß (Patent Blau) ersetzt wurde. Bei einigen Maschinen war die Einfüllöffnung nach links versetzt, und rechts befand sich ein vom Hinterrad angetriebener Tachometer in einem Tankdurchbruch. Der Scheinwerfer, 1929 noch Nachrüstzubehör, wurde am Lenker befestigt, während später schon vom Werk aus eine Halterung am Steuerkopf für den Trommelscheinwerfer angebracht war, die zuletzt einen parabolförmigen Scheinwerfer aufnahm. Außerdem wurden am Fahrgestell während der Serie geändert: die Mitnehmerbolzen des Hinterrades von 14 mm auf 17 mm, die Stärke der Speichen von 3 mm auf 3,5 mm, der Ständer vom Hinterrad unter den Motor verlegt.
Auch am Motor sind Detailänderungen vorgenommen worden. So wies die Ausführung I des Zylinderkopfes noch zwei angegossene Wasserkanäle auf, die das Wasser zum Kühler führten, während die Ausführung II einen angeschraubten Wasserverteiler besaß. Ebenso gab es zwei Zylinder-Ausführungen, und zwar mit Auspuffanschlußgewinde oder mit Aupuffanflanschung. Die Auspuffanlage selbst ist in drei Varianten angeboten worden: zuerst in Form der großen Schalldämpfer mit vier Sicken sowie der etwas kleineren mit drei Sicken, später mit den Schalldämpfern der Blockmodelle.
Die elektrische Anlage unterlag einer einschneidenden Änderung, als die Magnetzünderanlage und die linksseitig befindliche Gleichstromlichtmaschine durch die Luma-Batteriezündanlage ersetzt wurden.
Zur Übersetzungsänderung standen sechs verschiedene Kettenritzel zur Auswahl. Daneben wurden drei Vergasertypen montiert – teils mit Hebelbedienung, teils mit Drehgasgriff.
Am oberen Wasserkasten des Kühlers war eine DKW-Prägung angebracht. Teilweise wurden aber auch Kühler ohne diese Prägung verwendet.
Eine auch auf andere Typen zutreffende Änderung betraf Motor- und Getriebegehäuse. Bei der alten Ausführung befanden sich die Gehäuseschrauben außerhalb der Konturen des Kupplungsdeckels. Bei einer Neugestaltung der Gehäuse wurden diese etwas voluminöser und dadurch glattflächiger. Auch führte man eine neue Kupplung mit Juridbelag und höherem Federdruck (besonders für Seitenwagenbetrieb) ein. Zur Bedienungserleichterung derselben wurde der Kupplungsdeckel nochmals geändert, und er erhielt an Stelle des Hebels ein Druckstück mit Grobgewinde. Durch wurde auch die Anbringung eines Fußkupplungshebels möglich.
Vorherrschende Lackierung war rot mit gelben Rändern und goldener Linierung. Teilweise ist auch der Tank gelb abgesetzt worden. Verchromte Tanks wurden ebenfalls montiert.

Super-Sport 500 ***AFB***

Technische Daten

Motorentyp	PF 2-Zyl. 68/68	Kühlung	Wasser		Framo B
Hubraum	494 cm³		(Thermosiphon)	Fahrzeugmasse	175 kg
Bohrung/Hub	68/68 mm	Schmierung	Gemisch, 1:20	Radstand	1400 mm
Leistung	18 PS	Getriebeanordnung	angeblockt	Tankinhalt	12 l
Drehzahl	3000/min	Getriebefabrikat	DKW	Produktionszeitraum	1929...1933
Höchstgeschwindigkeit	120 km/h	Gangzahl	3	produzierte Stückzahl	ca. 1200
Bereifung	26x3,50/27x4,00	Vergaser	Meco, Framo E,	Ersatzteilliste	13

Luxus 300 (werksint. Bezeichnung: **E 300**)
Die Luxus 300 war folgerichtig aus dem Bemühen entstanden, die Antriebstechnik der vorhandenen 300er mit dem neuen Preßstahlrahmen zu versehen. Deshalb wurde sie auch in der Werksbezeichnung als E 300 geführt. Infolge des getrennten Getriebes wurden Motor und Getriebe durch einen Unterzug (Motorschuh) zusammengehalten. Die Räder stellte man analog allen anderen zu jener Zeit produzierten Modellen von Wulstauf Drahtbereifung um.
Die gängige Lackierungsvariante war schwarz mit rotem Tank. Es wurden aber auch gänzlich schwarze Maschinen dieses Typs sowie solche mit allseitig hellen Tankspiegeln hergestellt. Gegen Ende der Produktionszeit wurden die Tanks verchromt. Infolge der intensiven Arbeit der Konstrukteure war die Technik der Luxus 300 schon bald durch die neuen Typen überholt.

Luxus 300 (E 300) ***AFB***

Technische Daten		Kühlung	Luft (Fahrtwind)	Vergaser	Framo E
Motorentyp	O-Flansch 74/68	Schmierung	Gemisch, 1:20	Fahrzeugmasse	100 kg
Hubraum	293 cm³	Getriebeanordnung	getrennt	Radstand	1320 mm
Bohrung/Hub	74/68 mm	Getriebefabrikate	F & S, DKW, Hurth,	Tankinhalt	12 l
Leistung	8 PS		Sturmey-Archer	Produktionszeitraum	1929...1930
Höchstgeschwindigkeit	85 km/h	Gangzahl	3	produzierte Stückzahl	6000
Bereifung	26x2,85			Ersatzteilliste	14

Luxus 500 (werksint. Bezeichnung: **ZB 500**)
Die Luxus 500 verkörperte die Übertragung der neuen Fahrwerkstechnik sowohl auf die hubraumgrößte Zschopauer Motorrad-Klasse unter Verwendung eines vorhandenen Antriebsblocks, als auch auf die kleinen Klassen. Die Grundlage des Antriebs bildete der Motor-Getriebe-Block der Supersport, der mit einem luftgekühlten Zylinderblock mit Einzelköpfen vervollständigt worden war. Unter Verwendung der als Gasstromventilation bezeichneten Frischgasführung im Motor glaubte man die Kühlung der Maschine gesichert zu haben. Viele Motorräder dieses Typs wiesen dann aber doch thermische Probleme auf, weshalb es auch bei der geringen Stückzahl geblieben ist.
Bei Erscheinen dieses Typs ist die Lichtanlage noch auf Sonderwunsch geliefert worden. Der Zündfunke wurde – wie üblich – durch einen Schwungmagneten erzeugt. Der Lichtstrom entstand in einer auf dem linken Kurbelwellenende befindlichen 30-Watt-Gleichstromlichtmaschine. Wurde das Motorrad ohne Lichtanlage geliefert, so war die Öffnung im Kupplungsdeckel mit einem gewölbten Blechdeckel verschlossen.
Da die Luxus 500 noch bis 1932 verkauft wurde, wertete man sie durch zeitgemäße Attribute wie Drahtbereifung, 50-Watt-Luma-Anlage und damit serienmäßiger Beleuchtungsanlage auf. Diese Maschinen hatten auch einen verchromten Tank. Ansonsten waren die Änderungen während der Serienproduktion recht gering. Zuerst wurden weit um die Reifen greifende Schutzbleche verwendet, die man später durch solche mit weniger hohen Seitenteilen ersetzte. Ständer gab es in zwei Ausführungen: aus Blech und aus Elektron-Guß. Die Mitnehmerbolzen des Hinterrades wurden von 14 mm auf 17 mm verstärkt.
Um der Bezeichnung Luxus gerecht zu werden, sind mehrere ansprechende Lackierungsvarianten realisiert worden – zum schwarzen Fahrgetell ein roter Tank und gelbe Räder oder auch das ganze Fahrzeug in Rot.

Luxus 500 (ZB 500) ***AFB***

Technische Daten					
Motorentyp	PF 2-Zyl. 68/68	Kühlung	Luft (Fahrtwind)	Fahrzeugmasse	135 kg
Hubraum	494 cm³	Schmierung	Gemisch, 1:20	Radstand	1340 mm
Bohrung/Hub	68/68 mm	Getriebeanordnung	angeblockt	Tankinhalt	12 l
Leistung	14 PS	Getriebefabrikat	DKW	Produktionszeitraum	1929...1930
Höchstgeschwindigkeit	100 km/h	Gangzahl	3	produzierte Stückzahl	2000
Bereifung	26x3,00	Vergaser	Meco, Framo E, Framo B	Ersatzteilliste	13

Luxus Spezial 200 (werksinterne Bezeichnung: **DS 200**)
Die Luxus Spezial 200 war die durch Hubraumverringerung entstandene steuerfreie Variante der Luxus 300, sehr leicht erkennbar an kleinerem Tank und Auspuff (nur drei Sicken).
Die Fahrgestellteile waren schwarz lackiert, der Tank beidseitig – teilweise auch oben – mit hellen Spiegeln versehen. Auch verchromte Tanks sind verwendet worden.

Luxus Spezial 200 (DS 200) ***AFB***

Technische Daten					
Motorentyp	O-Flansch 60/68	Kühlung	Luft (Fahrtwind)	Fahrzeugmasse	95 kg
Hubraum	192 cm³	Schmierung	Gemisch, 1:20	Radstand	1320 mm
Bohrung/Hub	60/68 mm	Getriebeanordnung	getrennt	Tankinhalt	10 l
Leistung	4,5 PS	Getriebefabrikat	DKW SG I	Produktionszeitraum	1929...1931
Höchstgeschwindigkeit	75 km/h	Gangzahl	3	produzierte Stückzahl	10000
Bereifung	26x2,85	Vergaser	Framo E	Ersatzteilliste	14

Volksrad ES 200 (werksinterne Bezeichnung: **ZS 200/I**)
Das Volksrad war eine hinsichtlich entbehrlicher Teile bis aufs äußerste abgemagerte Variante der Luxus 200. Sogar Schaltgetriebe und Kickstarter fehlten. Die Hinterradbremse war anfangs nur eine auf die Riemenfelge arbeitende Klotzbremse, die ab Fahrgestell Nr. 180601 durch eine Innenbackenbremse ersetzt wurde. Auch der Vergaser war eine Sparvariante des Framo E, von dem nur noch ein Bowdenzug zum Lenker ging. Die Gemischregulierung mußte mittels eines kleinen Hebels direkt am Vergaser vorgenommen werden.
Die Lackierung des Motorrades war schwarz mit gelber Linierung am Tank.

Volksrad ES 200 (ZS 200/I) ***AFB***

Technische Daten		Bereifung	26x2,25	Fahrzeugmasse	83 kg
Motorentyp	EL 63/64	Kühlung	Luft (Fahrtwind)	Radstand	1275 mm
Hubraum	198 cm^3	Schmierung	Gemisch, 1:10	Tankinhalt	6 l
Bohrung/Hub	63/64 mm		bis 1:15	Produktionszeitraum	1929...1930
Leistung	4 PS	Getriebe	ohne Schaltgetriebe	produzierte Stückzahl	ca. 3000
Höchstgeschwindigkeit	65 km/h	Vergaser	Framo E	Ersatzteilliste	15

ZiS/Z 200 (werksint. Bezeichnung: **ZS 200/II**)
Dieses Modell war prinzipiell nur ein etwas aufgewertetes Volksrad, das im Gegensatz zu diesem ein Schaltgetriebe und den normalen Zweihebel-Vergaser besaß. Die letzten Exemplare erhielten auch einen Gepäckträger. Die als Z 200 verkauften Exemplare hatten das übliche DKW-Emblem am Tank. Die als ZiS (Zschopau in Sachsen) angebotenen Fahrzeuge führten diese drei Initialien am Tank und auf dem hinteren Schutzblech.
Die Lackierung war üblicherweise ebenfalls schwarz mit gelber Zierlinie am Tank. Es wurden aber auch ZiS in rotbraun geliefert.

ZiS ***AFB***

Technische Daten					
Motorentyp	EL 63/64	Kühlung	Luft (Fahrtwind)	Fahrzeugmasse	ca. 83 kg
Hubraum	198 cm³	Schmierung	Gemisch, 1:10 bis 1:15	Radstand	1275 mm
Bohrung/Hub	63/64 mm			Tankinhalt	6 l
Leistung	4 PS	Getriebeanordnung	im Kurbelraum	Produktionszeitraum	1929...1931
Höchstgeschwindigkeit	65 km/h	Getriebefabrikat	DKW	produzierte Stückzahl	ca. 2000
Bereifung	26x2,5	Gangzahl	2	Ersatzteilliste	15
		Vergaser	Framo E		

Spezial 200 (als DKW)/**L 200** (als Schüttoff) – (werksinterne Bezeichnung: **OM**)
Dieses Modell war für den Verkauf als steuerfreie Schüttoff hergestellt worden. Außer den verwendeten Profilstahlgabeln wurden auch noch Rohrgabeln der E 250 aufgebraucht. Die Auspuffbirnen kamen in verschiedenen Größen zum Einbau. Bei Maschinen mit elektrischer Beleuchtung standen eine Schneider-Zündlichtanlage und eine Bosch-Anlage mit Anbaulichtmaschine vor dem Motorengehäuse zur Wahl. Als Schüttoff waren die Maschinen oft im typischen Rotbraun der Viertakter der Chemnitzer Firma lackiert. Die Exemplare, die als DKW-Erzeugnis verkauft wurden, hatte man im Stil der Luxus-Reihe schwarz mit rotem Tank lackiert.

Luxus Spezial 200 (DS 200) ***AFB***

Technische Daten					
Motorentyp	O-Flansch 60/68	Kühlung	Luft (Fahrtwind)	Fahrzeugmasse	90 kg
Hubraum	192 cm³	Schmierung	Gemisch, 1:20	Radstand	1320 mm
Bohrung/Hub	60/68 mm	Getriebeanordnung	getrennt	Tankinhalt	12 l
Leistung	4,5 PS	Getriebefabrikat	DKW SG I, Hurth, Sturmey-Archer	Produktionszeitraum	1929
Höchstgeschwindigkeit	75 km/h	Gangzahl	3	produzierte Stückzahl	10000
Bereifung	29x2,85	Vergaser	Framo E	Ersatzteilliste	11

Schüttoff Luxus (werksinterne Bezeichnung: **EM 200/300**)
Hier handelte es sich um eine technisch mit der Spezial identische Maschine, die als Zugeständnis an die moderne Motorradlinie einen Satteltank und einen entsprechend geänderten Rahmen erhalten hatte.
Die Lackierung erfolgte im schüttofftypischen Braun mit hellen Tankspiegeln. Es sollen auch schwarze Maschinen mit andersfarbigen Tanks hergestellt worden sein.

Schüttoff Luxus (EM 200/300) ***AFB***

Technische Daten		Bereifung	26x2,85	Vergaser	Framo E und B		
Motorentyp	O-Flansch 60/68 und 74/68	Kühlung	Luft (Fahrtwind)	Fahrzeugmasse	90 kg		
		Schmierung	Gemisch, 1:20	Radstand	1320 mm		
Hubraum	192 und 293 cm^3	Getriebeanordnung	getrennt	Tankinhalt	10 l		
Bohrung/Hub	60/68 und 74/68 mm	Getriebefabrikat	DKW SG I, Hurth, Sturmey-Archer	Produktionszeitraum	1929...1933		
Leistung	4,5 und 8 PS			produzierte Stückzahl	2200		
Höchstgeschwindigkeit	75 und 85 km/h	Gangzahl	3	Ersatzteilliste	–		

Schüttoff Mifa 200 (werksinterne Bezeichnung: **MF 200**)
Für dieses in geringer Stückzahl produzierte Modell wurde der bekannte DKW-Zweigangmotor mit einem Rohrrahmen und einer Profilstahlgabel ergänzt. In Anbetracht des Vorhandenseins eines steuerfreien Schüttoff-Modells in Form der L 200 kann das Erscheinen des Modells Mifa nur unter dem Aspekt »Verbrauch vorhandener Teile« betrachtet werden.

Schüttoff Mifa (MF 200) ***AFB***

Technische Daten		Bereifung	26x2,85	Vergaser	Framo E
Motorentyp	ZL 63/64	Kühlung	Luft (Gebläse)	Fahrzeugmasse	85 kg
Hubraum	198 cm^3	Schmierung	Gemisch, 1:10 bis 1:15	Radstand	1275 mm
Bohrung/Hub	63/64 mm			Tankinhalt	10 l
Leistung	4 PS	Getriebeanordnung	im Kurbelraum	Produktionszeitraum	1930
Drehzahl	3500/min	Getriebefabrikat	DKW	produzierte Stückzahl	200
Höchstgeschwindigkeit	70 km/h	Gangzahl	2	Ersatzteilliste	–

Schüttoff RS 200 (werksinterne Bezeichnung: **RS 200**)
Die RS 200 war entstanden durch die Modifizierung eines Fahrgestells der Luxus Spezial 200 und die Ausrüstung desselben mit einem Viertakt-Motor des Getriebelieferanten Sturmey-Archer.
Die braune Lackierung mit hellen Tankspiegeln und Rädern reihte sie optisch in das Schüttoff-Programm ein.

Schüttoff RS 200 (RS 200) ***AFB***

Technische Daten					
Motorentyp	Sturmey-Archer, Viertakt, SV	Kühlung	Luft (Fahrtwind)	Vergaser	Graetzin
		Schmierung	Druckumlauf	Tankinhalt	10 l
Hubraum	198 cm³	Getriebeanordnung	getrennt	Produktionszeitraum	1930
Bohrung/Hub	60/70 mm	Getriebefabrikat	F & S	produzierte Stückzahl	200
Leistung	4,5 PS	Gangzahl	3	Ersatzteilliste	–

DKW-Schüttoff JS 500 (werksinterne Bezeichnung: **JS**)
Während die als Schüttoff verkauften Zweitaktmodelle reine DKW-Maschinen waren, stammte bei dieser 500er nur das Fahrgestell aus der Zschopauer Fertigung. Die qualitativ hochwertigen Schüttoff-Motorräder besaßen einen großen Interessentenkreis. Deshalb sollten die noch vorhandenen Motoren für ihren Bestimmungszweck verwendet werden.
Da nach Einstellung der Motorradfertigung bei Schüttoff für die restlichen Motoren keine Rahmen mehr vorhanden waren, modifizierte man das 500er DKW-Fahrgestell für den Einbau des Viertaktmotors.

DKW-Schüttoff JS 500 (JS) ***AFB***

Technische Daten		Kühlung	Luft (Fahrtwind)	Fahrzeugmasse	150 kg
Motorentyp	G 500, Viertakt, SV	Schmierung	Pumpenumlauf	Radstand	1340 mm
Hubraum	498 cm³	Getriebeanordnung	Motor und Getriebe im Gehäuseblock	Tankinhalt	12 l
Bohrung/Hub	80/99 mm			Produktionszeitraum	1930...1932
Leistung	14 PS	Getriebefabrikat	Schüttoff	produzierte Stückzahl	660
Höchstgeschwindigkeit	110 km/h	Gangzahl	3	Ersatzteilliste	19
Bereifung	26x3,5	Vergaser	Graetzin		

Luxus Sport 300 (werksinterne Bezeichnung: **EB 300**)
Mit der Luxus Sport 300 realisierte man erstmals das Antriebskonzept Blockmotor im mittleren Hubraumbereich des Zschopauer Programms. An die Stelle der bisher verwendeten Primärkette war ein Stirnradantrieb getreten, der auf der Kurbelwelle durch einen Ruckdämpfer ergänzt wurde. Obwohl das Vorgängermodell schon einen abnehmbaren Leichtmetallzylinderkopf besaß, stattete man die Luxus Sport zunächst mit einem Sackzylinder aus, der aber im Laufe der Serie auch wieder durch einen Zylinder modernerer Bauart ersetzt wurde. Aufgrund des Vorhandenseins zweier Auspuffkanäle im Sinne besserer Abströmung der verbrannten Gase mußte der Einlaßkanal auf der linken Seite des Zylinders angeordnet werden. Aus gestalterischen Gründen verwendete man zwischen Einlaßschlitz und Vergaser einen langen Schwanenhalskrümmer. Diesen hat man als Ursache für die träge Reaktion des Motors beim Gasgeben erkannt, so daß dann der Vergaser im rechten Winkel zum Zylinder auf einen kurzen Stutzen gesetzt wurde. Es sind auch unterschiedliche Kolben montiert worden, da teilweise Zwischenplatten zwischen Zylinder und Gehäuse verwendet wurden.
Die Auspuffschalldämpfer hatten eine spezielle Form, die nur bei diesem Modell zu Anwendung kamen. Gegen Ende der Serie versah man einige Maschinen mit der Auspuffanlage der zwischenzeitlich entstandenen Block-Modelle. Die Kettenritzel am Getriebeausgang wiesen 17 bis 27 Zähne auf. Änderungen am Fahrwerk betrafen die Räder (Umstellung von Wulst- auf Drahtbereifung) und die Achsen, die im Laufe der Fertigung verstärkt wurden, sowie die Radlagerung, die von Starrkugelhalteringen auf lose Kugeln umgestellt wurde.
Eine sehr ansprechende Lackierungsvariante war Schwarz mit gelben Rädern, allseitig gelben Tankspiegeln und gelben Werkzeugkästen mit blauen Zierlinien. Gegen Ende der Serienfertigung waren die Tanks verchromt.

Luxus Sport 300 (EB 300) ***AFB***

Technische Daten					
Motorentyp	OF 74/68	Kühlung	Luft (Fahrtwind)	Fahrzeugmasse	150 kg
Hubraum	293 cm³	Schmierung	Gemisch, 1:20	Radstand	1340 mm
Bohrung/Hub	74/68 mm	Getriebeanordnung	angeblockt	Tankinhalt	12 l
Leistung	9 PS	Getriebefabrikat	DKW (Kugelschaltung)	Produktionszeitraum	1930/1931
Höchstgeschwindigkeit	90 km/h	Gangzahl	3	produzierte Stückzahl	ca. 3000
Bereifung	26x3,5	Vergaser	Framo E	Ersatzteilliste	18

Block 200/Block 300 (werksinterne Bezeichnung: **TB 200/TB 300**)
Das Modell Block 200/300 gehört mit zu jenen, die von der Einführung der Umkehrspülung geprägt waren und auch ihr Äußeres im Laufe der Serie grundlegend änderten. Im Hinblick auf den Motor bestand zwischen der 200er- und 300er-Version der Unterschied, daß letztere einen Ruckdämpfer auf der Antriebsseite der Kurbelwelle besaß, der äußerlich am Kupplungsdeckel erkennbar war. Fahrgestellmäßig bestanden keine Unterschiede.
Die Ursprungsform der kleinen Block war durch Trommelscheinwerfer, nach links vom Zylinder abstehenden Vergaser und die typischen Schalldämpfer mit großem Fischschwanzende sowie die blaugelben DKW-Abziehbilder gekennzeichnet. Die Ausführung mit Dynastarteinrichtung war erkennbar am wesentlich größeren verchromten Lichtmaschinengehäuse, an der großen Batterie und dem daneben befindlichen Anlasserschalter. Infolge der Umkehrspülung ab Motor-Nr. 333002 rückte der Vergaser hinter den Zylinder, der seitlich kleine, durch Aluguß-Deckel verschlossene Öffnungen zur Bearbeitung der Überströmkanäle erhalten hatte. Der bislang übliche Trommelscheinwerfer war durch eine moderne Form ersetzt worden, und das DKW-typische Rücklicht mit Nummernschildbeleuchtung prägte die hintere Ansicht des Motorrades.
Der Auspuff hatte eine stark vereinfachte Form erhalten. Die Kennzeichnung als DKW-Erzeugnis erfolgte nun durch die grünweißen Abziehbilder an Tank, Schutzblech und Werkzeugkästen.
Von den für dieses Blockmodell konstruierten Motoren wurden neben den in nachfolgender Tabelle aufgeführten noch einige Tausend (überwiegend 300 cm³) für die Dreirad- und Kleinwagenproduktion bei Framo hergestellt.

Technische Daten		
	Block 200	Block 300
Motorentyp	T 200	T 300
Hubraum	192 cm³	293 cm³
Bohrung/Hub	60/68 mm	74/68 mm
Leistung	6 PS	8 PS
Höchstgeschwindigkeit	80 km/h	
Kühlung	Luft (Fahrtwind)	
Schmierung	Gemisch, 1:15 (Einfahrzeit) bis 1:20	
Bereifung	25x3	
Getriebeanordnung	angeblockt	
Getriebefabrikat	DKW (Kulissenschaltung)	
Gangzahl	3	
Vergaser	Amal, Framo B	
Fahrzeugmasse	128 (140 mit 135 kg Dynast.)	
Radstand	1285 mm	
Tankinhalt	12 l	
Produktionszeitraum	1931...1933	
produzierte Stückzahl	ca. 13000 davon 2100 mit Dynast. und 100 mit 250 cm³	
Ersatzteilliste	21	

Block 200 (TB 200) **AFB**

Die Umkehrspülung brachte der Block 200 erhebliche äußere Veränderungen. **AFB**

Sport 500 (werksinterne Bezeichnung: **ZBW 500**)
Die Sport 500 verdankt ihre Geburt den thermischen Problemen der Luxus 500. Da die Kolbenklemmer bei der Luxus 500 trotz der Frischgasführung unter dem heißen Kolbenboden hindurch (Gasstromventilation) gehäuft aufgetreten waren, ging man nun den gleichen Weg wie beim Modell Z 500: Umstellung auf Wasserkühlung! Es wurden Exemplare der Luxus umgerüstet wie auch noch nicht ausgelieferte Maschinen gleich mit dem wassergekühlten Zylinderblock ausgerüstet. Dadurch entstand praktisch ein Motorrad aus dem Fahrgestell der Luxus 500 und dem Motor Supersport 500. Der Unterschied in der Bezeichnung der Maschinen zwischen Sport und Supersport läßt sich eigentlich nur durch die etwas geringere Verdichtung des Zylinderkopfes der Sport erklären, wobei eigenartigerweise in den technischen Daten trotzdem 18 PS angegeben wurden.
Da in jenen Jahren konstruktive Änderungen an mehreren Modellen zugleich durchgeführt und untereinander passende Teile aufgebraucht wurden, gibt es auch an dieser wassergekühlten Maschine unterschiedliche Ausstattungsdetails, darunter die schon erwähnten verschiedenen Motorgehäuse, Zündanlagen (Magnet- oder Luma-Anlage), Scheinwerfer, Schutzbleche, Auspufftöpfe.
Die vorherrschende Lackierung war rot bzw. schwarzes Fahrgestell mit verchromtem Tank und roter Tankoberseite.

Sport 500 (ZBW 500) **AFB**

Mit der neuen Kupplung für die Zweizylinder-Modelle wurde auch ein Fußkupplungshebel angebaut.
AFB

Technische Daten					
Motorentyp	PF 2-Zyl. 68/68	Schmierung	Gemisch, 1:15 (Einfahrzeit) bis 1:20	Fahrzeugmasse	160 kg
Hubraum	494 cm³			Radstand	1340 mm
Bohrung/Hub	68/68 mm	Bereifung	26x3,5	Tankinhalt	12 l
Leistung	18 PS	Getriebeanordnung	angeblockt	Produktionszeitraum	1931/1932
Höchstgeschwindigkeit	120 km/h	Getriebefabrikat	DKW (Kugelschaltung)	produzierte Stückzahl	ca. 300
Kühlung	Wasser (Thermosiphon)	Gangzahl	3	Ersatzteilliste	13 (teilweise verwendbar)
		Vergaser	Framo B		

Block 350 (werksint. Bezeichnung: **UB 350**)
Die Block 350 war der Nachfolgetyp zur Luxus Sport 300. Sie wies bis zum Herbst 1932 die gleiche technische Konzeption auf, bis ab Motor-Nr. 284752 die Schnürle-Umkehrspülung in die Serienproduktion übernommen wurde. Die zuvor produzierten Exemplare besaßen als Besonderheit (als Relikt der versuchten Doppelkolbenentwicklung) eine Einlaßsteuerung in Form von Membranen. Da es hierbei offensichtlich Probleme gegeben hat, wies das Werk die Reparaturwerkstätten an, die fraglichen Maschinen in folgenden Punkten zu überprüfen:

1. Auspuffkanäle müssen 32 mm breit sein, sind gegebenenfalls nachzuarbeiten;
2. bei Druck von 20 g auf eine Membranzunge muß diese 1 mm abheben;
3. Vorzündung maximal 6 mm;
4. Bohrungen in den Auspuffeinsätzen sind zu vergrößern.

Außer den gravierenden Veränderungen am Motor wurden andere nur geringfügig serienwirksam, darunter die abgekröpften Fußrasten. Erwähnenswerte Neuerungen hingegen waren die Einführung des neuen Firmenzeichens, angebracht an Tank, Schutzblech und Werkzeugkästen, und das fortan für viele Modelle benutzte typische Rücklicht, das in zwei Ausführungen existierte (mit rot leuchtenden, senkrechten Aussparungen oder mit rot leuchtenden DKW-Buchstaben), sowie der gekapselte Antrieb für den serienmäßig vorgesehenen Tachometer.

Block 350 (UB 350) ***AFB***

Technische Daten					
Motorentyp	UT 76/76 und U 350	Schmierung	Gemisch, 1:15 (Einfahrzeit) bis 1:20	Vergaser	Framo B
Hubraum	345 cm³			Fahrzeugmasse	148 kg
Bohrung/Hub	76/76 mm	Bereifung	26x3,5	Radstand	1340 mm
Leistung	11 PS	Getriebeanordnung	angeblockt	Tankinhalt	12 l
Höchstgeschwindigkeit	100 km/h	Getriebefabrikat	DKW (Kugelschaltung)	Produktionszeitraum	1931/1932
Kühlung	Luft (Fahrtwind)	Gangzahl	3	produzierte Stückzahl	ca. 780
				Ersatzteilliste	28

Sport 350 (werksint. Bezeichnung: **UBS 350**)
Die Sport 350 ist als Weiterentwicklung der Block 350 anzusehen. Geändert waren hier das Motor- und Getriebegehäuse (jetzt Ausführung II mit glatten Konturen) und der Lenker, der nun gegenüber dem Armaturenlenker als sportlicher Rohrlenker mit Armaturenblech ausgelegt war. Im Laufe der Fertigung wurden die Schutzblechform ab Fahrgestell-Nr. 226003 geändert (runde Kontur) und das hintere Schutzblech im Interesse eines leichteren Radwechsels klappbar gestaltet.

Bedeutendstes Novum war die Ausrüstung der 500 letzten gefertigten Maschinen (Motor-Nr. 354001 bis 354500) mit einem Viergang-Getriebe. Gleichzeitig wurde ein Fußkupplungshebel angebracht.

Sport 350 (UBS 350) ***AFB***

Technische Daten					
Motorentyp	U 350	Schmierung	Gemisch, 1:20	Vergaser	Framo B, Amal
Hubraum	345 cm³	Bereifung	26x3,5	Fahrzeugmasse	148 kg
Bohrung/Hub	76/76 mm	Getriebeanordnung	angeblockt	Radstand	1340 mm
Leistung	11 PS	Getriebefabrikat	DKW (Kugelschaltung)	Tankinhalt	12 l
Höchstgeschwindigkeit	100 km/h (110 km/h)	Gangzahl	3 (ab Motor-Nr. 354001 Viergang!)	Produktionszeitraum	1933
Kühlung	Luft (Fahrtwind)			produzierte Stückzahl	ca. 1720
				Ersatzteilliste	28 und 28 a

Super-Sport 600 (werksinterne Bezeichnung: **PM Sp. 29**)
Zur Abrundung des Verkaufsprogramms mit einer starken, vor allem aber für Seitenwagenbetrieb geeigneten Maschine rüstete man die geringe Anzahl Super-Sport mit dem vom DKW-Wagen zur Verfügung stehenden 600er Zylinder aus. Äußerlich entsprach sie in den meisten Details schon der verbesserten 500er Variante.

Super-Sport 600 (PM Sp. 29) ***AFB***

Technische Daten		Bereifung	26x3,50 (3,85)	Gangzahl	3
Motorentyp	PF 2-Zyl. 74/68	Kühlung	Wasser (Thermosiphon)	Vergaser	Framo B
Hubraum	586 cm³			Fahrzeugmasse	175 kg
Bohrung/Hub	74/68 mm	Schmierung	Gemisch, 1:20	Radstand	1400 mm
Leistung	22 PS	Getriebeanordnung	angeblockt	Tankinhalt	12 l
Drehzahl	3000/min	Getriebefabrikat	DKW (Kugelschaltung)	Produktionszeitraum	1930...1933
Höchstgeschwindigkeit	130 km/h			Ersatzteilliste	–

TM 200

Die Produktion der TM kann nur in Verbindung mit dem Verbrauch vorhandener Teile bewertet werden, denn in der Werbung wurden schon der Wegfall der Zwischenkette und die Verwendung des glattflächigen Blockmotors gepriesen. Das Fahrgestell stammte praktisch von der Luxus Spezial 200. Das Gehäuse des O-Motors war mit dem Zylinder der Block 200 und mit deren Luma- und Auspuffanlage vervollständigt worden.
Die Ausstattung kann als recht komfortabel bezeichnet werden. Die Lackierung war schwarz, und die Tanks hatte man teilweise verchromt.

TM 200 ***AFB***

Technische Daten		Schmierung	Gemisch, 1:20	Fahrzeugmasse	125 kg
Motorentyp	OT 200	Bereifung	25x3,00	Tankinhalt	10 l
Hubraum	192 cm³	Getriebeanordnung	getrennt	Produktionszeitraum	1932/1933
Bohrung/Hub	60/68 mm	Getriebefabrikat	DKW SGI, Hurth, Sturmey-Archer	produzierte Stückzahl	850 (74 wurden als 250 cm³ verkauft)
Leistung	6 PS				
Höchstgeschwindigkeit	80 km/h	Gangzahl	3	Ersatzteilliste	27
Kühlung	Luft (Fahrtwind)	Vergaser	Framo B		

Block 175

Unter Verwendung eines Rohrrahmens und einer leichten Blechprofilgabel ist ein Fahrgestell entstanden, das unter geringer Modifizierung der Ausstattung für zwei Fahrzeuge als Grundlage diente. Die mit einem kleinen 175-cm³-Zylinder (mit Umkehrspülung) ausgerüstete Block 175 wurde als kleinstes Modell der Block-Reihe angeboten.

Block 175 ***AFB***

Technische Daten					
Motorentyp	B 59/64	Bereifung	25x3,00	Vergaser	Amal
Hubraum	175 cm³	Getriebeanordnung	räumlich getrennt, in einem Gehäuseblock mit Motor	Fahrzeugmasse	95 kg
Bohrung/Hub	59/64 mm			Radstand	1235 mm
Leistung	5,5 PS			Tankinhalt	12 l
Höchstgeschwindigkeit	75 km/h	Getriebefabrikat	DKW (Kulissenschaltung)	Produktionszeitraum	1933
Kühlung	Luft (Fahrtwind)			produzierte Stückzahl	2150
Schmierung	Gemisch, 1:20	Gangzahl	3	Ersatzteilliste	31

BM 200

Bei gleichem Fahrgestell wie Block 175 erhielt der Motor der BM einen wesentlich größer verrippten 200er Zylinder (ebenfalls mit Umkehrspülung), der aufgrund des geringen Gewichts der Maschine für Sportlichkeit sorgte. An dem Fahrgestell tauchte erstmals der einfach gestaltete Gepäck- bzw. Soziusträger auf, der für die Folgemodelle bis Ende der dreißiger Jahre verwendet wurde. Er zog die Montage eines neuen Werkzeugbehälters nach sich, der nun auf der Kickstarterseite im hinteren Rahmen seinen Platz fand. Waren die Händlerplaketten bis dahin zumeist auf den Schutzblechen angebracht worden, so wurde nun der neue Werkzeugkasten zugleich zum bevorzugten Anbringungsort für diese Blechschildchen.

Die kleinen BM-Maschinen wurden im DKW-Angebot recht schnell entbehrlich, da eine Parallelfertigung von fünf ähnlichen Typen unökonomisch war.

BM 200 ***AFB***

Technische Daten					
Motorentyp	B 63/64	Bereifung	25x3,00	Vergaser	Amal
Hubraum	199 cm^3	Getriebeanordnung	räumlich getrennt, in	Fahrzeugmasse	95 kg
Bohrung/Hub	63/64 mm		einem Gehäuseblock	Radstand	1235 mm
Leistung	6,5 PS		mit Motor	Tankinhalt	12 l
Höchstgeschwindigkeit	86 km/h	Getriebefabrikat	DKW (Kulissen-	Produktionszeitraum	1933
Kühlung	Luft (Fahrtwind)		schaltung)	produzierte Stückzahl	1100
Schmierung	Gemisch, 1:20	Gangzahl	3	Ersatzteilliste	31

Block 500

Die Block 500 war die erste Zweizylinder-Serienmaschine von DKW, die ohne Wasserkühlung thermisch problemlos arbeitete. Das verdankte die Maschine der hier verwendeten Umkehrspülung. Das Äußere dieses Motorrades war dem der hubraumschwächeren Block-Modelle angepaßt.
Dem leistungsfähigen Zweizylinder-Zweitakt-Motor hatten die Zschopauer Techniker analog dem Motor des Frontantriebwagens eine Dynastartanlage hinzugefügt. Im Zusammenhang mit dem bei der gesamten – allerdings recht kleinen – Serie verwendeten Viergang-Getriebe konnte man hier schon von Motorrad-Luxus sprechen, obwohl diese Maschine das Wort nicht mehr in der Bezeichnung führte.

Block 500 ***AFB***

Technische Daten		Schmierung	Gemisch, 1:20	Fahrzeugmasse	180 kg
Motorentyp	PF 500	Bereifung	26x3,5	Radstand	1340 mm
Hubraum	494 cm^3	Getriebeanordnung	angeblockt	Tankinhalt	12 l
Bohrung/Hub	68/68 mm	Getriebefabrikat	DKW (Kugel-	Produktionszeitraum	1933
Leistung	15 PS		schaltung)	produzierte Stückzahl	300
Höchstgeschwindigkeit	115 km/h	Gangzahl	4	Ersatzteilliste	28 bzw. 13 (teilweise
Kühlung	Luft (Fahrtwind)	Vergaser	Amal		verwendbar)

KM 175

Unter Verwendung des schon seit Jahren produzierten 4-PS-Motors in vereinfachter Form (Weglassen des Kühlgebläses) und eines neuen leichten Rohrrahmens wurde, obwohl das Volksrad und ZiS noch im Angebot waren, mit der KM 175 wiederum ein billiges Modell angeboten. Es besaß allerdings eine bessere Ausstattung als die beiden anderen genannten Modelle. Gepäckträger, Werkzeugtrommel, Kickstarter und Beleuchtungsanlage gehörten zur Serienausstattung. Selbst eine Trockenbatterie für das Standlicht und eine Luftpumpe wurden mitgeliefert. Die KM war auch mit einem 125-cm^3-Motor erhältlich. Als Folge der Serienumstellung auf die neue Spülung der Motoren wurden die letzten 300 KM-Motorräder 1933 mit dem 175er Dreigang-Block-Motor der Block 175 ausgestattet. Diese Maschinen waren schon der Übergangstyp zum neuen Modell KM 200.
Neben einfarbig lackiertem Tank gab es eine Variante mit drei breiten, waagrechten Zierstreifen und eine andere mit sogar verchromter, lackierter Oberfläche.

KM 175 ***AFB***

Technische Daten					
Motorentyp	ZS 59/64		bis 1:20	Radstand	1220 mm
Hubraum	175 cm³	Bereifung	25x2,75	Tankinhalt	10 l
Bohrung/Hub	59/64 mm	Getriebeanordnung	im Kurbelraum	Produktionszeitraum	1930...1933
Leistung	4 PS	Getriebefabrikat	DKW	produzierte Stückzahl	5000 (32 Stück
Höchstgeschwindigkeit	70 km/h	Gangzahl	2		wurden mit 125-cm³-Motor verkauft)
Kühlung	Luft (Fahrtwind)	Vergaser	Framo B		
Schmierung	Gemisch, 1:15	Fahrzeugmasse	70 kg	Ersatzteilliste	26

KM 200 A/KM 200 A Luxus

Die KM 200 ist das einfache Gebrauchsmotorrad geblieben, wie es einige Jahre vorher als KM 175 konzipiert worden war, allerdings stammte das motorische Konzept von der Block 175! Die Luxus-Variante unterschied sich nur durch das Vorhandensein eines Steuerungsdämpfers, eines größeren Lichtaustrittes am Scheinwerfer und eines Akkus mit Gleichrichter sowie eines verchromten Tanks. Die KM war zufolge ihres geringen Preises mit dem Zünd Licht Magneten und einer Einport-Auspuffanlage ausgerüstet.
Bei der Normal-Variante waren die Tankseiten hell lackiert.

KM 200 A ***AFB***

Technische Daten					
		Schmierung	Gemisch, 1:20		
Motorentyp	B 200	Bereifung	2,75 – 19	Fahrzeugmasse	90 kg
Hubraum	199 cm³	Getriebeanordnung	Block	Radstand	1300 mm
Bohrung/Hub	63/64 mm	Getriebefabrikat	DKW (Kulissen-schaltung)	Tankinhalt	13 l
Leistung	6 PS			Produktionszeitraum	1934...1936
Höchstgeschwindigkeit	85 km/h	Gangzahl	3	produzierte Stückzahl	10000
Kühlung	Luft (Fahrtwind)	Vergaser	Amal	Ersatzteilliste	37

SB 200/SB 200 Luxus

Die SB 200 war aus dem Typ Block 200 hervorgegangen und unterschied sich in der Anfangsphase kaum davon. Lediglich Rohrlenker, Handhebel und der nun auch bei der 200er verwendete Antriebsstoßdämpfer auf der Kurbelwelle machten hier den Unterschied aus. Natürlich erfuhr auch dieses Modell dann ständig Detailverbesserungen. So wurden drei unterschiedliche Schutzblechformen montiert. Der Gepäckträger mit den rechteckigen Werkzeugkästen wurde modernisiert. Die Schalldämpfer der Auspuffanlage waren geschwärzt und nicht demontierbar.
Verchromte, demontierbare Auspuffe hingegen besaß die Luxusvariante der SB, die außerdem mit Dynastarteinrichtung und Armaturenträger am Lenker mit Tacho und Uhr versehen war.
Durch unterschiedliche Zylinderbohrungen (68 mm bzw. 74 mm) wurden unter Verwendung des gleichen Fahrgestells auch einige Motorräder mit 250 cm³ und 300 cm³ Hubraum hergestellt.

SB 200 ***AFB***

Technische Daten					
Motorentyp	T 200	Schmierung	Gemisch, 1:20	Fahrzeugmasse	115 kg (Luxus 135 kg)
Hubraum	192 cm³	Bereifung	3,00 – 19		
Bohrung/Hub	60/68 mm	Getriebeanordnung	angeblockt	Radstand	1300 mm
Leistung	7 PS	Getriebefabrikat	DKW (Kulissenschaltung)	Tankinhalt	12 l
Höchstgeschwindigkeit	90 km/h			Produktionszeitraum	1933...1936
		Gangzahl	3	produzierte Stückzahl	20400
Kühlung	Luft (Fahrtwind)	Vergaser	Graetzin, Amal	Ersatzteilliste	33

SB 350

Die SB 350 erfuhr im Laufe ihrer Produktionszeit die gleichen Änderungen wie die 200er. Sie wurde also zunächst auch noch mit den von der hubraumgleichen Block stammenden Kotflügeln gefertigt. Der neue vordere Kotflügel wurde dann in einer geschwungenen Form ausgeführt. Tachometer und Uhr gehörten zur Serienausstattung.
Das Werk bot auch eine vom Motor her gleiche Geländesportversion an. Diese unterschied sich durch kombinierte Hand- und Fußschaltung, höher gelegte Fußrasten und Auspuffanlage, schmälere Sportkotflügel sowie hintere Steckachse mit Handgriff.
Die schwarze Lackierung der SB 350 wurde durch viele Chromteile ergänzt.

SB 350 ***AFB***

Technische Daten		Schmierung	Gemisch, 1:20	Fahrzeugmasse	130 kg
Motorentyp	UT 350	Bereifung	26x3,25	Radstand	1300 mm
Hubraum	345 cm³	Getriebeanordnung	angeblockt	Tankinhalt	12 l
Bohrung/Hub	76/76 mm	Getriebefabrikat	DKW (Kulissen-	Produktionszeitraum	1934...1936
Leistung	11 PS		schaltung)	produzierte Stückzahl	12000
Höchstgeschwindigkeit	110 km/h	Gangzahl	3	Ersatzteilliste	34
Kühlung	Luft (Fahrtwind)	Vergaser	Amal		

SB 500/SB 500 Luxus

Diese hubraumstärkste Maschine der SB-Typenreihe war natürlich – wie die Vorgängermodelle auch – mit einem Parallel-Zweizylindermotor ausgestattet. Daß diese Motoren aufgrund der Umkehrspülung keine Wasserkühlung mehr benötigten, hatte schon im Vorjahr die kleine Serie der Block 500 bewiesen. Auch bei der SB 500 war man zur Schaltung mittels Kulisse am Tank übergegangen. Die obere Rahmenpartie hatte sich bei den älteren 500er Modellen nach vorn gleich vor dem hinteren Kotflügel verjüngt. Bei der SB kam es erst weiter vorn zu dieser Verjüngung. Dies war durch eine völlig neue Sattelfederung notwendig geworden. Der Schwingsattel erhöhte den Fahrkomfort bedeutend.
Auch eine neue Vordergabel war für dieses Fahrzeug entwickelt worden. Aus Gründen der größeren Steifheit für Seitenwagenbetrieb hatte man ein geschlossenes Profil der Gabelscheiden gewählt. Der Schwinghebel der Gabel waren durch eingesetzte Verstärkungen verdrehfester gestaltet. Ab Fahrgestell-Nr. 281001 wurde zudem ein neu gestalteter Kippständer verwendet.
Die Luxus-Variante war auch hier mit Dynastart und verchromter Auspuffanlage ausgestattet. Dazu besaß sie zwei Scheinwerfer.

Fußschaltung mit Dynastart der SB 500 ***AFB***

SB 500 ***AFB***

Technische Daten		Schmierung	Gemisch, 1:20	Fahrzeugmasse	165 kg
Motorentyp	PF 500	Bereifung	26x3,25		(Luxus 180 kg)
Hubraum	494 cm³	Getriebeanordnung	angeblockt	Radstand	1340 mm
Bohrung/Hub	68/68 mm	Getriebefabrikat	DKW (Kulissen-	Tankinhalt	12 l
Leistung	15 PS		schaltung)	Produktionszeitraum	1934...1936
Höchstgeschwindigkeit	120 km/h	Gangzahl	3	produzierte Stückzahl	6300
Kühlung	Luft (Fahrtwind)	Vergaser	Amal	Ersatzteilliste	35

KM 200, Modell 35/36

Die neue KM 200 führte auf dem gleichen Gehäuseblock wie die alte KM 200 A jetzt einen Zylinder mit Doppelportanlage und verfügte zudem über eine Batteriezündung. Im Gegensatz zu den vorher verwendeten gegossenen Außenzughebeln wurden jetzt einfache Blechhebel mit an den Lenker angeschweißten Aufnahmestücken benutzt. Innerhalb der Serie wurde die Hinterachse verstärkt. Ab Motor-Nr. 554701 kam es zum Einsatz des Bing-Vergasers, ab Motor-Nr. 575244 zur Verwendung eines geänderten Spulenkastens, und ab Motor-Nr. 576231 wurde ein Nocken mit der Kennzeichnung »N« eingebaut, da es bei der vorher verwendeten Nockenform teilweise zu Rückwärtslaufen der Motoren gekommen war. Der Zylinderkopf wurde ab Motor-Nr. 574101 geringfügig geändert.
Neben dem bisherigen Framosattel mit Filzpolsterung wurde jetzt auch der sogenannte Drilastic-Sattel mit vereinfachtem Grundgestell und geprägter Gummidecke montiert.
Fast das gesamte Motorrad war schwarz lackiert.

KM 200 (Modell 35/36) ***AFB***

Technische Daten					
Motorentyp	B 200	Bereifung	3,00 – 19	Vergaser	Graetzin, Bing
Hubraum	199 cm³	Getriebeanordnung	räumlich getrennt, in	Fahrzeugmasse	98 kg
Bohrung/Hub	63/64 mm		einem Gehäuseblock	Radstand	1300 mm
Leistung	6 PS (1936: 7 PS)		mit Motor	Tankinhalt	13 l
Höchstgeschwindigkeit	90 km/h	Getriebefabrikat	DKW (Kulissen-	Produktionszeitraum	1935/1936
Kühlung	Luft (Fahrtwind)		schaltung)	produzierte Stückzahl	20 400
Schmierung	Gemisch, 1:20	Gangzahl	3	Ersatzteilliste	45

RT 100

Mit der RT 100 war ein Fahrzeug entstanden, das bei gleichem Hubraum wie die Konkurrenzfabrikate aufgrund des Dreigang-Getriebes und des Kickstarters wesentlich mehr Motorradcharakteristik zeigte. Die ersten 200 Stück wurden noch mit frei beweglichem, langem Schalthebel hergestellt. Danach erhielt die RT eine Kulissenschaltung analog zu den größeren Modellen. Die anfänglich verwendete schraubengefederte Hohlprofilgabel wurde bei der 1936er Ausführung durch Gabelscheiden mit offenem Blechprofil und Gummifederelementen ersetzt. Ab Motor-Nr. 453001 kam es zum Einbau einer verstärkten Kupplung.
Die RT wurde in einigen Exemplaren auch als echtes Motorfahrrad mit Pedalantrieb gefertigt. Die Verkaufsstatistik wies 75 Stück aus.
Die Lackierung war grundsätzlich schwarz. Bei den Tanklackierungen gab es aber zahlreiche Varianten, darunter mit hellen Tankspiegeln, doppelter oder einfacher, weißer oder goldener Linierung.

RT 100 ***AFB***

Technische Daten

Motorentyp	KF 100	Bereifung	26x2,25	Vergaser	Graetzin, Amal
Hubraum	98 cm³	Getriebeanordnung	räumlich getrennt, in	Fahrzeugmasse	45 kg
Bohrung/Hub	50/50 mm		einem Gehäuseblock	Radstand	1215 mm
Leistung	2,5 PS		mit Motor	Tankinhalt	7 l
Höchstgeschwindigkeit	60 km/h	Getriebefabrikat	DKW (Kulissen-	Produktionszeitraum	1934...1936
Kühlung	Luft (Fahrtwind)		schaltung, außer	produzierte Stückzahl	10000
Schmierung	Gemisch, 1:20		200 Stück)	Ersatzteilliste	36
		Gangzahl	3		

RT 3 PS
Im Laufe des Jahres 1936 entstand durch Veränderung des Zylinders aus der RT 100 die RT 3 PS. Äußerlich war dies an der größeren Verrippung erkennbar. Des weiteren hatte das Motorrad einen formschöneren Scheinwerfer und ein neues Tankdesign erhalten. Die 3-PS-Ausführung wurde zunächst nur für den Export gefertigt und erst ab 19. Oktober 1936 auch für das Inalnd geliefert.
Ab Februar 1939 (Motor-Nr. 864201) erhielt die RT einen neuen Zündlichtmagneten, bei dem sich die Schwungscheibe jetzt unter einer Aluminiumabdeckung befand und der 6 Volt Lichtspannung (bisher 4 Volt) lieferte. Als Besonderheit waren auch 19″-Räder lieferbar, die die Handlichkeit des Fahrzeugs wesentlich verbesserten. Die Behördenausführung besaß zusätzlich ein Dekompressionsventil.
Der Tank zeigte beidseitig eine silberne Schwinge. Für den Export wurden auch Tanks verchromt und farbig lackiert (z. B. blau für Holland).

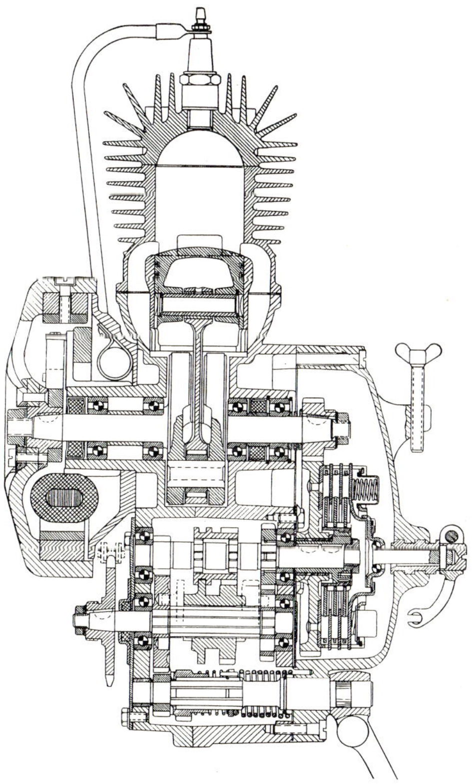

Schnitt durch den Motor der RT 3 PS ***AFB***

RT 3 PS ***AFB***

Technische Daten

Motorentyp	KF 100	Bereifung	26x2,25	Vergaser	Amal, Graetzin, Bing
Hubraum	98 cm³	Getriebeanordnung	räumlich getrennt, in	Fahrzeugmasse	50 kg
Bohrung/Hub	50/50 mm		einem Gehäuseblock	Radstand	1225 mm
Leistung	3 PS		mit Motor	Tankinhalt	7 l
Höchstgeschwindigkeit	65 km/h	Getriebefabrikat	DKW (Kulissen-	Produktionszeitraum	1936...1940
Kühlung	Luft (Fahrtwind)		schaltung)	produzierte Stückzahl	61850
Schmierung	Gemisch, 1:20	Gangzahl	3	Ersatzteilliste	44 und 44 a

SB 200/SB 250/SB 200 A

Die SB 200 hatte als Modell 1936 eine erhebliche Fahrgestelländerung zugunsten besserer Fahreigenschaften erfahren. Rahmen und Tank waren verlängert worden. An Detailänderungen wurden wirksam: neue Scheinwerferbefestigung, neue Tachometeranbringung, dünnerer Lenker (Durchmesser 22 mm) mit neuen Handhebeln, größere Tankeinfüllöffnung. 1937 wurden weitere Änderungen vorgenommen: größerer Scheinwerfer und Tachometer, volle Handhebel, demontierbare Auspufftöpfe, Zündeinstellfenster an der Lichtmaschine, Kupplungsbetätigung durch Gewindespindel (damit entfiel bei dem kleinen Modell der Antriebsstoßdämpfer), neuer Abblendschalter. Ab Motor-Nr. 601917 war das Zündschloß im Spulenkasten geändert worden.
Auch von der neuen SB mit langem Fahrgestell gab es eine Luxusvariante, die als SB 200 A (A für Anlasser) bezeichnet wurde.
Da infolge gesetzlicher Neuregelungen die Hubraumklasse bis 200 cm³ nicht mehr sinnvoll war, wurde anstelle der SB 200 die 250er Variante gefertigt. Diese Produktion lief aber nur von März bis Oktober 1938, da sie dann durch das neue Modell NZ überflüssig wurde. Bei den 38er Modellen ging man mit Chrom schon sparsamer um als bisher. Am Tank waren nur noch zwei blanke Streifen (poliertes Hydronalium).
Die Lackierung der Motorräder war schwarz, ausgenommen Behörden- und sonstige Sonderausführungen.

SB 200 ***AFB***

Technische Daten

	SB 200	SB 250	Bereifung	3,00 – 19		A: 140 kg)	
Hubraum	192 cm³	247 cm³	Getriebeanordnung	angeblockt	Radstand	1335 mm	
Bohrung/Hub	60/68 mm	68/68 mm	Getriebefabrikat	DKW (Kulissenschaltung)	Tankinhalt	13 l	
Leistung	7 PS	9 PS	Gangzahl	3	Produktionszeitraum	1936...1938	1938
Höchstgeschwindigkeit	90 km/h	95 km/h	Vergaser	Graetzin, Amal	produzierte Stückzahl	40000	33000
Kühlung	Luft (Fahrtwind)			Amal	Ersatzteilliste	46	46
Schmierung	Gemisch, 1:25		Fahrzeugmasse	125 (SB 200 135 kg			

Sport 250

Die Sport 250 war ein Modell der SB-Reihe, das durch Aufwertung mit verschiedenen Einzelheiten für sportlichen Einsatz besser geeignet war. So hatte der Rahmen einen Unterzug unter dem Motor, die Kupplung eine Verstärkung durch eine dritte Lamelle, der Lenker einen Amal-Sportgasgriff (außenliegender Bowdenzug mit kurzem Weg) erhalten. Da sich der sportliche Einsatz der Maschine im wesentlichen auf Zuverlässigkeitsfahrten beschränkte, hatte man die Kulissenschaltung mit einer Fußschaltung (rechts) kombiniert.

Sport 250 ***AFB***

Auch mit dem Schüttoff-Motor ergab das Preßstahlfahrgestell ein ansehnliches Motorrad

Wenn es ein seltenes Modell wie dieses ist (EM 200), muß durchaus so »etwas« wieder ein Fahrzeug werden

Die EM 200 – nach der Restaurierung ein fotogenes Fahrzeug DM

Die KM 175 war ein flottes, leichtes Motorrad. DM

Mit der Block 200 wurde bei DKW 1931 der große Schritt zum komfortablen Motorrad auch in der kleinen Klasse getan. DM

Der Motor des Block-Modells wurde (meist mit 300cm³) zum populären Antriebsaggregat der Framo-Fahrzeuge.

Für diese E 206 scheint ein Platz in der Werkstatt dringend notwendig zu sein. **DM**

Bunt wie das DKW-Motorradprogramm war auch die Werbung. ***DM***

1936 wurde die SB 500 noch mit kurzem Fahrgestell angeboten, während die kleineren Modelle schon den längeren Rahmen besaßen. ***DMB***

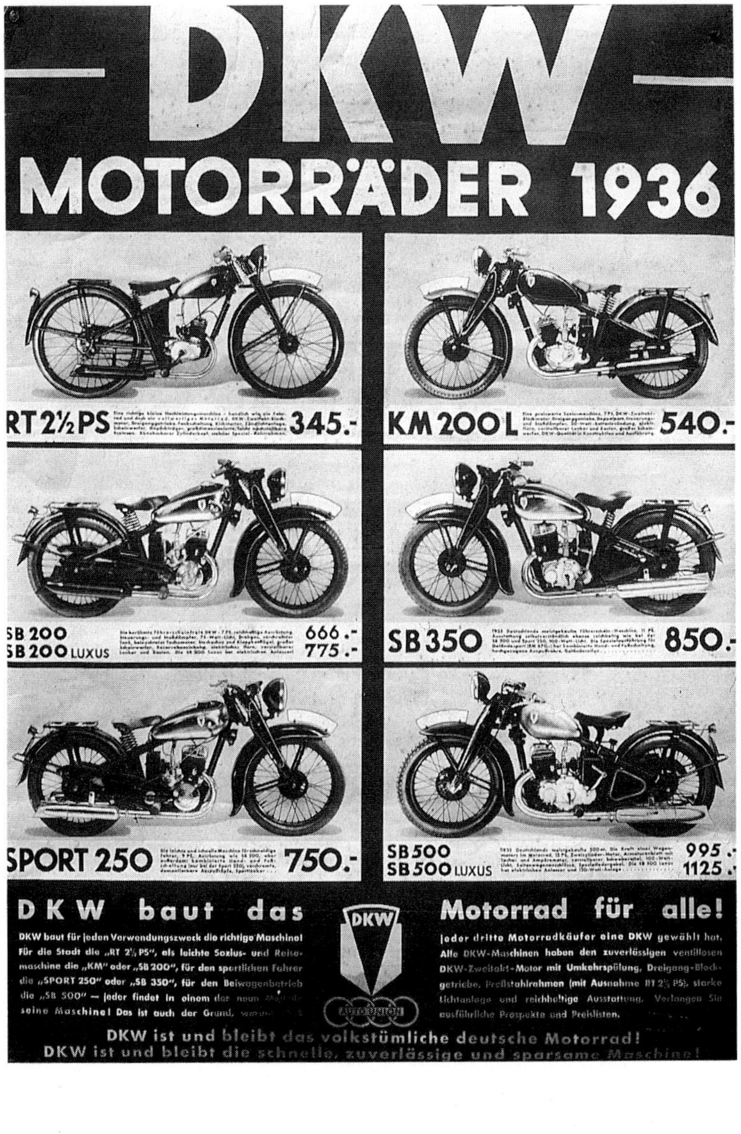

Bereits 1938 warb der Meister der Rennstrecken Ewald Kluge für die NZ 250/350. ***DM***

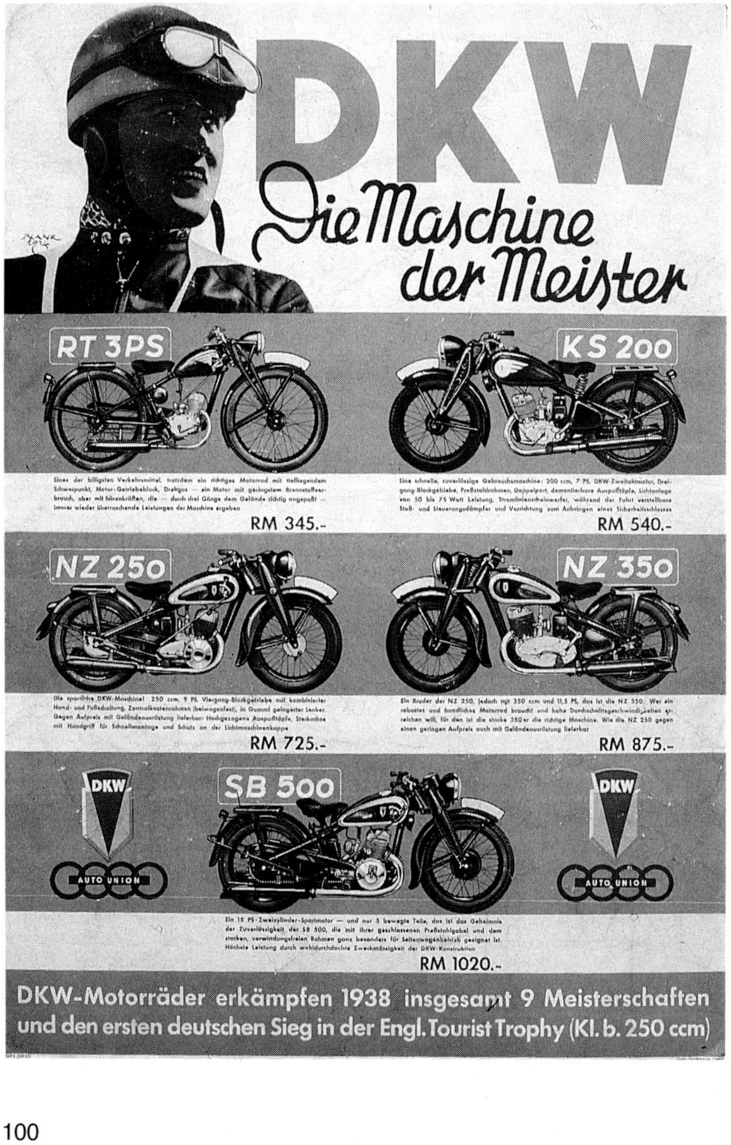

Die RT 3 PS war mit hochgelegtem Auspuff und 19er Rädern im Gelände ein handliches Fahrzeug. DM

Eine SB 500 mit Stoye-Seitenwagen – ein schönes und robustes Fahrzeug DM

Stoye-Seitenwagen an der NZ 500 – das Traumgespann vieler Veteranenfreunde DM

Werbung mit den Neuheiten der SB-Modelle **DM**

Das Kino wurde in den dreißiger Jahren gern für die Motorrad-Werbung genutzt. **AAU**

Diese Maschine mußte sich in unzähligen Zuverlässigkeitsfahrten bewähren. Sie tat es mit Bravour. **DM**

DKW-Modelle von Hermann Weber dienten vielfach als »Vorlage« für fremde Motorradproduzenten, z. B. die NZ 350 für die Isch 49 und die RT 125 für die K 125. **DM**

Im Ingolstädter DKW-Werk entstand nach dem Krieg eine ganze RT-Baureihe. **DM**

Nur 125 cm³ – trotzdem verdient sie die Krone: die RT. **RT**

Die hubraumgrößte RT aus Ingolstadt war die 350er mit Zweizylindermotor. **DM**

Auch in der Mopedbranche mischte DKW mit der Hummel in den Fünfzigern mit. **DM**

Mit restaurierten DKW-Motorrädern kann es auch mal Probleme geben. Stimmt hier die Vergasereinstellung nicht oder ist der Zündfunke zu schwach? ChO

500er NZ-Gespann DM

Technische Daten		Schmierung	Gemisch, 1:25	Vergaser	Amal
Motorentyp	T 250	Bereifung	3,00 – 19	Fahrzeugmasse	135 kg
Hubraum	247 cm³	Getriebeanordnung	angeblockt	Radstand	1335 mm
Bohrung/Hub	68/68 mm	Getriebefabrikate	DKW (Kulissen-	Tankinhalt	13 l
Leistung	9 PS		schaltung mit Fuß-	Produktionszeitraum	1936...1938
Höchstgeschwindigkeit	95 km/h		schaltung kombiniert)	produzierte Stückzahl	7800
Kühlung	Luft (Fahrtwind)	Gangzahl	3	Ersatzteilliste	46

SB 350
Die Werbung stellte zunehmend den sportlichen Einsatz der 350er SB in den Vordergrund. Nachdem die Fahrgestellverlängerung auch hier serienwirksam geworden war, erhielt auch die SB eine Fußschaltung. Der Rahmen bekam den Unterzug wie die Sport 250, und so wurde ab Oktober 1936 die Maschine vom Werk unter der Voraussetzung als seitenwagenfest erklärt, daß das Stoye-Modell HS-Standard verwendet wurde. Die Detailverbesserungen, wie 22er Lenker mit neuen Hebeln, größerer Scheinwerfer und Tachometer, waren wie bei der 200er vorgenommen worden. Eine Geländesportausführung war auch mit dem langen Rahmen lieferbar.

SB 350 ***AFB***

Technische Daten					
Motorentyp	UT 350	Schmierung	Gemisch, 1:25	Fahrzeugmasse	140 kg
Hubraum	345 cm³	Bereifung	3,25 – 19	Radstand	1335 mm
Bohrung/Hub	76/76 mm	Getriebeanordnung	angeblockt	Tankinhalt	13 l
Leistung	11 PS	Getriebefabrikat	DKW (Kulissen- und	Produktionszeitraum	1936...1938
Höchstgeschwindig-	105 km/h		Fußschaltung)	produzierte Stückzahl	16700
keit		Gangzahl	3	Ersatzteilliste	47
Kühlung	Luft (Fahrtwind)	Vergaser	Amal		

SB 500/SB 500 Luxus Mod. 36
Die 500er war das letzte Modell, das auf den längeren Rahmen umgestellt wurde. Der längere Steuerkopf wurde zunächst aus Temperguß, später aus Blech gefertigt. Mit der Einführung der längeren Rahmen hatten alle Modelle eine Vorrichtung für ein Einsteckschloß erhalten. Für die 500er war ab Februar 1939 eine Fußschaltung in wesentlich verbesserter Form gegen einen Aufpreis von 25 RM erhältlich. Auch die neuen, größeren Kniekissen, wie sie später die NZ aufwies, fanden hier schon Verwendung. Für Seitenwagenbetrieb und Behördenausführung wurde eine stärkere Vorderfeder montiert, die außerdem einen Gummipuffer innerhalb der Feder gegen Durchschlagen der Gabel bei starker Belastung erhielt.
Die Luxusausführung mit Dynastart besaß auch in der langen Fahrgestellvariante Doppelscheinwerfer, eine verchromte Auspuffanlage und doppelte Absetzlinien am Tank.

SB 500 (Modell 36) ***AFB***

Technische Daten		Schmierung	Gemisch, 1:25	Fahrzeugmasse	165
Motorentyp	PF 500	Bereifung	3,50 – 19		(SB 500 A: 180) kg
Hubraum	494 cm³	Getriebeanordnung	angeblockt	Radstand	1385 mm
Bohrung/Hub	68/68 mm	Getriebefabrikat	DKW (Kulissen- und	Tankinhalt	13 l
Leistung	15 PS		Fußschaltung)	Produktionszeitraum	1936...1939
Höchstgeschwindigkeit	115 km/h	Gangzahl	3	produzierte Stückzahl	13300
Kühlung	Luft (Fahrtwind)	Vergaser	Amal	Ersatzteilliste	48

KS 200

Die KS 200 war technisch und preislich der direkte Nachfolger der KM 200. Der Motor ist ohne Änderung vom 36er Modell der KM übernommen worden. Erst 1938 kam es zu einer konstruktiven Überarbeitung, als deren Ergebnis ein neuer Zylinder, ein längerer Kolben und auch ein geänderter Zylinderkopf entstanden. Der Zylinder ist an den größeren Kühlrippen erkennbar. Der dazugehörige Kopf war natürlich dementsprechend auch im Durchmesser wesentlich größer als der alte, der mit den fächerartig abstehenden äußeren Kühlrippen dem Zylinderkopf der SB ähnelte. Der neue Kopf war mit ausschließlich senkrecht stehenden Kühlrippen analog den NZ-Modellen versehen.
Eine weitere motorische Veränderung betraf die Kupplungsbetätigung, die an den älteren KS-Motoren über einen Hebel und Druckstift erfolgte. Ab Motor-Nr. 890301 wurde der Kupplungsdeckel geändert und die Kupplung nun mittels einer Gewindespindel ausgerückt. Auch im Motor sind Details verändert worden. Während das Kurbelwellenritzel anfangs auf einem Konus der Kurbelwelle saß, wurde es später mittels Nutenstück befestigt.
Zur Beibehaltung des niedrigen Preises für die KS mußte man auch hier auf solche Details wie klappbarer Hinterkotflügel, Reservebenzinhahn und Kickstartergelenk verzichten. Ein Tachometer war natürlich als Sonderzubehör erhältlich. Im Preis inbegriffen waren aber hier – im Gegensatz zur KM – demontierbare und daher leicht zu reinigende Auspuffdämpfer. Der große, sehr gut zur Gesamtlinie des Motorrades passende Scheinwerfer wurde von zwei Firmen geliefert: Hasag und Hella. Der Hasag-Scheinwerfer besaß einen eckigen Abblendschalter, der von der Firma Hella einen runden.
Die Lackierung der Maschine war grundsätzlich schwarz mit goldenen Absetzlinien. Hauptsächlich die älteren Exemplare hatten helle Tankseiten erhalten. Später wurde auf den völlig schwarzen Tank beidseitig eine silbergraue Schwinge gespritzt. Hinsichtlich Ausnahmen ist noch zu bemerken, daß das Behördenmodell einen verstärkten Rahmen und die Exportausführung sehr viele Chromteile besaßen (Tank, Lichtmaschine, Auspuffanlage, Lenker).

KS 200 ***AFB***

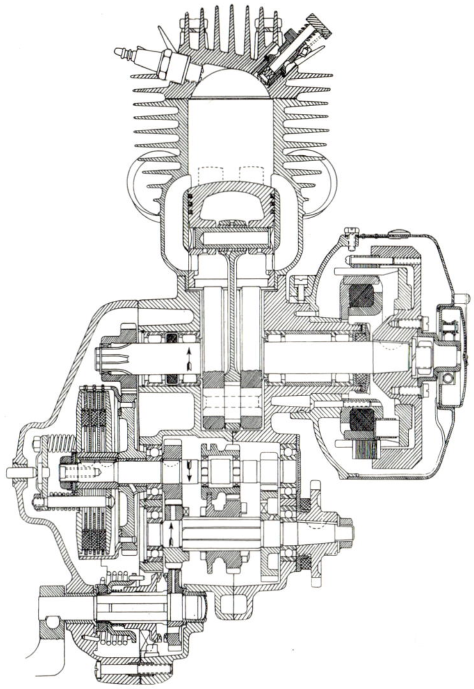

Schnitt durch den Motor der KS 200
AFB

Technische Daten	
Motorentyp	B 200
Hubraum	199 cm³
Bohrung/Hub	63/64 mm
Leistung	7 PS
Drehzahl	3500/min
Höchstgeschwindigkeit	85 km/h
Bereifung	3,00 – 19
Kühlung	Luft (Fahrtwind)
Schmierung	Gemisch, 1:25
Getriebeanordnung	räumlich getrennt, in einem Gehäuseblock mit Motor
Gangzahl	3
Vergaser	Graetzin KF 20 S, Bing AJ I/20
Fahrzeugmasse	110 kg
Radstand	1335 mm
Tankinhalt	13 l
Produktionszeitraum	1936 ... 1940
produzierte Stückzahl	ca. 58 600
Ersatzteilliste	49

NZ 250/NZ 350

Die NZ-Modelle waren nach jahrelangen Versuchen mit Detaillösungen als komplett neues Fahrzeug in die Fertigung gegangen. Zentralkastenrahmen, formschöner Motor, Viergang-Fußschaltung, neues Zündschloß und Gummi-Stoßdämpfer im Antrieb waren markante Merkmale dieses neuen Motorrades. Ab Dezember 1938 konnte man gegen einen Aufpreis von 40 RM eine Geländesportvariante erhalten. Auch eine Behördenausführung wurde gefertigt. Im Juni 1940 kam (ab Fahrgestell-Nummer 582559) eine geänderte Hintergabel mit um 40 mm vorversetzten und von 14 mm auf 18 mm verstärkten Soziusrasten zum Einsatz. Anderseits wurde das Gummiklemmstück für den Lenker wegen Materialschwierigkeiten zeitweise durch Buchenholz ersetzt. Neue, warmfeste Kolbenringe mit einer Breite von 2,5 mm wurden bei der NZ 250 ab Motor-Nr. 887881 und bei der NZ 350 ab Motor-Nr. 844635 eingesetzt. Die Vordergabel erhielt einen Gummianschlag.

NZ 250 ***AFB***

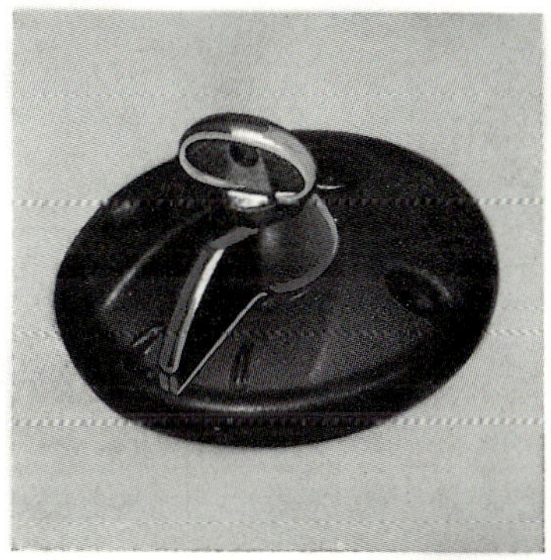

Bild 232. Zündlichtschalter NZ, Ausf. Hasag

Bild 234. Zündlichtschalter NZ, Ausf. Hella

Bild 233. Anschlüsse im Zündlichtschalter, Ausführung Hasag

Bild 235. Anschlüsse im Zündlichtschalter, Ausführung Hella

Bedeutung der Anschlußbezeichnungen im Zünd- und Lichtschalter (bei NZ-Modellen):

Hasag	Hella	
R	58	= Leitung zur Schlußleuchte
A	56	= Leitung zur Beleuchtung für Geschwindigkeitsmesser und Abblendschalter für Fern- und Abblendlicht
ZH	15/54	= Leitung zum Signalhorn bzw. zur Zündspule (Klemme 10b [15]) im Spulenkasten
M	61	= Leitung zur Klemme R (61) im Spulenkasten (Stromzuführung für Ladeanzeigeleuchte)
St	57	= Leitung zum Scheinwerfer (Standlicht)
B	30/51	= Leitung zur Klemme 1a (51) im Spulenkasten (Stromzuführung für Zünd- und Lichtschalter).

Zunächst besaßen die NZ-Modelle noch den Spulenkasten Sp 12 a, bei dem die Zündschloßöffnung mit einem Blinddeckel verschlossen war. Dieser Spulenkasten wurde dann durch die Ausführung Sp 12 R ersetzt. Im Werk wurden zweierlei Auspuffanlagen montiert: von Eberspächer und von Leistritz. Letztere waren am kürzeren und breiteren Fischschwanzende erkennbar. Der Framosattel wies das übliche Spiralfeder-Gestell auf, während der neue Pagusa-Sattel eine Gummi-Decke mit einfachem Drahtgestell erhalten hatte. Auch zweierlei Zündschlösser fanden Verwendung. Das Hasag-Schloß war erkennbar am langen, schmalen Metallzündschlüssel, während der der Firma Hella einen Preßstoffgriff aufwies. Zur Verkürzung der Schaltwege wurde die Schaltkurvenwalze ab Motor-Nr. 1064730 bei der NZ 250 und ab Motor-Nr. 995761 bei der 350er geändert. Das zog Änderungen an den anderen Schaltungsteilen und am Gehäuse nach sich. Weiterhin wurde während der Serie bei der NZ 350 das Schaftrad einschließlich Gegenrad von Modul 2,5 auf 3 geändert.
Ab Motor-Nr. 1180601/72 sind die Buchstaben »VG« eingeschlagen worden, was »verstärktes Getriebe« für die 350er bedeutete.
Geringfügigen Änderungen während der Serie unterlagen weiterhin Kurbelwelle, Lichtmaschinen-Anker, Kickstarter, Tachoantrieb, Lenker, Naben, hinteres Schutzblech, Ständer und Benzinhahn.

NZ 250 ***AFB***

Technische Daten

	NZ 250	NZ 350
Motorentyp	NZ 250	NZ 350
Hubraum	24 cm^{3}7	346 cm^3
Bohrung/Hub	68/68 mm	72/85 mm
Leistung	9 PS	11,5 PS
Höchstgeschwindigkeit	95 km/h	105 km/h
Kühlung	Luft (Fahrtwind)	
Schmierung	Gemisch, 1:25	

Bereifung	3,00 – 19	3,25 – 19
Getriebeanordnung	räumlich getrennt, in einem Gehäuseblock mit Motor (ohne Motorausbau demontierbar)	
Getriebefabrikat	DKW (Fuß- und Handschaltung)	
Gangzahl	4	

Vergaser	Graetzin, Amal, Bing	
Fahrzeugmasse	135 kg	145 kg
Radstand	1355 mm	
Tankinhalt	14 l	
Produktionszeitraum	1938...1941/1938...1943	
produzierte Stückzahl	26700	45300
Ersatzteilliste	58, 58a, 58b (Gelände- und Behördenausführung)	

NZ 500
Die ab Sommer 1939 zunächst parallel zur SB 500 gefertigte NZ 500 kann man im Hinblick auf Aufwand und Komfort als die Krönung des Zschopauer Motorradbaues ansehen. Zweizylinder-Parallelmotor mit 18,5 PS, einstellbareSchwinggabel-Hinterradfederung und ölgedämpfte Vordergabel mit diversen modernen konstruktiven Lösungen (Simmerringdichtungen, ohne Motorausbau demontierbares Getriebe usw.) vereint zu einem Fahrzeug – das bedeutete internationales Spitzenniveau. Infolge der kurzen Produktionszeit der NZ 500 – die Fertigung mußte zugunsten der steigenden Rüstungsproduktion eingestellt werden – kam es kaum zu entwicklungsbedingten Änderungen. Lediglich zwei verschiedene Benzinhähne wurden verwendet; außerdem ist der Einstellgriff der Hinterradfederung nach kurzer Zeit geändert worden.

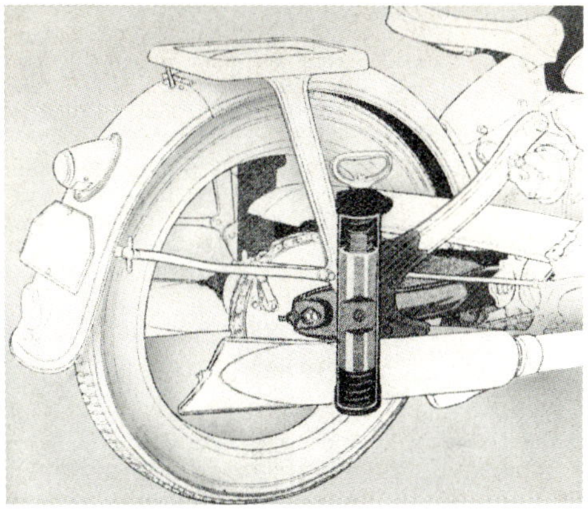

Hinterradfederung der NZ 500 (mit der neueren Form der Einstellgriffe) ***AFB***

NZ 500 ***AFB***

Schnitt durch das Triebwerk der NZ 500 ***AFB***

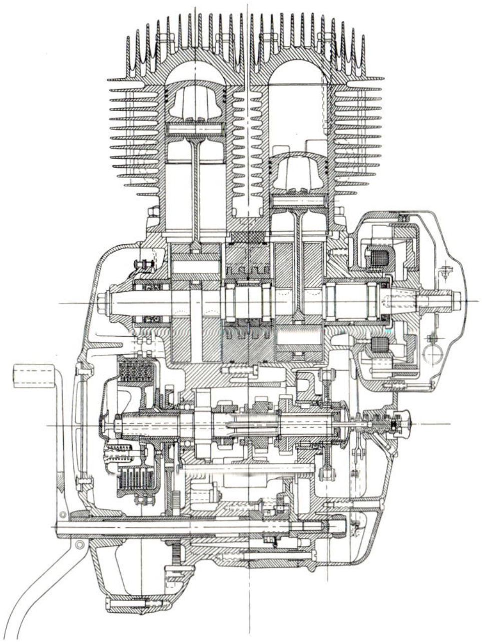

Technische Daten	
Motorentyp	NZ 500
Hubraum	489 cm³
Bohrung/Hub	64/76 mm
Leistung	18,5 PS
Höchstgeschwindigkeit	115 km/h
Kühlung	Luft (Fahrtwind)
Schmierung	Gemisch, 1:25
Bereifung	3,50 – 19
Getriebeanordnung	räumlich getrennt, in einem Gehäuseblock mit Motor (ohne Motorausbau demontierbar)
Getriebefabrikat	DKW (Fuß- und Handschaltung)
Gangzahl	4
Vergaser	Amal, Graetzin
Fahrzeugmasse	195 kg
Radstand	1440 mm
Tankinhalt	14 l
Produktionszeitraum	1939...1941
produzierte Stückzahl	4600
Ersatzteilliste	63

RT 125

Diese letzte Webersche Motorradkonstruktion verkörperte eine leichte Maschine mit hervorragenden Gebrauchseigenschaften, die trotz zahlreicher konstruktiver Neuheiten völlig der Zschopauer Tradition der Fertigung preiswerter, handlicher Alltagsmotorräder entsprach. Aus den Erfahrungen mit der ähnlich konzipierten, aber schwächer motorisierten RT 100 heraus fand auch hier ein leichter Rohrrahmen mit gummigefederter Preßstahlgabel Verwendung. Das dreigängige Antriebsaggregat war eine komplette Neukonstruktion, bei der man großes Augenmerk auf die Formgestaltung gelegt hatte, ohne diese aber vor der Zweckmäßigkeit rangieren zu lassen. Die zahlreichen Kopien der RT 125, die in mehreren Ländern entstanden, waren ein deutlicher Beweis für eine gelungene Konstruktion.
Selbst unter den Bedingungen jener Zeit wurde die konstruktive Modellpflege nicht vernachlässigt. So ersetzte man die anfangs gebräuchliche Druckfederkupplung ab Motor-Nr. 1173086 durch eine Zugfederkupplung. Für Exportausführungen (besonders Holland) wurden diverse Teile, wie Gepäckträger, Räder und Schutzbleche, entsprechend den Wünschen der Importeure geändert. Ein Dekompressionsventil besaß nur die Behördenausführung.

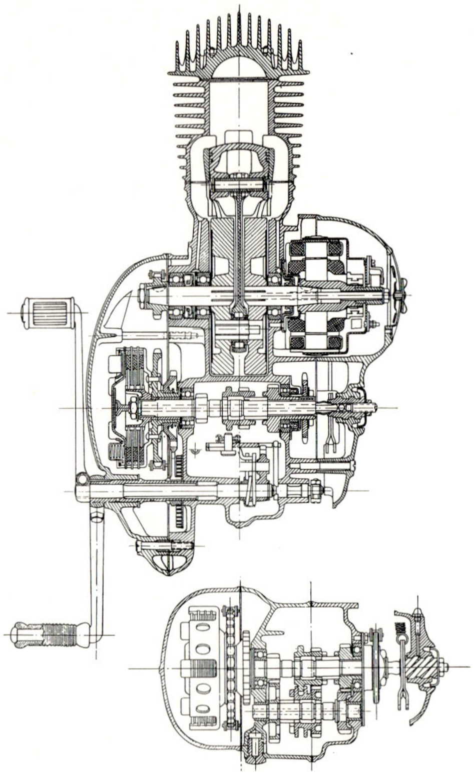

Schnitt durch den Motor der RT 125
AFB

RT 125 ***AFB***

Technische Daten			
Motorentyp	RT 125		einem Gehäuseblock
Hubraum	123 cm^3		mit Motor
Bohrung/Hub	52/58 mm	Getriebefabrikat	DKW (Fußschaltung)
Leistung	4,75 PS	Gangzahl	3
Höchstgeschwindigkeit	80 km/h	Vergaser	Amal, Bing, Graetzin
Kühlung	Luft (Fahrtwind)	Fahrzeugmasse	66 kg
Schmierung	Gemisch, 1:25	Radstand	1230 mm
Bereifung	2,50 – 19	Tankinhalt	7,5 l
Getriebeanordnung	räumlich getrennt, in	Produktionszeitraum	1940/1941
		produzierte Stückzahl	21 000
		Ersatzteilliste	64

RT 125–1

Obwohl das Modell Reichstyp 125 während des Krieges in die Serienproduktion übergeführt worden ist, bekundete die Heeresführung zunächst kein Interesse hinsichtlich eines Einsatzes der Fahrzeuge für militärische Zwecke. Erst drei Jahre später erkannte man auch die Möglichkeiten des Einsatzes der Maschine im Gelände. Die Änderungen zur Anpassung an den neuen Einsatz waren gering – u. a. wurde nun ein Kettenritzel mit 13 Zähnen verwendet. Infolge Rohstoffknappheit erhielt das -1-Modell ein Grauguß-Motorengehäuse und anstatt der Gummifederung eine Schraubenfeder. Tank und Scheinwerfer besaßen eine gegenüber dem Grundmodell geänderte Form.

RT 125–1 ***AFB***

Technische Daten					
Motorentyp	RT 125–1	Schmierung	Gemisch, 1:25	Vergaser	Amal, Bing, Graetzin
Hubraum	123 cm³	Bereifung	2,50 – 19	Fahrzeugmasse	80 kg
Bohrung/Hub	52/58 mm	Getriebeanordnung	räumlich getrennt, in einem Gehäuseblock mit Motor	Radstand	1230 mm
Leistung	4,75 PS			Tankinhalt	9 l
Höchstgeschwindigkeit	80 km/h	Getriebefabrikat	DKW (Fußschaltung)	Produktionszeitraum	1943/1944
Kühlung	Luft (Fahrtwind)	Gangzahl	3	produzierte Stückzahl	12000
				Ersatzteilliste	»leichtes Kraftrad«

NZ 350–1

Das Modell NZ 350–1 entstand aus dem im wesentlichen schon für militärische Zwecke vorgesehenen Behördenmodell der NZ. Diese nun ausschließlich für das Militär gefertigte Variante besaß einen konstruktiv überarbeiteten Motor, dessen Gehäuseblock aus Gründen des kriegsbedingten Rohstoffmangels aus Grauguß bestand. Äußerlich auffälligste Unterschiede waren die Verwendung eines Wirbelluftfilters und der kleinen Lichtmaschine mit innenliegendem Rotor, die für die RT 125 konstruiert worden war. Zuerst wurde die Lichtmaschine Typ 6M 35/45 R eingebaut, später die 6M 45/60, eine Weiterentwicklung. Mit der kleinen Lichtmaschine hatte auch ein geänderter Spulenkasten mit einer neuen Regler-Schalter-Kombination Eingang in die Konstruktion gefunden. Diese Kombination wies nicht mehr die jahrelang verwendeten Patronenregler und -schalter auf, sondern einen Flachregler mit offenliegenden Kontakten. Außerdem befand sich im Spulenkasten auch das Zündschloß. An die dadurch frei werdende Stelle im Tank verlegte man nun die Tankeinfüllöffnung. An der Unterseite des Tankdeckels war ein Ölmeßbecher für die Beimengung des erforderlichen Öls zum Kraftstoff angenietet. Der Kupplungsdeckel besaß keine Ölkontrollöffnung mehr. Für die Kontrolle des Getriebeölstandes war ein Kontrollstab unter dem Luftfilter eingeschraubt. Weitere Unterschiede zum Vorgängermodell betrafen den Scheinwerfer und die Schutzbleche. Außerdem war kein Werkzeugkasten mehr im hinteren Rahmendreieck untergebracht worden. Das Werkzeug wurde nun in großen, seitlich angebrachten Packtaschen mitgeführt. Die Lackierung war den in den speziellen Einsatzgebieten üblichen Farben z.B. von Heer und Luftwaffe angepaßt. Darunter gab es auch eine sogenannte Sahara-Ausführung.

NZ 350–1 **AFB**

Technische Daten	
Motorentyp	NZ 350–1
Hubraum	346 cm³
Bohrung/Hub	72/85 mm
Leistung	11,5 PS
Höchstgeschwindigkeit	90 km/h
Kühlung	Luft (Fahrtwind)
Schmierung	Gemisch, 1:25
Bereifung	3,25 – 19
Getriebeanordnun	räumlich getrennt, in einem Gehäuseblock mit Motor (ohne Motorausbau demontierbar)
Getriebefabrikat	DKW (Fuß- und Handschaltung)
Gangzahl	4
Vergaser	Bing
Fahrzeugmasse	175 kg
Radstand	1355 mm
Tankinhalt	15 l
Produktionszeitraum	1944/1945
produzierte Stückzahl	12000
Ersatzteilliste	D 605/27 bzw. »mittl. Kraftrad«

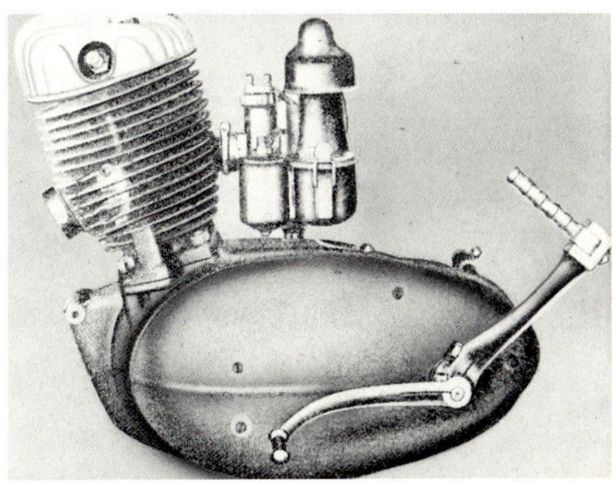

Graugußmotorblock NZ 350–1 mit Wirbelluftfilter **AFB**

DKW-Motorräder aus Ingolstadt

Von Siegfried Rauch

Neubeginn in Ingolstadt

Bei Kriegsende 1945 lagen die Produktionsstätten der Auto Union in der sowjetisch besetzten Zone Deutschlands brach. Was nicht dem Bombenkrieg zum Opfer gefallen war, wurde von der Besatzungsmacht demontiert, darunter auch das von Bomben verschont gebliebene DKW-Werk in Zschopau. Ausgeräumt, war es zur Sprengung vorgesehen.
Chefkonstrukteur Hermann Weber war zusammen mit seinem Betriebsdirektor Hoffmann und neun anderen Kollegen aus der Konstruktion und Fertigung in einer Nacht-und-Nebel-Aktion als »dienstverpflichtet« hinter den Ural gebracht worden, wo sie am Aufbau eines sowjetischen Motorradwerkes mitarbeiten sollten (sie sind dann in späteren Jahren in die Heimat zurückgekehrt – mit Ausnahme von Hermann Weber, der in der Fremde verstorben war).
Der Vorstand der Auto Union, deren Hauptverwaltung in Chemnitz lag, hatte sich kurz vor dem Tag der Kapitulation nach Westen, in von den amerikanisch/englischen Siegermächten besetzte Gebiete, abgesetzt. Dort standen zwar Produktionsbetriebe zunächst auch nicht zur Verfügung, Wohl aber die Auto Union-Filialen in München, Nürnberg, Hannover, Hamburg und Freiburg/Br. Sie bildeten eine Grundlage dafür, daß zusammen mit einer ständig größer werdenden Zahl ehemaliger Mitarbeiter der sächsischen Auto Union-Betriebe zunächst in Ingolstadt, wenig später auch in Oldenburg (Hude), ein »Zentraldepot für Auto Union-Ersatzteile« als GmbH gegründet werden konnte. Diese Gesellschaft war bemüht, vor allem die aktuelle Ersatzteilversorgung der etwa 60000 DKW-Frontantriebwagen sicherzustellen, die allein in den Westzonen den Krieg überlebt hatten, weil sie wegen ihrer Holzkarosserie von der Wehrmacht nicht eingezogen worden waren.
1949 kam es dann zur Gründung einer neuen Auto Union GmbH in Ingolstadt, zu deren Geschäftsführern die ehemaligen Vorstandsmitglieder der Auto Union AG in Chemnitz, Dr. Richard Bruhn und Dr. Carl Hahn, bestellt wurden. Die alte Auto Union AG wurde 1949 im Handelsregister Chemnitz gelöscht, alle ihre Vermögenswerte verfielen der Enteignung. Unter dem Dach der »IFA Vereinigung volkseigener Fahrzeugwerke« brachte man dann im ehemaligen Zschopauer DKW-Werk (das von der sowjetischen Besatzungsmacht entgegen ursprünglichen Sprengungsabsichten freigegeben worden war) zaghaft und unter schwierigsten Umständen wieder eine Motorradfertigung (später unter der Marke MZ – Motorradwerk Zschopau) in Gang.
Auch in Ingolstadt hatten die Pläne für eine Neufertigung von Kraftfahrzeugen Gestalt angenommen, wobei man sich zunächst auf den von der Nachkriegswirtschaft dringend benötigten DKW-Schnellaster sowie auf das ebenfalls aus dem Vorkriegsprogramm stammende DKW-Motorradmodell RT 125 beschränken wollte – besser gesagt: mußte, denn es fehlten ohnehin weitgehend die Voraussetzungen allein schon für die Realisierung solch »hochgesteckter« Ziele.
Da Hermann Weber ja nicht mehr zur Verfügung stand, wurde als Chefkonstrukteur für den Sektor Motorräder Nikolaus Dörner, ehedem Mitarbeiter der ZVA (Zentralversuchsabteilung) der Auto Union in Chemnitz, bestimmt, der zusammen mit seinen Mitarbeitern zunächst die zeichnerischen Unterlagen für die Motorradfertigung neu erstellen sollte. Die nicht minder schwierige Aufgabe, eine Fertigung in Gang zu bringen, wurde Franz Ischinger übertragen, einst Leiter der DKW-Geländesportabteilung in Zschopau und später im Auto-Union-Rennwagenbau in Zwickau tätig. Als Versuchsleiter stand ihm Herbert Kirchberg zur Seite, der im gleichen Aufgabengebiet ebenfalls bereits in Zschopau gearbeitet hatte.
Die Wahl gerade der RT 125 war aus verschiedenen Gründen naheliegend: einmal, weil die sich erst langsam stabilisierenden Lebensverhältnisse der deutschen Bevölkerung die Anschaffung eines so kleinen, anspruchslosen Transportmittels noch am ehesten zuließen, zum anderen, weil es sich um einen besonders geglückten Entwurf Hermann Webers (von dem praktisch alle DKW-Vorkriegstypen stammten) handelte. Seine überdurchschnittliche Bewährung schlug sich nicht zuletzt in (Raub-)Nachbauten in der UdSSR und anderen Ostblockstaaten, in England, in den USA und in Japan nieder.
Von entscheidender Bedeutung für den Beginn der Vorarbeiten im Konstruktionsbüro war die glückliche Fügung, daß bei einem DKW-Händler in der Oberpfalz ein fabrikneues Exemplar der RT 125 erworben werden konnte. Aus der Vermessung aller Einzelteile entstanden dann die notwendigen neuen Zeichnungen für die Fertigung.
Zunächst konnte es sich dabei nur um eine Montage handeln (für die als Ort ein ausgedienter Getreidespeicher umgebaut werden mußte, ehe man später an einen großzügigen Neubau für die ständig umfangreicher werdende Motorradfertigung denken konnte).

Mit diesem Inserat kündigte 1949 die Auto Union die Wiederaufnahme der DKW-Motorradfertigung an. ASR

Die wichtigsten Bauteile wurden zunächst von Zulieferanten bezogen, so der Rahmen vom Vespa-Lizenzhersteller Hoffmann in Lintorf, Bremsnaben von Pränafa, Getriebeteile von der Getrag in Ludwigsburg. Später konnten dann in Ingolstadt alle Einzelteile bis auf die üblicherweise fremdbezogenen (z. B. Vergaser) selbst produziert werden.

RT 125

Wie bei der geschilderten Situation nicht anders möglich, entsprach die 1949 mit nur wenigen hundert Stück erstmals gebaute und ausgelieferte RT 125 W (das W zur Unterscheidung von der parallel in Zschopau angelaufenden Produktion der IFA RT 125) dem Vorkriegsmodell. Sie war zunächst auch noch mit der traditionellen Trapezgabel mit Preßteil-Gabelscheiden und der progressiv arbeitenden Gummiband-Federung ausgerüstet (lediglich der Kraftstofftank war auf ein 9,5-l-Volumen vergrößert und mit einem kleinen, flachen Werkzeugfach sowie verstellbaren Kniekissen ausgestattet worden); die Fußrasten blieben starr. Zur Erleichterung des Hinterradausbaus trugen die Rahmenenden die von Rennfahrrädern her bekannten Ausfallenden.
So unverändert wie der Motor (4,75 PS bei 4800/min) und das fußgeschaltete Dreiganggetriebe (samt Primär-Hülsenkette) geblieben waren, wurde auch die DKW-typische Elektroanlage beibehalten: Der sogenannte Spulenkasten am Batterieträger enthielt die

Das erste Modell der bei der Auto Union in Ingolstadt neu angelaufenen DKW-Motorradfertigung: die RT 125 W. **ASR**

Auf den ersten Blick war die Ingolstädter RT 125 von ihrer Vorläuferin aus der Vorkriegszeit nicht zu unterscheiden. **ASR**

Neu bei der RT 125 W: das abschließbare Werkzeugfach im auf 9,5 Liter Inhalt vergrößerten Tank... **ASR**

...und die Rahmen-Ausfallenden, die den Hinterradausbau ohne Kettentrennung ermöglichten. **ASR**

Zündspule und den (erstmals von DKW im Vorkriegsmodell verwendeten) Flachregler für den kompakten kleinen Gleichstrom-Generator (35/45 W Leistung) mit dem Anker auf der Kurbelwelle sowie auch wieder den Zünd-/Lichtschalter mit der Stellung 5, die das Ingangsetzen des Motors auch mit leerer oder ohne Batterie ermöglichte.

Ende 1950 (inzwischen waren schon über 25000 Stück der RT 125 geliefert worden!) wurden die Trapez- durch eine Teleskopgabel und die Pränafa-Naben durch Innenbacken-Trommelbremsen eigener Konstruktion ersetzt. In dieser Konzeption wurde die RT 125 dann auch noch (und nun schon mit etwa 30000 Stück!) während des Jahres 1951 geliefert. Auf Wunsch konnten die Kunden das 1951er Modell auch mit der von Carl Jurisch in Nürnberg (als Umrüstsatz und zum Ersteinbau) entwickelten und produzierten sogenannten Jurisch-Hinterradfederung bekommen.

1952 brachte Ingolstadt dann mit dem Modell 125/2 eine zunächst auf 5,6 PS leistungsgesteigerte Version heraus; Detailverbesserungen und ein Vergaser mit größerem Querschnitt ermöglichten die Mehrleistung und zudem auch eine Drehzahlsteigerung. Die wiederum ließ – dank einer längeren Sekundärübersetzung – ein gefahrloses Überdrehen in den unteren Gängen und das weitere Auskommen ohne Vierganggetriebe zu.

1954 kam es zu einer weiteren leichten Leistungssteigerung des ansonsten unverändert gebliebenen Triebwerks auf 6,4 PS bei 5600

Das DKW-Kennern schon vertraute Bild: der Motor/Getriebeblock der RT 125 W. Unter dem stromförmigen Gehäusedeckel die kleine, leistungsfähige Lichtmaschine mit dem Unterbrecher der Spulenzündung ***ASR***

Schon bei DKW in Zschopau geschützt: konzentrische Kickstarter- und Schalthebel-Wellen. Der sogenannte Spulenkasten am Batterieträger enthielt Zündspule, Flachregler und Schalter, in dessen Stellung 5 die Maschine auch ohne Batterie in Gang gebracht werden konnte. ***ASR***

Als Modell 125/2 hatte die RT nicht nur etwas mehr Motorleistung, sondern auch eine Telegabel und größere Trommelbremsen. ***ASR***

RT 125 W: Beibehalten wurden die Blechprofil-Trapezgabel mit der Conti-Gummifederung sowie der verstellbare Lenker. ***ASR***

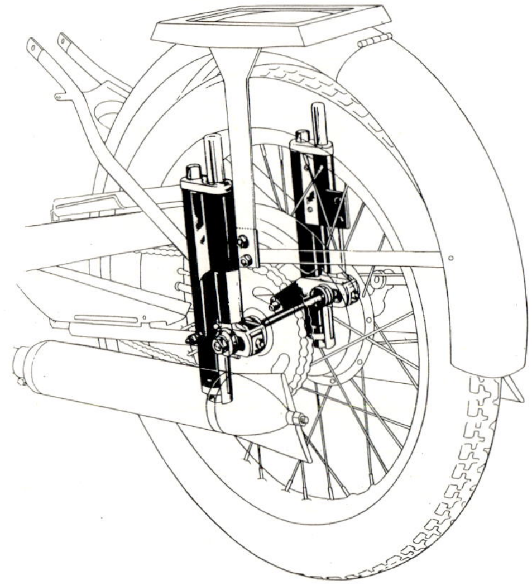

Die Kundschaft verlangte nach Hinterradfederung. Auf Wunsch konnte deshalb die RT 125/2 auch mit dieser in Nürnberg gefertigten »Jurisch«-Teleskop-Hinterradfederung geliefert werden. ***ASR***

Modellpflege: größerer Tank, nochmals vergrößerte Bremsnaben und geschlossener Kettenkasten. Das Hinterrad war aber noch immer ungefedert. **ASR**

1954 kam die allradgefederte RT 125/2 H, serienmäßig mit der DKW-Original-Hinterradfederung und Leichtmetall-Trommelbremsnaben sowie geschlossenem Kettenkasten ausgerüstet. **ASR**

***Insgesamt wuchtiger wirkend als das Ausgangsmodell, bot die RT 125, die bis 1957 im Programm blieb und eines der meistgekauften Motorradmodelle war, die Optik eines »echten« Motorrades.* ASR**

***Die RT 125/2 H war über Jahre die beliebteste Maschine ihrer Klasse.* FS**

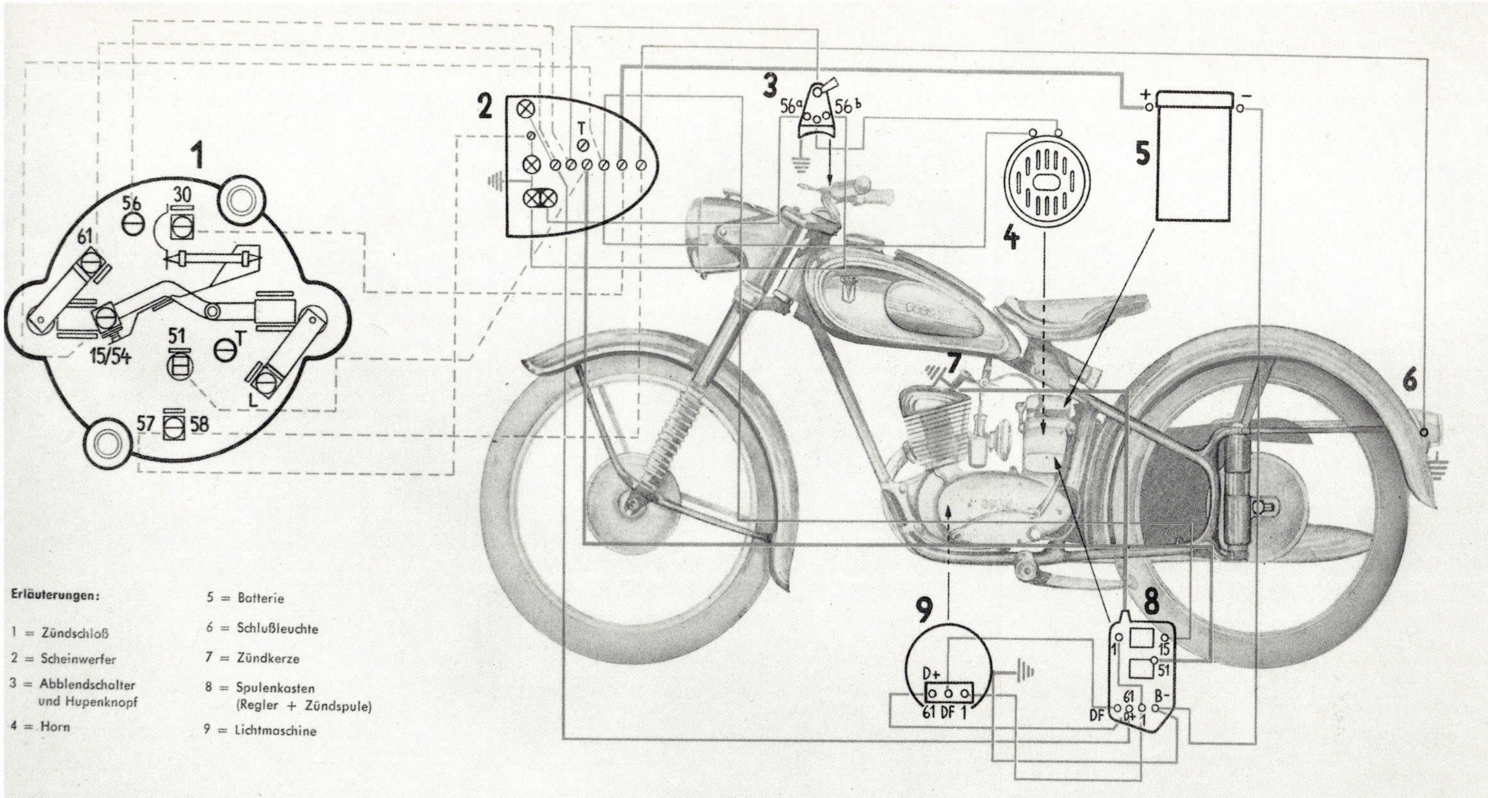

Schaltplan der RT 125 mit der 6 V35/45 W Licht/Zündanlage ASR

U/min. Doch wichtiger war wohl der schon längst fällige Übergang zu einer organischen (eigenen) Teleskop-Hinterradfederung in einem verstärkten Rahmen. Mit der Modellbezeichnung RT 125/2H wurde das kleinste DKW-Modell dann auch in den folgenden Jahren geliefert. Freilich fielen die jährlichen Produktionszahlen ständig ab (1957 nahm der Markt keine 2000 Stück mehr auf). Das hatte zwei Gründe: Einmal tendierte das Interesse der allgemein finanziell wieder bessergestellten Motorrad-Käuferschicht zu größeren Modellen, andererseits machte sich vor allem schon in der Mitte der fünfziger Jahre der später immer krasser werdende Absatzschwund auf dem Motorradmarkt überhaupt bemerkbar, von dem Ingolstadt nicht weniger betroffen war als die gesamte Konkurrenz.

RT 200

Allen, die sich in Ingolstadt am Wiederaufbau der Motorradfertigung beteiligt hatten, war natürlich klar gewesen, daß es à la longue nicht nur bei einem Modell, bei nur einem DKW-Angebot in lediglich einer Hubraumklasse bleiben konnte. Mit der Ausweitung des DKW-Motorradprogramms ist deshalb schon bald nach der Wiedergeburt der RT 125 begonnen worden. Und obwohl das besondere Argument, das einst in der Vorkriegszeit in Deutschland zu so erheblicher Bedeutung der 200-cm³-Hubraumklasse geführt hatte (Steuer- und Führerscheinfreiheit), nicht mehr aktuell war, erfreuten sich Modelle dieser Hubraumgröße auch in der Nachkriegszeit starken Zuspruchs einer breiten Käuferschicht – jener Motorradfahrer, die ihre Wahl nicht unter sportlichen Gesichtspunkten trafen, bei denen also nicht eine überdurchschnittlich hohe Motorleistung die Kaufentscheidung bestimmte. Ihnen kam es vielmehr – wie Gleichgesinnten schon in den Jahren vor dem Krieg – auf Robustheit und Anspruchslosigkeit, vor allem aber auch auf »unten was drin«, also auf einen günstigen Drehmomentverlauf, an. Was sie suchten und besonders in einer 200er Zweitaktmaschine fanden, war das, was man in Motorradfahrerkreisen einst unter einem sogenannten Bauernmotorrad verstand – keinesfalls eine Abwertung, sondern genau das Gegenteil. So kam bereits 1951, also im zweiten Produktionsjahr der 125er, zusätzlich die RT 200 ins Programm. Schon rein optisch war sie deutlich als die »größere Schwester« zu erkennen – beide Modelle waren sich in allen Bauteilen so ähnlich, so daß man nicht von einer echten Neukonstruktion sprechen konnte, die kam erst später.

So hatte die 200er zwar einen verstärkten Rahmen – zunächst ohne Hinterradfederung –, doch weil die inzwischen für die 125er entwickelten eigenen Trommelbremsen für das leistungsfähigere Modell doch nicht ausreichend erschienen, griff man nochmals auf Bremsnaben von Pränafa mit 150 mm Trommeldurchmesser zurück. Der Vergaser hatte jedoch bereits einen größeren Durchlaß als der der RT 125. Der Gesamtaufbau des Triebwerksblocks entsprach aber genau dem Vorbild der kleineren Maschine, auch der Gleichstromgenerator mit 35/45 W wurde beibehalten, ebenso das dreigängige Getriebe.

Schon 1951 kam es mit der RT 200 in Ingolstadt zur ersten Programmerweiterung – deutlich erkennbar als die »größere Schwester« der RT 125/2 wie jene ebenfalls schon mit Telegabel vorn, aber immer noch ohne Hinterradfederung. Für Beiwagenbetrieb war sie nicht zugelassen! ***AAU***

1952 erhielt die 200er RT ein hinterradgefedertes Fahrwerk (wie die 125/2 H) mit verbesserter Telegabel und den »vorgetäuschten« Vollnabenbremsen der RT 250 (s. d.). Der 8,5 PS-Motor blieb (mit 62/64 mm Bohrung/Hub) gleich. ***AAU***

Die weiterentwickelte und 1954 angebotene RT 200 H war sozusagen eine vergrößerte RT 175 – mit 66/58 mm Bohrung/Hub, 9,5 PS, Vergaserverkleidung, verstärktem Rahmen und neuer Teleskopgabel vorn, Teleskop- Geradwegfederung hinten und großen, verrippten Leichtmetall-Trommelbremsen. ***FS***

Die Hubraumleistung des genau 191 cm³ messenden Motors betrug bei 8,5 PS Maximalleistung 42,5 PS/l – der 122-cm³-Motor brachte es in seiner letzten Version auf 52 PS/l. Aber entscheidend war nach dem Obengesagten eben die andere Charakteristik des hubraumgrößeren Motors: Dessen maximales Drehmoment, bei 3300 U/min erreicht, betrug mit 1,5 mkg nahezu das Doppelte des 125er Motors.
Die RT 200 verkaufte sich nicht schlechter als die RT 125, aber schon ein Jahr nach der Einführung (1952) wurde mit der RT 200 H eine modifizierte Version angeboten – noch immer mit dem 8,5 PS-Motor mit ungekapseltem Vergaser und Dreiganggetriebe ausgerüstet, aber 45/60 W Leistung der Elektro-Anlage.
Entscheidend jedoch war, daß dieses Triebwerk nun in dem neuen Fahrwerk mit verbesserter Telegabel und Hinterrad-Teleskopfederung saß. In den Laufrädern befanden sich DKW-eigene Innenbacken-Trommelbremsen, die durch eine verrippte, auf Trommeldurchmesser hochgezogene Abdeckung des Nabenkörpers den Eindruck einer Vollnabenbremse bewirkten. In dieser Ausführung blieb das H-Modell bis 1953 im Programm.

Explosivdarstellung des Viergangmotors, wie ihn auch die weiterentwickelten Modelle mit 175 und 250 cm³ bekommen hatten. ***ASR***

DKW-Hinterrad-Teleskop-(Geradweg-)federung, LM-Kettenkasten und Vollnabenbremse ***FS***

DKW RT 175/200 S mit Stachelrippen-Zylinder ***ASR***

Schon im darauffolgenden Jahr, 1954, kam es zu einer Ablösung durch das Modell RT 200/2, bei dessen Motor man von einer echten Neukonstruktion sprechen konnte. Das Jahr 1954 war nämlich zugleich das Geburtsjahr der RT 175 gewesen (von der noch zu sprechen sein wird), und diese erhielt u. a. einen kurzhubigen Motor (58 mm Hub bei 62 mm Bohrung) und ein Vierganggetriebe. Bei im Verhältnis dazu gleichem Hub, aber 66 mm Bohrung, hatte der neue 200er Motor nun 11 PS Leistung. Der mit verlängertem Ansaugrohr vom Zylinder abgerückte Vergaser war nun gekapselt, die Verkleidung bildete gleichzeitig den erwünschten Raum für die Ansauggeräuschdämpfung.

Auch der neue 200er Motor zeigte die für diese Hubraumklasse erwünschte Charakteristik: Das geänderte Bohrung/Hub-Verhältnis brachte eine gute Überdrehfestigkeit, und auf diese Charakteristik war zugleich das neue Vierganggetriebe abgestimmt. Werksseitig wurde übrigens deutlich darauf hingewiesen, daß ein nachträglicher Umbau des alten Dreiganggetriebes auf vier Gänge – ein begreiflicherweise oft geäußerter Kundenwunsch – mit normalen Werkstatt- (oder gar Bastler-) Voraussetzungen nicht möglich sei.

Das neue Triebwerk der RT 200/2 war ein so großer Entwicklungsfortschritt, daß es auch in den später folgenden Modellvarianten (RT 200 S [1955/1956] und RT 200 VS [1956/1957]) unverändert beibehalten werden konnte. Denn trotz des insgesamt stark rückläufigen Absatzes der DKW-Motorräder in diesen letzten Jahren behielt die 200er Hubraumklasse ihren Anteil am Kundeninteresse.

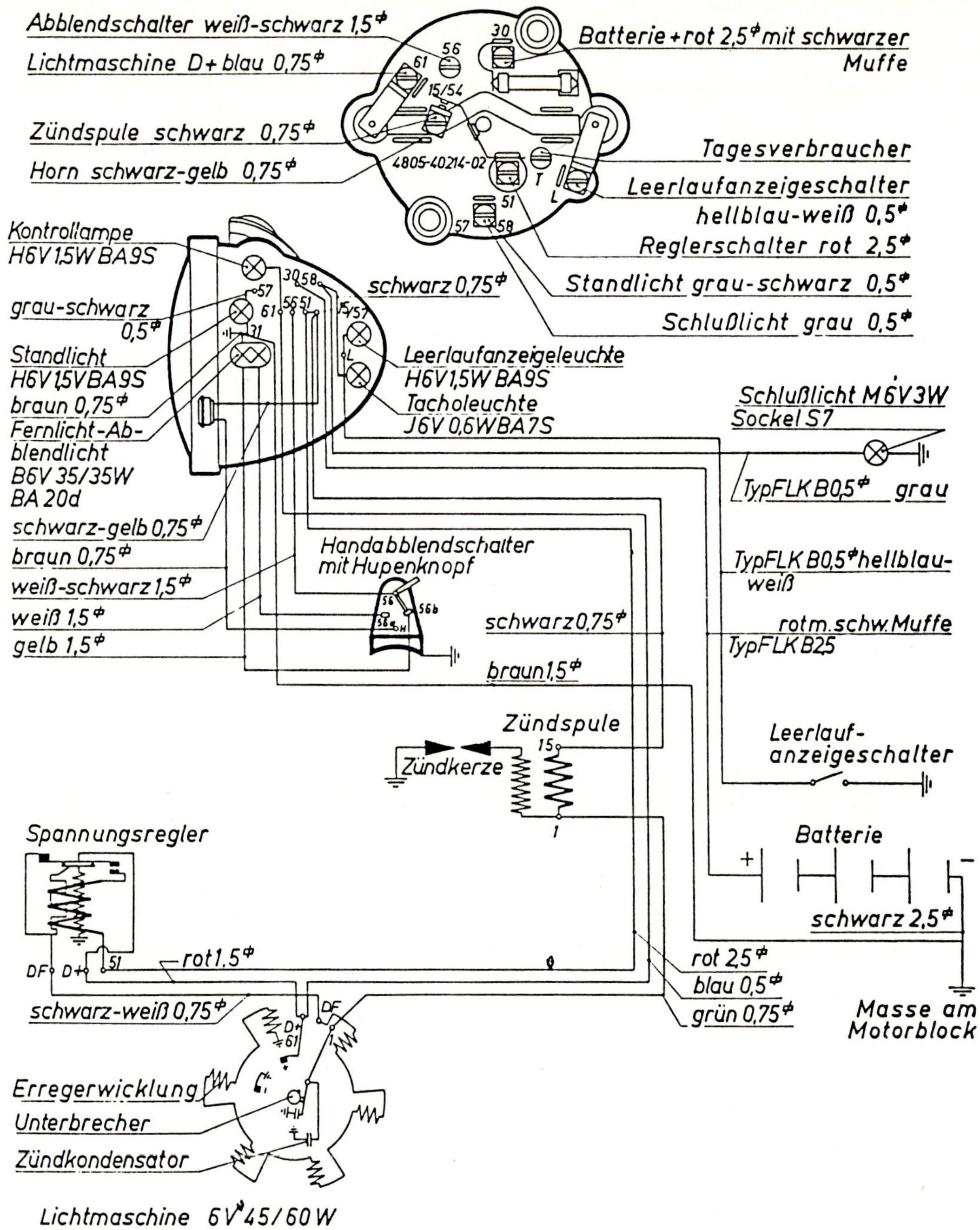

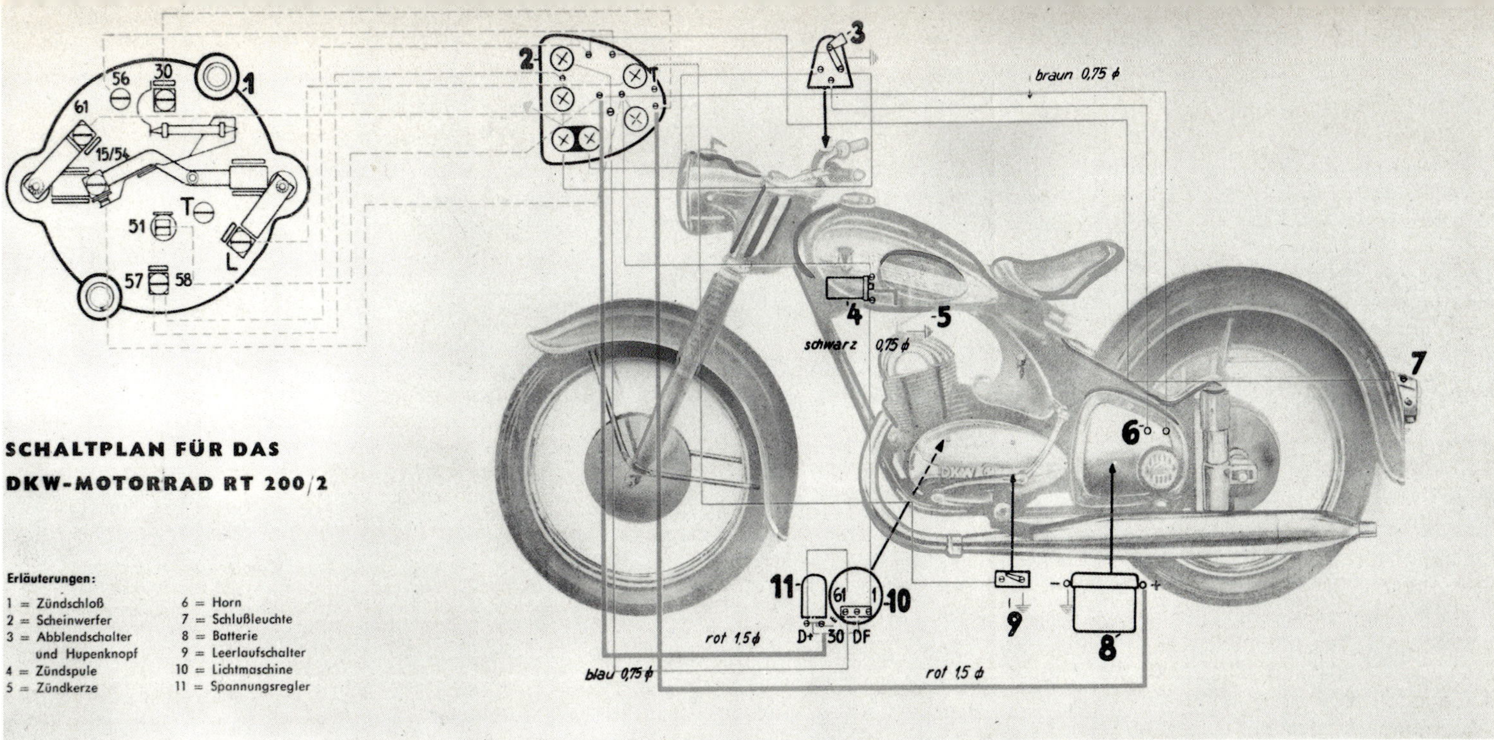

Schaltplan der RT 200 S und VS (ebenso 175 S und VS) ASR

Die RT 200 VS entsprach bis auf den Motor (11 PS) der RT 175 VS. ASR

Die »vorgetäuschte« Vollnabenbremse im Vorderrad der ersten RT 250 **LSW**

»Vorgetäuschte« Vollnabenbremse auch im Hinterrad der ersten RT 250 **AAU**

Aufgeschnittenes Ausstellungsmodell der RT 250 H **AAU**

Als 1952 auch erstmals eine 250er (als RT 250 H) im DKW-Programm auftauchte (mit 12 PS bei 4500/min), konnte sie, wie die 200er, ihre Abstammung von der RT 125/2 nicht verleugnen: zwar wies sie schon die neuen »vorgetäuschten« Vollnabenbremsen und die 6 V 45/60 W-Elektroanlage, aber noch den ungekapselten Vergaser auf. Sie konnte wahlweise mit Drei- oder Vierganggetriebe geliefert werden. **FS**

RT 250

So sehr die RT 200 auch den Wünschen und Leistunganspüchen einer großen Käuferschaft entsprach, mußte das DKW-Programm doch die Markttendenz berücksichtigen und dementsprechend auch ein Modell mit 250 cm³ enthalten. Diese Notwendigkeit wurde bereits 1951 erkannt (also im ersten Produktionsjahr der RT 200), und so entstand auf den Reißbrettern des Ingolstädter Konstruktionsbüros das erste Konzept einer RT 250 – bautechnisch und optisch wiederum an die kleinere RT mit 200 cm³ angelehnt. Auch der Einzylindermotor dieses Modells – bei dem vom 200er übernommenen Hub von 64 mm, aber 70 mm Bohrung, ein Kurzhuber (der 11 PS bei 5000 U/min leistete) – sollte mit dem über Einfachhülsenkette und im Ölbad laufende Mehrscheibenkupplung angetriebenen Dreiganggetriebe auskommen. Und die Vorserie 1951 war auch noch mit dem Starrrahmen der ersten RT 200 ausgerüstet.
Als aber dann 1952 die Serienlieferung begann, hatte man sich inzwischen bei DKW entschlossen, dem Dreigang-Triebwerk doch das Fahrwerk mit der Geradweg-Hinterradfe-

RT 250/II mit neuem Fahrwerk und gekapseltem Vergaser. Technische Daten: 13,5 PS bei 5000/min, Vierganggetriebe, echte Leichtmetall-Trommelbremsen mit Steckachse hinten und vorn, Elektroanlage (jetzt) 6 V 55/70 W, beiwagenfest

Schnittdarstellung der Hinterrad-Vollnabenbremse in der RT 250/II und der Hinterradfederung (mit 85 mm Federweg) FS

Das 250er Modell der S-(Schwingen-)Klasse – mit hydraulisch gedämpften Federbeinen an der Schwinge (für Solo- und Soziusbetrieb verstellbar) und 15,1 PS für 116 km/h Höchstgeschwindigkeit ASR

derung und den eigenen (Vollnabenbremsen ähnelnden!) Innenbacken-Trommelbremsen mit 150 mm Durchmesser zu verpassen, das etwa zur gleichen Zeit bei der RT 200 H eingeführt worden war. So hieß das Viertellitermodell nun also RT 250 H.
Aber nicht lange. Denn schon im Jahre 1953 zeigte sich wohl das Dreiganggetriebe doch als verkaufshemmend, und so entstand die RT 250/1 mit im Primärantrieb (Doppelhülsenkette) und innerem Aufbau (samt der Mehrscheibenkupplung) dem Dreigangkonzept ähnelnden Vierganggetriebe. Mit dem ließ sich die (vorerst noch bei 11 PS gebliebene) Leistung besser den jeweiligen Fahrbedingungen anpassen, vor allem auch bei Betrieb mit Beiwagen.
1953/1954 gab es noch einmal eine Modellaufwertung, und zwar als RT 250/2. Im verstärkten Rahmen mit verbesserter Teleskop-Hinterradfederung und neuen Leichtmetall-Vollnabenbremsen arbeitete nun der auf 14,1 PS leistungsgesteigerte Motor mit dem Vierganggetriebe, dem gekapselten Vergaser und der (mit Rücksicht auf den Beiwagen-Passagier) auf die linke Fahrzeugseite verlegten, geräuschmäßig verbesserten Auspuffanlage. Zwar erfolgte später eine nochmalige Leistungsanhebung des 250er Motors auf 15 PS – aber im wesentlichen blieb das Triebwerk auch in den Modellvarianten der S- und der VS-Reihe bis zum Schluß unverändert.

Schlußstein der Entwicklung: 1956/1957 gab es auch die 250er mit Allradfederung (geschobener Vorderradschwinge). ASR

Die Hinterradschwinge in den S- und VS-Modellen ASR

Schaltbild der RT 250 S und VS ASR

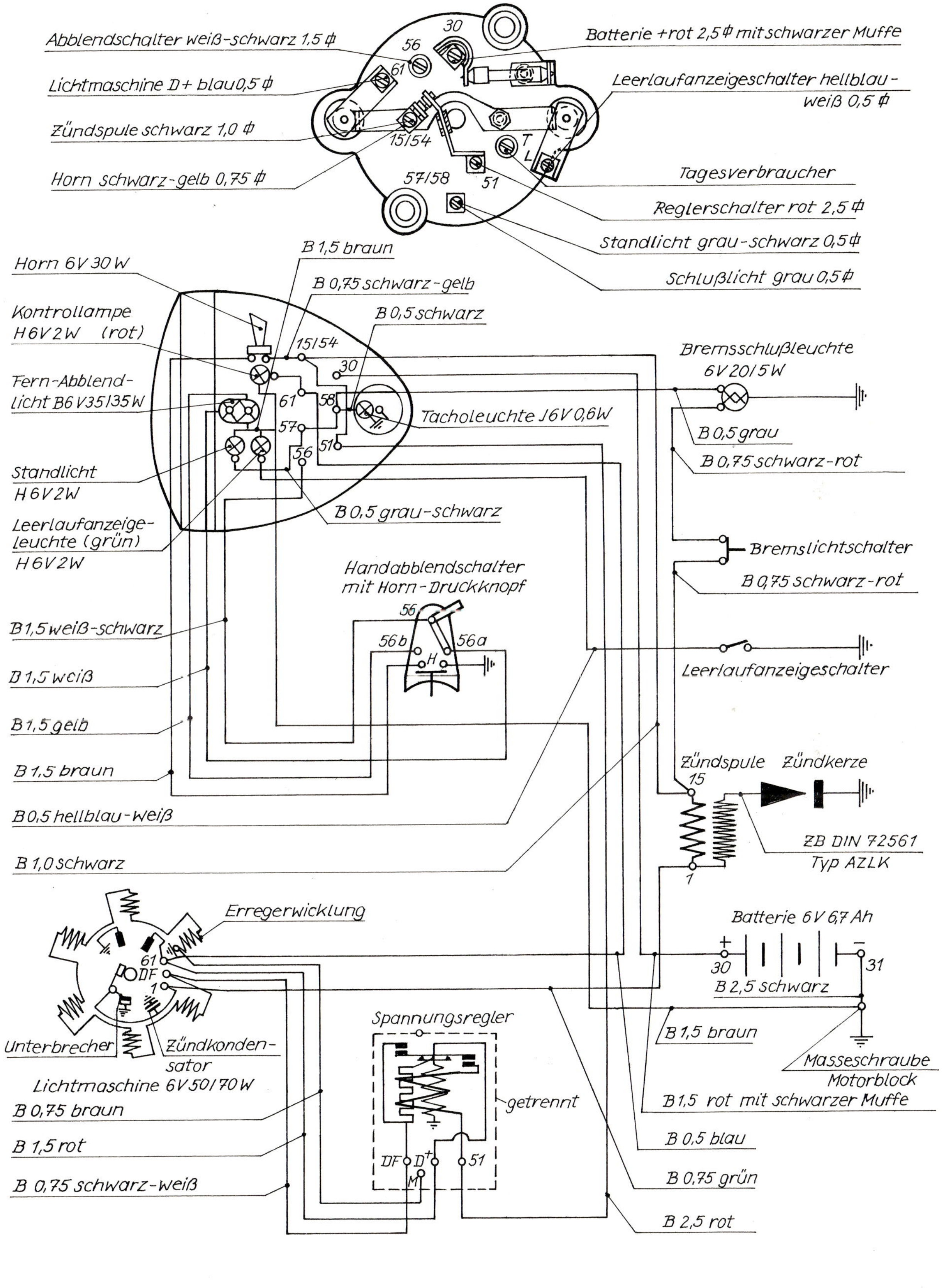

Lenker, Armaturen und Scheinwerfer waren bei den VS-Modellen zu einem formschönen Bauteil vereinigt (halbkreisförmiger Tacho mit großer Skala, Kontrolleuchten für Leerlauf und Zündung). **ASR**

1954 erweiterte die Auto Union das DKW-Programm durch ein Modell für die 175 cm³-Klasse – ein Hubraum, der sich über Jahre größter Beliebtheit erfreute. Die RT 175 setzte sich bald gegen zahlreiche Konkurrenz auf den ersten Platz ihrer Klasse. **FS**

Das erste der 1957 aufkommenden S-(Schwingen-)Modelle: die RT 175 S, mit federbeingestützter Schwinge hinten (und geschlossenem Leichtmetall- Kettenkasten) sowie Teleskopgabel vorn **ASR**

Die letzte Entwicklungsstufe in Ingolstadt: die Vollschwingen-RT 175 VS (neue Trommelbremsen) **ASR**

RT 175

Verhältnismäßig spät (erst 1954) war im DKW-Programm auch ein Modell in der beliebten 175er Klasse erschienen. Das war, wie sich bald herausstellte, keineswegs als Ersatz für die RT 200 gedacht, denn diese blieb auch weiterhin im Programm, erfuhr entscheidende Weiterentwicklungen und gehörte ja zuletzt auch noch zur S- und zur VS-Reihe. Anders als die ersten Varianten der RT 200 und RT 250, die bei ihrem Erscheinen 1951/1952 doch deutlich als im Hubraum vergrößerte Varianten der RT 125 angesehen werden mußten, handelte es sich bei der RT 175 um eine echte Neukonstruktion. Ihr Motor (samt Getriebe) wurde – wie weiter vorn schon angedeutet – sogar Basis für einen neuen Motor in der RT 200/2.
Mit 58 mm hatte der Motor der 175er den Hub der RT 125, mit 62 mm Bohrung war er als Kurzhuber ausgelegt (wie vorher schon der der 250er mit 64/70 mm). Die Leistung betrug 9,75 PS. Besonderer Wert war auf günstige Drehmoment-Charakteristik gelegt worden, d.h. auf gutes Beschleunigungsverhalten bereits im mittleren Drehzahlbereich. In diesem Zusammenhang waren die verlängerte Ansaugleitung zwischen Zylinder und Vergaser sowie eine neuentwickelte Auspuffanlage

Der Triebwerksblock der RT 175 war, nicht zuletzt durch die Vergaserverkleidung, noch glattflächiger geworden. ***ASR***

Wie bereits seit 1952 bei den Modellen RT 200 H und 250 H war auch bei der 175er zwischen Vergaser und Zylinder eine verlängerte Ansaugleitung zwischengeschaltet, mit der eine günstigere Motorcharakteristik erreicht wurde. Die in die Vergaserverkleidung integrierte Ansaug-Vorkammer brachte Geräuschminderung und geringeren Motorverschleiß durch verbesserte Luftfilter-Wirkung. ***FS***

Schnittdarstellung des Motor/Getriebeblocks der RT 175 (auch bei den 250er Modellen) mit fußgeschaltetem Viergangggetriebe (das nachträglich nur mit hohem Aufwand in das Gehäuse des bisherigen Dreiganggetriebes eingebaut werden konnte) ***ASR***

Die progressiv wirkende Teleskopgabel mit pneumatischer Dämpfung (mit der auch die 250/2 ausgestattet war) sowie die verrippte Leichtmetall- Vollnabenbremse mit versteiftem Bremstrommelboden bei der RT 175 ***ASR***

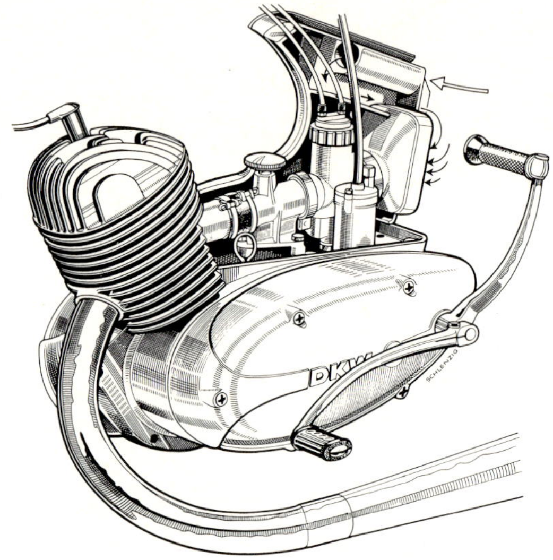

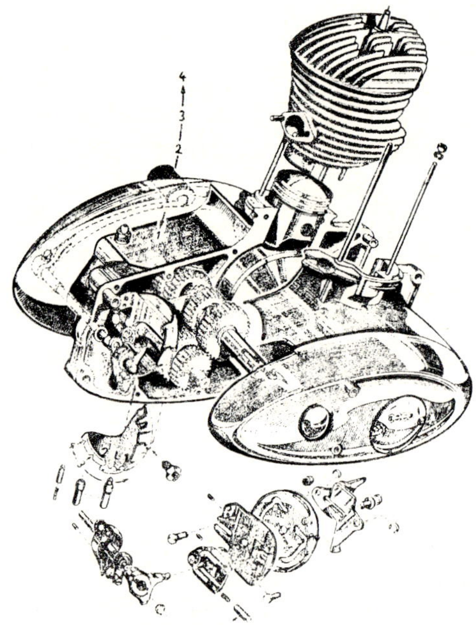

sorgfältig aufeinander abgestimmt worden. Erstmals hatte dieser Motor einen Vergaser in einer stromlinienförmigen Verkleidung, die im hinteren Teil auch das Knecht-Luftfilter aufnahm und als wirkungsvoller Ansaug-Geräuschdämpfer diente.
Die günstige Charakteristik des Motors wurde ergänzt durch das mit vier Gängen aufwartende Getriebe. Primärkraftübertragung mit Hülsenkette und im Ölbad laufender Mehrscheibenkupplung mit Schwingungsdämpfer entsprachen dem bewährten Konzept. Die Rollenkette des Hinterachsantriebs lief geschützt in einem Kettenkasten; beide Räder trugen neuentwickelte »echte« Leichtmetall-Vollnabenbremsen mit 150 mm Durchmesser und doppelt versteiftem Trommelboden.
Die RT 175 war ein ebenso glücklicher Wurf wie einst im Jahre 1939 die erste RT 125. Über lange Zeit war sie die meistverkaufte Maschine in Deutschland. Zahlreiche Erfolge im Wettbewerbseinsatz machten auch ausländische Interessenten auf sie aufmerksam, und selbst die Bundeswehr erachtete sie als für ihre Zwecke geeignet – wenn auch erst in der späteren Fahrwerks-Version.

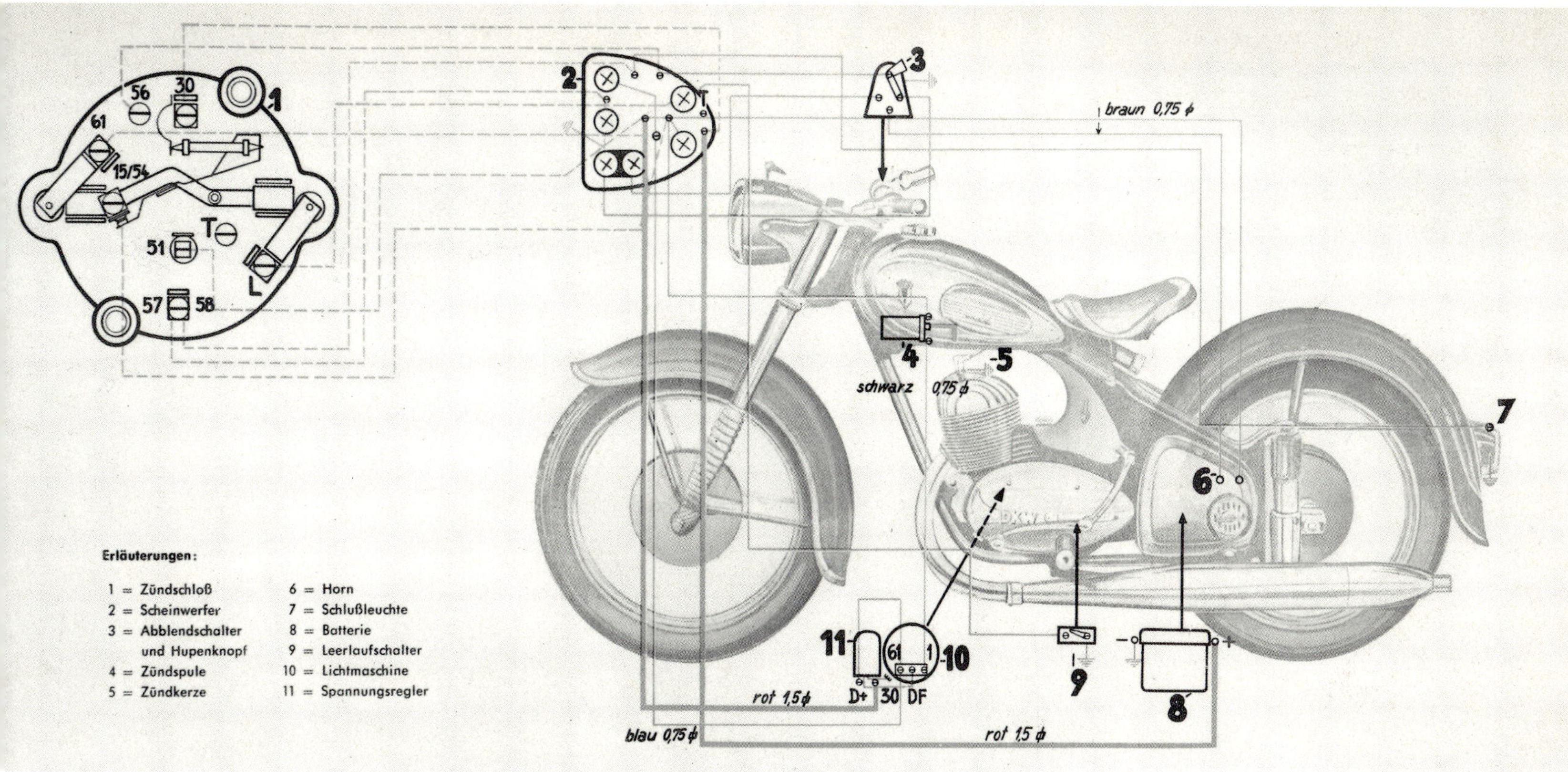

Schaltbild der RT 175 (und 200er S und VS) ***ASR***

RT 350

Viel früher, als Außenstehende davon erfuhren, hatte man sich im Ingolstädter Konstruktionsbüro auch wieder mit Zweizylinder-Zweitaktmotoren beschäftigt. Da gab es beispielsweise das Konzept eines DKW-Modells mit 250 cm³-Zweizylinder im Fahrwerk der Einzylindermodelle von 1952. Auch hatten sich die Konstrukteure schon mit dem Entwurf zu einem 250-cm³-Boxer-Zweitaktmotor befaßt – in einem Doppelschleifen-Rohrrahmen (mit Geradweg-Teleskophinterradfederung) quer eingesetzt und logischerweise mit Kardanantreib zum Hinterrad ausgerüstet. Zweifellos wußte man damals in Ingolstadt von einer gleichlaufenden Entwicklung im Chemnitzer sowjetischen Konstruktionsbüro, wo auf der Basis eines bei Kriegsende in Zschopau noch in Entwicklung befindlichen ultrakurzhubigen Zweitakt-Boxers (als Flugzeugtriebwerksanlasser) ein Motorradmotor entwickelt worden war, aus dem dann im Zschopauer IFA-Betrieb die BK 350 entstand.
Der deutliche Leistungsanstieg der Ingolstädter Zweitaktmotoren (dank weitgehender Nutzung der Gasschwingungsabläufe im Motor) gegenüber den Zschopauer Vorläufern ließ offenbar einen 350er Twin als zum Leistungsniveau der Einzylinder-DKW-Motoren passend erscheinen. Aber die Verantwortlichen wollten sich wohl auch noch die Möglichkeit einer späteren Hubraumvergrößerung auf 500 cm³ offenhalten, denn das muß man aus dem etwas reichlich bemessenen Zylindermittenabstand des 350er Twins schließen (der zusätzliche Schwingungsprobleme mit sich brachte).
Die in den Jahren 1953 und 1954 gebauten Vorserienmaschinen der RT 350 hatten noch das Fahrwerk der letzten H-Einzylindermodelle (200 H und 250 H) mit Geradweg-Hinterradfederung erhalten. Die beiden Zylinder mit je 174 cm³ Hubraum (Hub/Bohrung-Verhältnis 58/62 wie bei der RT 175) und 18 PS Leistung waren in einem durchlaufend verrippten Block zusammengefaßt. Der (für beide Zylinder gemeinsame) Vergaser saß, durch ein gegabeltes Ansaugzwischenstück vom Zylinderblock abgerückt, unter der auch hier ausgesprochen formschönen Verschalung, die bei diesem Motor ebenfalls zur Ansauggeräuschdämpfung diente.
Als aber dann die mehrfach verschobene Serienfertigung einsetzte, gab es – gerade noch rechtzeitig vor Saisonbeginn – eine Überraschung: Nun saß in einem Rahmen mit federbeinabgestützter Hinterradschwinge ein Twin mit einzeln stehenden, stachelrippenbewehrten Zylindern! Damit gehörte die 350er (als RT 350 S) in die neue, 1954 gestartete S-Reihe der DKW-Motorräder, deren Einzylindermodelle mit 175, 200 und 250 cm³ das gleiche neue Schwingenfahrwerk und ebenfalls Stachelrippen-Zylinder aufwiesen.
Alles in allem war die RT 350 S mit ihrem (nunmehr mit 18,5 PS bei 5000 U/min ausgewiesenen) weichlaufenden und durchzugskräftigen (aber auch gefahrlos überdrehfähigem, gut gedämpften) Zweizylindermotor zweifellos die Krönung der DKW-Motorradentwicklung in Ingolstadt. Mit 3,8 l/100 km Normverbrauch und 115 km/h Höchstgeschwindigkeit stellte sie ein Motorrad dar, das noch zwei Jahre früher der Schlager des Motorradangebots in Deutschland gewesen wäre.
Die nachfolgende Tabelle mit den technischen Daten enthält auch für dieses Modell alle interessanten technischen Angaben. Darunter befindet sich auch ein Hinweis, der für kein anderes der behandelten DKW-Modelle galt: Die RT 350 S hatte eine hydraulisch betätigte Hinterradbremse. Doch so, wie die neuen echten Leichtmetall-Vollnabenbremsen ab 1954 (auch vorn) keine Duplex-Anordnung der Bremsbacken aufwiesen (also die zusätzliche Wirkung eines zweiten auflau-

Bereits 1954 wurde die schon längst erwartete Zweizylinder-DKW RT 350 vorgestellt – noch mit Geradweg-Hinterradfederung. Der Zweitakt-Twin (Zylinder noch ohne Stachelrippen) hatte 18 PS Leistung. ***FS***

1955 stand dann, gerade noch rechtzeitig für das Frühjahrsgeschäft, eine veränderte RT 350 S im Programm – mit Stachelzylinder-Motor, gekapseltem Vergaser, Vierganggetriebe, hydraulisch betätigter Hinterradbremse und mit Anschluß für Beiwagenrad-Bremse. ***ASR***

fenden Backens nicht genutzt wurden), arbeitete auch die Hinterradbremse der RT 350 lediglich mit einem Radbremszylinder. Zudem erhebt sich die Frage, warum sich die Ingolstädter mit dem Aufwand der Hydraulik um eine Verstärkung der Bremswirkung hinten bemühten, statt die stärkeren Verzögerungsmöglichkeiten der Vorderradbremse – beispielsweise durch eine Duplex-Anordnung – zu nutzen.

Mehr noch als die RT 250 wäre die 350er Maschine auch für Gespannbetrieb geeignet gewesen. Bei ihrer Entwicklung hatte man damit gerechnet, denn außer dem für Solobetrieb abgestuften Vierganggetriebe gab es auch eine etwas weiter auseinandergezogene Stufung der Getriebegänge (und zudem natürlich auch eine Spezial-Sekundärübersetzung des Kettentriebs zum Hinterrad, für Gespannbetrieb). Die Anschlußmöglichkeit für eine ebenfalls hydraulisch betätigte Seitenwagenbremse war aber erstaunlicherweise nicht vorgesehen.

So erfreulich das Entstehen der RT 350 S auch war – sie kam aber zu spät. Nach relativ guten Anfangsverkaufserfolgen im Jahr 1955 sank das Käuferinteresse bereits 1956 so stark ab, daß die RT 350 S nach so kurzer Zeit schon wieder aus dem Programm genommen werden mußte (und folglich auch nicht mehr zur anschließenden VS-Reihe gehörte). Da nützte es auch nichts, daß die Zeitschrift DAS MOTORRAD in einem Bericht am Schluß eines Tests (mit Beiwagen) schrieb:

»Die RT 350 ist nicht nur nach Leistung und Ausstattung – also mit Hinterradschwinge, Bremshydraulik usw. – eine moderne Maschine – sie ist darüber hinaus das, was man »fertig« nennt. Da sind keine noch nichtfertigkonstruierten Dinge mehr dran, wohl aber eine Menge in Jahren erprobte Einzelheiten, von denen man guten Gewissens sagen kann, daß da nichts mehr kaputt ginge. Die Maschine ist nicht superschnell, aber man kann mit ihr bessere Schnitte fahren als mit mancher in der Spitze schnelleren. Sie ist nicht nur ihr Geld wert, sondern sie erweckt den Eindruck, daß sie dieses Geld auch für lange Zeit wert sein würde.«

Schade drum...!

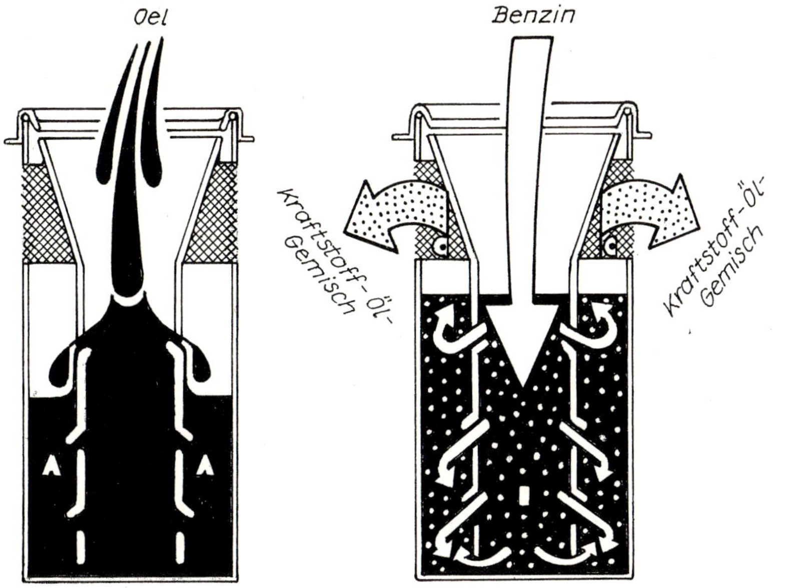

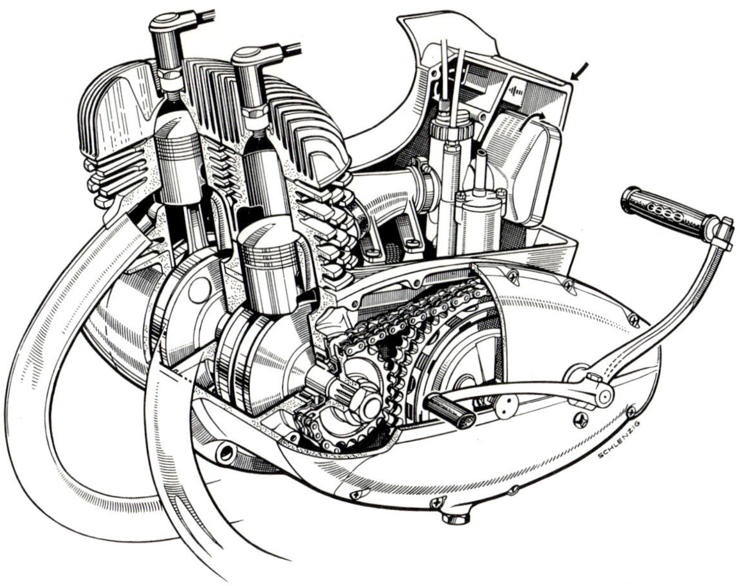

Mitte der 50er Jahre waren die DKW-Motorräder, deren Zweitaktmotoren ja mit Mischungsschmierung arbeiteten, mit dem sogenannten Shell-Mixer im Kraftstofftank ausgestattet, um das für viele lästige Arbeiten mit der Mischkanne zu ersparen. ASR

Der temperamentvolle, leistungsfähige und vibrationsarme Zweizylindermotor der RT 350, Nachfolgerin der Zweitakt-Twins in den DKW-Vorkriegsmodellen SB 500 und NZ 500 ASR

Schon optisch war der Triebwerksblock der RT 350 ein Leckerbissen für Zweitakt-Fans, überzeugend seine Leistung, Elastizität und Laufruhe. Aber das Modell kam zu spät auf den Markt – bereits 1956 mußte die Fertigung eingestellt werden, der Niedergang des Motorradgeschäfts hatte begonnen. SF

Für Rennzwecke hatte sich der Rennfahrer Finkenzeller einen RT 350-Motor frisiert, indem er ihn u.a. mit zwei Vergasern ausstattete und dabei einige PS gewann. ***LSW***

Auch Franz Bastian aus 2110 Buchholz baute seine RT 350, mit der er seit vielen Jahren quer durch Deutschland fährt, auf zwei getrennte Vergaser um (auf die Verkleidung mußte er freilich verzichten, ebenso auf ausreichende Ansaug-Geräuschdämpfung). ***ASR***

DKW 125 in Spezialausführung für Motocross ***ASR***

DKW 125-Spezialausführungen für Geländesport ***ASR***

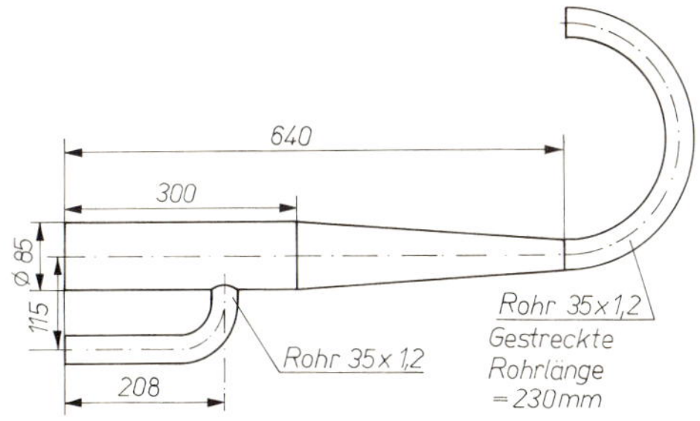

Resonanzauspuff für RT 125 in der Motocross-Ausführung (Original Auto Union-Konstruktionsbüro) ASR

DKW RT 175-Spezialausführung für Motocross ASR

DKW-Sonderausführungen für Gelände- und Motocross-Sport

Schon unmittelbar nachdem Anfang der zwanziger Jahre die Marke DKW (»Das Kleine Wunder«) an die Öffentlichkeit getreten war, hatten sich Privat-, bald aber auch Werksfahrer an Motorrad-Wettbewerben der verschiedenen Disziplinen beteiligt. Das setzte sich mit der Ausweitung der Produktion und der weiteren technischen Entwicklung der DKW-Motorräder fort. Sowohl bei den großen Gelände- und Langstrecken-Wettbewerben der Vorkriegszeit, als auch insbesondere im Straßenrennsport dominierten DKW-Motorräder – teilweise als Spezialentwicklungen – national wie international. Trotz der ungewöhnlichen Schwierigkeiten, die sich dem Wiederaufbau einer Motorradfertigung in Ingolstadt nach Kriegsende entgegenstellten, versuchte dort eine kleine Spezialabteilung, wieder Anschluß im (auch internationalen) Straßenrennsport zu finden, was ihr bis zum Jahre 1956, als sich die Auto Union wieder aus dem Motorrad-Rennsport zurückzog, in überraschender Weise gelang. Gleichzeitig haben sich in jenen Jahren auch wieder private und werksgebundene Fahrer mit seriennahen DKW-Maschinen erfolgreich im Motorrad-Gelände- und Motocross-Sport betätigt. Wenig bekannt war seinerzeit, daß sich die DKW-Konstruktionsabteilung der Ingolstädter Auto Union um die Leistungssteigerung der Serienmaschinen für Gelände-Wettbewerbseinsatz gekümmert hat. Es gab dazu nicht nur eine kleine, vom Werk herausgegebene Druckschrift mit entsprechenden (unter den Gesichtspunkten des vorsichtigen Herstellers unbedenklichen!) Anweisungen, sondern darüber hinaus für die Maschinen der Hubraumklassen 125, 175 und 250 cm³ (in einem Fall auch für 350 cm³) auf Bestellung lieferbare leistungsgesteigerte Sonderausführungen der Serienmodelle, von denen unsere Bilder einige zeigen. Ob es sich dabei um Maschinen für den Einsatz im Geländesport oder für den aufkommenden Motocross-Sport handelte – es waren durchweg lediglich Sonderausführungen, keine Spezialentwicklungen, wie sie vor und nach dem Krieg für den Renneinsatz entstanden sind. Weil aber solche Maschinen bei nationalen Gelände- sowie Motocross-Veranstaltungen auch von der Konkurrenz (im Gegensatz zur späteren serienfremden Entwicklung) noch nicht an den Start gebracht wurden, genügten die besagten privaten und werksseitigen Sonderausführungen durchaus für seriösen (und auch schon werbewirksamen) Wettbewerbseinsatz.

DKW RT 250-Spezialausführungen für Geländesport ASR

DKW RT 350-Spezialausführung für Motocross ASR

Hobby-Motorroller (Einsitzer) von DKW ***ASR***

Hobby-Motorroller (Zweisitzer, Luxus) von DKW ***ASR***

DKW-Motorroller Hobby

Daß der Motorrad-Nachkriegsboom zu Ende gehen würde, zeichnete sich schon vor der Mitte der fünfziger Jahre in den Verkaufszahlen aller Motorradanbieter (bei DKW nicht anders) ab. Aber Industrie und Händlerschaft waren zu dieser Zeit noch optimistisch. Sie gingen davon aus, daß sich die bisherigen Umsätze im Zeichen zunehmenden Käuferinteresses für Automobile zwar sicherlich reduzieren werden, aber dennoch vielleicht viele Kunden beim motorisierten Einspurfahrzeug bleiben würden, wenn man neben (immer mehr sportlicher gewordenen) traditionellen Motorrädern ein den Wünschen (auch weiblicher) der Kunden hinsichtlich Witterungs- und Schmutzschutz, leichter Bedienbarkeit und praktisch nutzbarem Transportvolumen besser entsprechendes motorisiertes Zweirad-Fahrzeug anbieten könne. Gedacht war dabei an Motorroller, die bereits in Italien mit den Marken Lambretta und Vespa den Markt geradezu überschwemmt hatten. Allerdings übersah man dabei in Deutschland wohl die italienische Mentalität, die nun mal etwas anders ist, als die in nördlichen Gefilden. Immerhin, die beiden Italiener wurden auch in Deutschland gut verkauft, zumal die Vespa von Hoffmann/Lintorf und die Lambretta von NSU in Lizenz gefertigt wurden. Natürlich wollten sich andere deutsche Hersteller ebenfalls einen Marktanteil bei dem neuen Trend sichern, und so gab es bald eine Vielzahl deutscher Motorroller.

Auch in Ingolstadt hatte man die Zeichen der Zeit verstanden, aber man wollte mit einer eigenen Konstruktion mehr bieten als die Konkurrenz. So entstand der Hobby-Roller, gekennzeichnet durch mit 16 Zoll wesentlich größere Räder als andere, und vor allem durch ein stufenloses, automatisches Getriebe. Von der richtigen Überlegung ausgehend, daß, anders als bei Motorrädern, ein beträchtlicher Teil der Zweirad-Interessenten weiblich sein würde, wollte man ihnen die Bedienung ihres individuellen Gefährts so einfach wie möglich machen – Kuppeln und Schalten sollten wegfallen. Das Rückgrat des Fahrgestells bildete ein Zentralrohr, das vorn am Lenkkopf hochgeführt war und hinten die Lagerung der

gummigefederten Hinterradschwinge trug. In Fahrzeugmitte hatte man einen Profilblech-Rahmen als Auflage für das vorn in das Frontschutzblech übergehende Bodenblech angesetzt. Der große Raddurchmesser ermöglichte trotz ausreichender Bodenfreiheit einen glatt durchlaufenden, freien Durchstieg – ein nicht unwichtiges Verkaufsargument.

Die Abfederung des Vorderrades besorgte eine Teleskopgabel mit progressiver Federkennung. In den Laufrädern bewirkten Innenbacken-Trommelbremsen die notwendige Verzögerung.

Besonders Interessant war das Triebwerk: ein neu konstruierter Einzylinder-Zweitaktmotor mit Umkehrspülung, 74 cm^3 Hubraum und

Triebwerks-Anordnung im Hobby-Roller **ASR**

Schnitt des Hobby-Rollermotors mit Handstarter, rechts sichtbar die Sekundär-Keilriemenscheibe und die Abtriebs-Untersetzung über schrägverzahnte Räder **ASR**

Das Triebwerk des Hobby-Rollers mit dem stufenlosen Riemenscheiben-Getriebe **ASR**

Funktionsschema des stufenlosen Hobby-Getriebes **ASR**

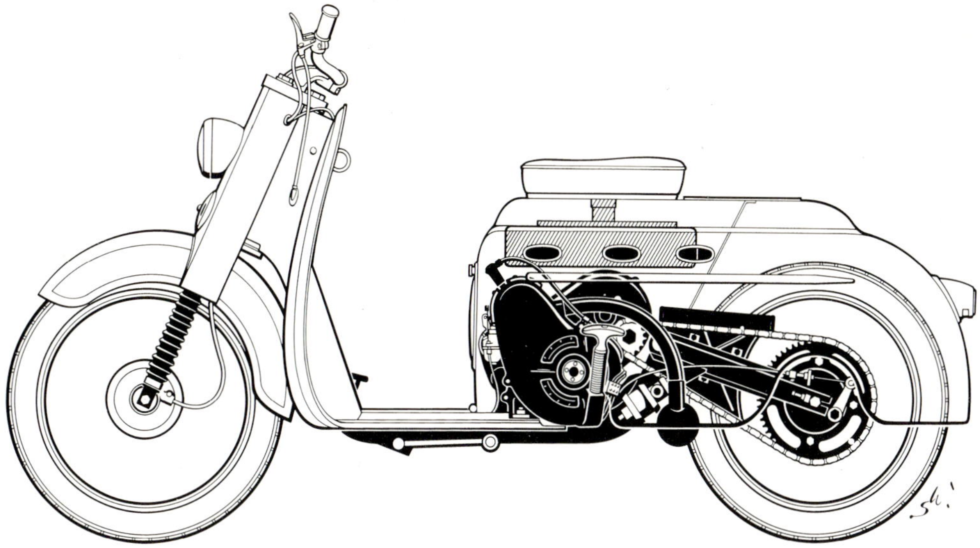

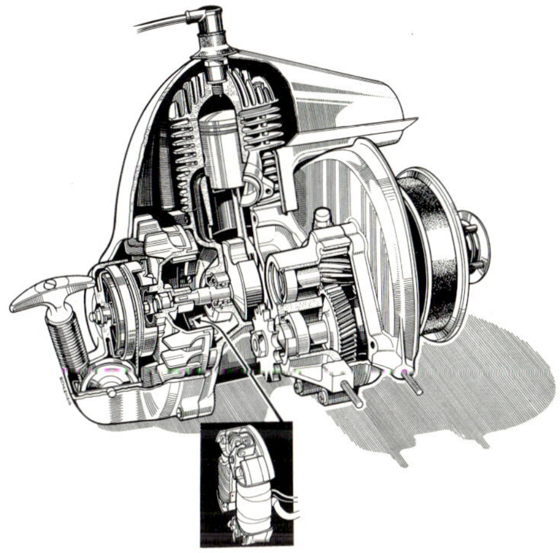

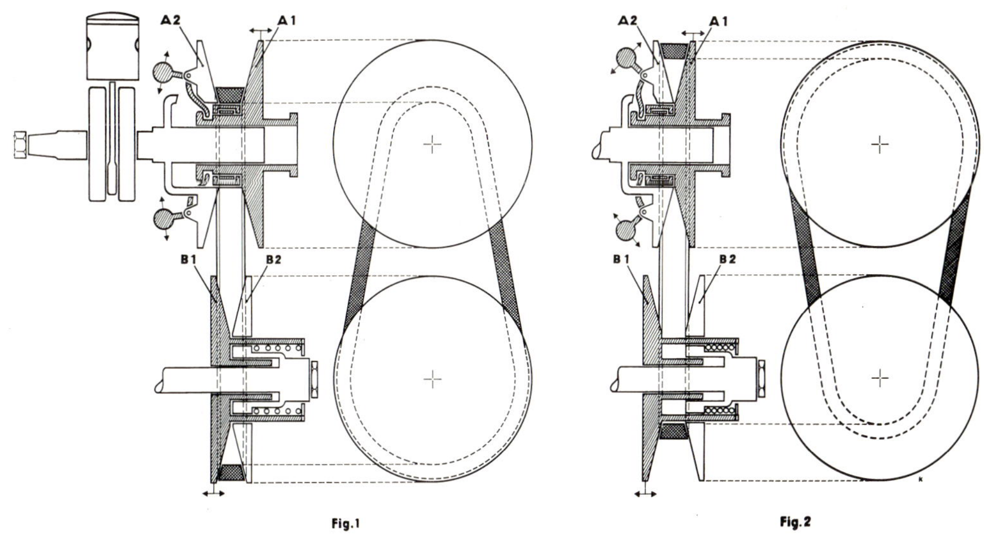

Fig. 1 Fig. 2

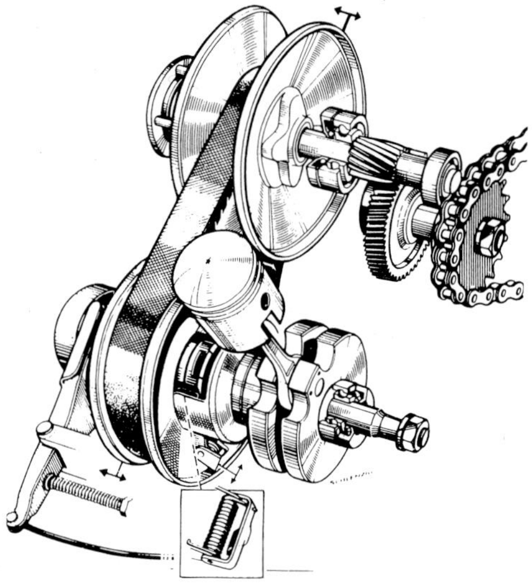

Die verstellbaren Riemenscheiben (System Uher) **ASR**

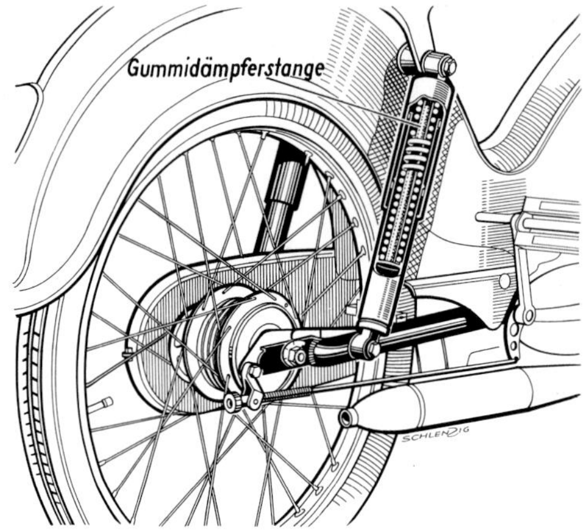

Hummel-Hinterradschwinge nebst langhubigen Federbeinen mit Gummi-Dämpfung **ASR**

Moped Hummel von DKW **ASR**

3 PS Leistung, mit Gebläsekühlung und Schwungmagnetzünder, unter dem Sitz vor dem Hinterrad eingebaut. Der Antrieb des Hinterrades erfolgte über Rollenkette mit beim Durchfedern annähernd gleichbleibendem Durchhang – einmal, weil der Federweg der Schwinge zeitgerecht nicht eben üppig war, zum anderen, weil das abtreibende Kettenritzel knapp vor der (Silentblock-)Lagerung der Schwinge angeordnet war. Gestartet wurde der (selbstverständlich mischungsgeschmierte) Motor mittels Hand-Seilstarter.
Die axial abstandsverstellbare zweiteilige Primär-Riemenscheibe des Uher-Riemengetriebes saß direkt auf dem verlängerten Kurbelwellen-Zapfen. Die Gegenscheibe des gegen Fliehkraft- bzw. Federdruck drehzahlabhängig abstandsverstellbaren Riemenscheibenpaares saß auf einer Vorgelegewelle, von der aus der Kraftfluß über die Untersetzung eines schrägverzahnten Zahnradpaares auf die Welle des Abtriebsritzels für den Hinterradantrieb lief. Das Riemengetriebe (mit Leerlaufstellung) übernahm auch die Kupplungsfunktion beim Anfahren.
Auf Anhieb war der DKW-Hobby-Roller ein großer Erfolg. Bei bereits beträchtlich zurückgegangenem Absatz der DKW-Motorräder wurden von dem Roller allein im Jahr 1955 mehr als 50% der motorisierten Zweiräder aus Ingolstadt verkauft.
Aber auch beim Roller-Geschäft machte sich bald die Abkehr der einst breiten Käuferschicht vom motorisierten Zweirad bemerkbar. Die in den Roller gesetzten Hoffnungen erwiesen sich als trügerisch. Und nachdem 1957 der Hobby-Roller-Absatz auf kaum mehr als ein Zehntel des Startjahres zurückgegangen war, wurde auch dieses Fahrzeug aus dem DKW-Verkaufsprogramm genommen.

DKW-Moped Hummel

Wiederum um Jahre zu spät, stieg man in Ingolstadt 1956 in das zu diesem Zeitpunkt boomende Moped-Geschäft ein. Hauptkonkurrent, gegen den es anzugehen galt, war neben einer Vielzahl von Mopeds anderer Marken der Bestseller Vicky III der Nürnberger Victoria-Werke, der dort den Abschied vom jahrzehntelang zur Tradition der Marke zählenden Motorrad erleichterte.
Das vor allem auf Initiative von Dr. Hahn entwickelte und in zwei Ausführungen (Standard und Luxus) ins Programm von DKW genommene Moped mit ansprechender, unverkennbar an das Vicky erinnernder Linienführung erhielt den Namen Hummel. Der war an sich vor Kriegsausbruch in Chemnitz bzw. Zschopau für ein motorisiertes Fahrrad vorgesehen, das zur damals neuerschienenen Schweinfurter Saxonette in Konkurrenz treten sollte: ein »motorisiertes Hinterrad« mit kleinem Zweitaktmotor in der das Triebwerk umfassende Radnabe. Dem lag eine Idee von F & S zugrunde, nach der sich ein solches Hinterrad einfach gegen das eines normalen Fahrrades auswechseln lassen könnte. Aber diese (nicht neue und schon mehrmals als undurchführbar gescheiterte) Idee wurde noch vor dem Serienanlauf der Saxonette verworfen – lediglich ein Katalog zeigte den Hilfsmotor in einer Vielzahl von Spezialrahmen der F & S-Konfektionäre. Die Entwicklung der Hummel lief bei DKW (unter gleichen Überlegungen) auch während des Krieges weiter; für die Nachkriegszeit war ein eigenes Fertigungswerk ausschließlich für dieses Objekt in Chemnitz geplant.
Gegenüber dem Nürnberger Konkurrenzschlager trat die DKW-Hummel aus Ingolstadt

mit drei verkaufswichtigen konstruktiven Details an: Anstelle eines Zweiganggetriebes hatte sie ein Dreiganggetriebe. Dafür verfügte sie über keine eigene Tretkette, weil die Pedalwelle ins Getriebe integriert war und so der Pedalantrieb, wenn notwendig, über die Kette für den motorischen Antrieb erfolgen konnte. Vor allem aber hatte die Hummel Hinterradfederung (Vicky III war noch starr!), eine Langschwinge mit gekapselten Federn. Wie beim Vicky-Moped wurde das Vorderrad in Kurzschwingen gehalten, aber statt der recht kurzhubigen Torsionsgummis übernahmen bei der Hummel Gummibänder die Vorderradabfederung.
Während nun in Nürnberg die überhastet entwickelte Vicky IV ebenfalls Dreiganggetriebe und Einkettenantrieb sowie eine Schwingen-Hinterradfederung erhielt, verhinderten jedoch zahlreiche, jeweils nur verzögert behobene konstruktive und technologische Mängel, daß das neue Victoria-Modell den Siegeszug der Vorgängerin fortsetzen konnte. Seriöse Konstruktionsarbeit und eine zuverlässige Fertigung, wie sie in Ingolstadt für die Motorräder selbstverständlich gewesen waren, machten dafür jetzt die Hummel zu einem guten Zusatzgeschäft neben der immer katastrophaler werdenden Motorrad-Misere.

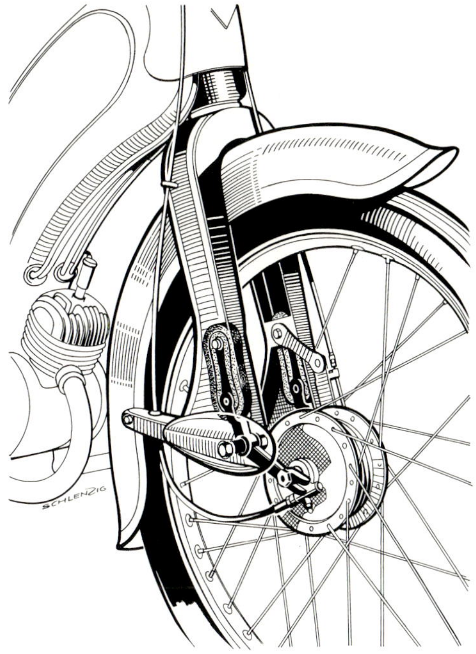

Vorderrad-Kurzschwingengabel der Hummel mit Gummifederung ***ASR***

Die DKW-Motorräder der S- und VS-Reihe

Obwohl – oder vielleicht auch gerade weil – der Absatz aller DKW- Einzylindermodelle bei Beginn des Jahres 1955 gegenüber den Verkaufszahlen in den vorangegangenen fünfziger Jahren schon bedenklich zurückgegangen war, erschienen für 1955, wie bereits vorn erwähnt, die DKW-Modelle (mit Ausnahme der bereits besonders »in den Keller gefallenen« RT 125, aber einschließlich der neu hinzugekommenen RT 350) in deutlich überarbeitetem Gesamtkonzept als RT 175 S, RT 200 S, RT 250 S und RT 350 S. Dabei sollte das S keineswegs ein Kürzel für »Super Sport« sein, sondern sich auf die Schwinge der neuen Hinterradfederung mit ölgedämpften, auf Solo- und Soziusbelastung umstellbaren Federbeinen beziehen, die die funktionsbedingt kurzhubige Geradwegfederung ablöste.
Die neuen »Stachelrippen«-Zylinder mit unterbrochenen Kühlrippen und gegeneinander versetzten Rippensegmenten waren nichts Neues. Sie hatten ihre Vorzüge schon vor dem Krieg bei Hochleistungs-Motorradmotoren und Zweitakt-Leichtflugzeugmotoren unter Beweis gestellt. Hier nun bewirkten sie erneut günstigere thermische Verhältnisse für Zylinder und Kolben (und außerdem gehörten sie natürlich auch zu den modifizierten Details, die den Eindruck unterstreichen sollten, es handele sich bei der S-Reihe um völlig neue Modelle).
Abgesehen davon aber verkörperten die neuen kurzhubigen Motoren mit Vierganggetriebe und der ebenso zweckmäßigen wie formschönen Vergaser-Verkleidung einen auch international konkurrenzfähigen Entwicklungsstand. Die äußerlich für alle Maschinen der S-Reihe gleich erscheinenden Fahrwerke beinhalteten dennoch – den unterschiedlichen Motorleistungen und damit Belastungen angemessene – Unterschiede. So war verständlicherweise der Rahmen der RT 175 leichter als der der (auf Beiwagenbetrieb ausgelegten) RT 250 – von der RT 350 ganz abgesehen. Auch die mit Kühlrippen versehenen Leichtmetall-Vollnabenbremsen waren mit 150 und 180 mm Durchmesser und 25 bzw. 30 mm Belagbreite natürlich für die jeweilig unterschiedlichen Beanspruchungen und notwendigen Verzögerungswerte ausgelegt. Die Leistung des Motors der RT 250 S hatte man auf 15 PS gesteigert.
Welche Überlegungen dann nur ein Jahr nach Einführung der S-Reihe dazu geführt haben, noch einmal eine Änderung im DKW-Motorradprogramm vorzunehmen, weiß heute natürlich niemand mehr zu sagen. Wahrscheinlich glaubte man, mit einem technischen »Gag« etwas gegen die grassierende Motorrad-Schwindsucht auf dem Markt ausrichten zu können... Dieser »Gag« bestand in dem Ersatz der bewährten Teleskop-Vordergabel durch eine (in der Motorradtechnik bekanntlich nicht unumstrittene) geschobene Halblangschwinge mit ölgedämpften Federbeinen, ergänzt durch eine etwas unorganisch wirkende Scheinwerfer/Lenker-Verkleidung, die auch den Tachometer aufnahm. Mit diesen kaum verständlichen Neuerungen – alle anderen Details blieben unverändert – wurden die 175er, die 200er und die 250er ausgerüstet; und die Modellbezeichnung erhielt nun den Zusatz VS (V für Vorderradschwinge). Der RT 350 S blieb dieses letzte Experiment erspart – sie war ja im fraglichen Jahr bereits nicht mehr im DKW-Motorradprogramm.
Und es kam, wie es kommen mußte: Auch das sogenannte Vollschwingen-Konzept konnte nichts mehr retten. Kaum 10000 DKW-Motorräder wurden 1957 noch gebaut – und auch von diesen gingen die meisten zunächst auf Halde, bzw. wurden von den Händlern zu Sonderpreisen abgesetzt.

Moped 503 **_ASR_**

Modellbeispiele aus der Fertigung motorisierter Zweiradfahrzeuge der Nürnberger Zweirad Union. Außer unter dem Markenzeichen Express und Victoria wurden sie auch unter dem Namen DKW vertrieben, obwohl sie – ausgerüstet mit Sachs-Motoren – mit der Tradition dieser Marke nichts gemeinsam hatten. **_ASR_**

Das Ende in Nürnberg

Nicht nur auf dem Motorrad-Sektor sah es im Jahr 1957 traurig für die Ingolstädter (bzw. Düsseldorfer) Auto Union aus. Auch der Automobil-Sektor krankte schon längst. Der technischen Entwicklung fehlte die präzise Marschrichtung und Zielstellung. Systembedingte Eigenschaften und unverzeihliche konstruktive Fehler hatten den Zweitakter als Automobilmotor in bedenklichen Mißkredit gebracht. Dazu kam, daß der finanzielle Hintergrund für ein konkurrenzfähiges Automobilwerk ungenügend, die organisatorische Zersplitterung alles andere als rationell waren. Ein starker Partner mußte ebenso her, wie neue konstruktive Ideen, wenn die Auto Union überleben wollte. Dieser Partner fand sich zunächst in der Stuttgarter Daimler-Benz AG, die 1958 Mehrheits-Gesellschafter der Auto Union GmbH wurde.

An der maladen Zweirad-Produktion zeigten die neuen Männer freilich gar kein Interesse. Das war bei der allgemeinen Situation auf dem Motorradmarkt nicht verwunderlich. So wurde, nachdem die Fertigungsrechte für den Hobby-Roller schon 1957 an die französische Firma Manurhin abgegeben worden waren, nun auch die Trennung von den Motorrädern verordnet. Deren Fertigung wurde stillgelegt. Die Fertigungsrechte für die Modelle RT 175 VS und 200 VS sind neben Restbeständen und dem Moped Hummel zusammen mit dem Recht, für Zweiradfahrzeuge die Marke DKW zu verwenden, an die aus der Victoria-Pleite in Nürnberg entstandene Zweirad-Union abgegeben worden, in der die einst so bedeutenden Markennamen DKW, Express und Victoria einen neue Heimat finden sollten.

Mit den erwähnten Resten aus dem Ingolstädter Motorrad- und Moped-Bau ging auch Ing. Franz Ischinger als Technischer Direktor mit nach Nürnberg zur Zweirad-Union, und

Victoria
DKW

DKW
ES

DKW
RT 159 ES
SACHS

DKW

mit ihm einige der bisherigen Motor-Konstrukteure. Mit der Person Ischingers, der schon so lange mit der Marke DKW und ihren Motorrädern verbunden gewesen war und der ja beim Neuaufbau in Ingolstadt gezeigt hatte, was er selbst unter schwierigsten Umständen auf den Weg zu bringen vermochte, und mit dem Renommé der »mitgebrachten« Motoren- und Fahrgestell-Konstrukteure verknüpften sich die Hoffnungen vieler alter DKW-Freunde, daß es in Nürnberg nun einen Neuanfang fürs DKW-Motorrad geben werde.
Aber diese Hoffnungen trogen. Das nicht eben üppige Kapital, das hinter der Zweirad-Union stand, dachte nicht im entferntesten daran, auch nur den Versuch zu machen, neue Käuferschaften für das Motorrad zu erschließen (obwohl sich bereits die diesbezüglichen Bemühungen und erste Erfolge der Japaner abzeichneten). Moped und Mokick, Mofa und Kleinkraftrad erschienen den Nürnberger Herren als einzige Möglichkeit, mit motorisierten Zweiradfahrzeugen eine Verzinsung für ihr investiertes Kapital zu erwirtschaften.
Ischingers Mitarbeiter bekamen natürlich sehr bald spitz, auf was sie sich mit ihrer Übersiedlung eingelassen hatten, und kehrten nach Ingolstadt zurück bzw. suchten sich andere, befriedigende Aufgaben.
In Nürnbergs Nopitschstraße aber entstand weiter eine Vielzahl der genannten Kleinfahrzeuge. Die meisten Modelle wurden unter den drei erwähnten Markennamen angeboten bzw. damit auf Wunsch des Händlers ausgeliefert. Je nachdem stand dann eben Express oder Victoria – oder auch DKW – am Tank. Die Motoren mit 50, 100 oder auch vereinzelt 125 cm³ stammten überwiegend aus dem vielfältigen Programm der Schweinfurter Firma Fichtel & Sachs, die ja auch andere »Konfektionäre« im In- und Ausland belieferte. Von einer Marken-Individualität konnte da kaum mehr die Rede sein.
Allerdings hatte Direktor Ischinger anläßlich der IFMA 1964 noch einmal einen Versuch gemacht, die Gesellschafter von der Chance zu überzeugen, die in der Baukasten-Entwicklung einer Motorrad-Reihe läge, die dann mit Recht den Namen DKW tragen könne. In weitgehend gleiche Fahrwerke sollten neuentwickelte und in Nürnberg zu bauende Einzylinder-Zweitaktmotoren mit 75, 100 und 125 cm³ mit Vierganggetriebe im Block eingebaut werden. Ausgerüstet mit Langschwingenfederung hinten, Teleskopgabel vorn, großdimensionierten Leichtmetallbremsen vorn und hinten, sollten diese Fahrzeuge in der ganzen Linienführung ausgesprochen DKW-like-Motorräder darstellen. Die ganze Baukastenreihe wurde auch zur IFMA auf einer Drehscheibe gezeigt – und sie fand deutliches Interesse. Aber bis auf eine 50 cm³-Ausgabe, die von diesem Konzept abgeleitet wurde, ohne mit ihm identisch zu sein (der Motor stammte unvermeidlich aus dem F & S-Programm!), blieb von Franz Ischingers Initiative nichts übrig. Als auch noch die Nürnberger Fichtel & Sachs-Tochter Hercules die weiträumigen Fertigungsstätten in der Nopitschstraße übernahm, zog er sich 1966 resigniert in sein Haus am Rand von Ingolstadt zurück. Damit verlosch das letzte Symbol, das noch an die große jahrzehntelange DKW-Motorradtradition erinnert hatte.

Teilansichten von Modellen der von Direktor Ischinger bei der Zweirad Union geplanten Motorräder mit 75, 100 und 125 cm³ im DKW-Stil ASR

Studie zu einem geplanten DKW-Modell mit 250 cm³ Twin ASR

Studie zu einem 250er oder 350er Zweitakt-Boxermodell mitKardanantrieb – wahrscheinlich angeregt durch die bei IFA/MZ in Zschopau entwickelte und gebaute BK 350 mit ebenfalls quergestelltem Boxer und Kardanantrieb ASR

Eine andere Ansicht vom Entwurf einer »neuen Linie«, an dem die Arbeiten jedoch abgebrochen wurden, als die DKW-Motorradfertigung der Auto Union nach Nürnberg zur Zweirad Union abgegeben wurde. Dort tauchte die Idee später noch einmal auf (s. Seite 143). ASR

Motorradproduktion in Ingolstadt: oben Zylinderfertigung; unten Naben- und Bremstrommelfertigung; rechts Motormontage am Band.

ASR

Motor-Prüfstandlauf **ASR**

Rahmenschweißerei **ASR**

Einspeichen der Räder **ASR**

Fertigmontage am Band **ASR**

Zierlinienziehen **ASR**

Letzte Arbeiten am Montageband **ASR**

Motoreinbau	***ASR***
Jeder Handgriff sitzt	***ASR***
Schlußkontrolle	***ASR***

Abnahme ***ASR***

Versand in alle Welt ***ASR***

Technische Daten der DKW-Motorräder RT 125 W; RT 125/2; RT 125/2 H; RT 200; RT 200 H

Modell	RT 125 W	RT 125/2	RT 125/2 H	RT 200	RT 200 H
Baujahre	1949–1952	1952–1954	1954–1957	1951–1952	1952–1953
Motor					
Zahl der Zylinder	1	1	1	1	1
Bohrung mm	52	52	52	62	62
Hub mm	58	58	58	64	64
Hubraum cm^3	123	123	123	191	191
Arbeitsweise	Zweitakt				
Spülung	Umkehrspülung				
Leistung/Drehzahl PS/min^{-1}	4,75/4800	6,4/5600	6,4/5600	8,5/4200	8,5/4200
max. Drehmoment mkg/min^{-1}	0,72/3800	0,87/3500	0,87/3540	1,5/3300	1,5/3300
Verdichtung 1:	5,9	6,1	6,1	6,3	6,3
Höchstgeschwindigkeit km/h	75	84	84	94	94
Kühlung	Luft (Fahrtwind)				
Zylinderanordnung	schrägstehend				
Zylinder-Werkstoff	Grauguß				
Zylinderkopf	Leichtmetallguß				
Gaswechsel-Steuerung	durch Schlitze in Zylinder und Kolben				
Kurbelwelle	geteilt, zusammengepreßt, dreifach gelagert				
Schwungmassen	innenliegend (Hubscheiben)				
Kurbelwellenlager	Ringrillenlager				
Pleuellager	Rollenlager unten, Gleitlager oben				
Kurbelgehäuse-Werkstoff	Leichtmetallguß				
Pleuel	Stahl, ungeteilt, I-Schaftquerschnitt				
Kolbenwerkstoff	Leichtmetallegierung				
Kolbenbolzen-Anordnung	schwimmend, durch Drahtsprengringe gesichert				
Schmierung	Kraftstoff/Öl-Mischung 25:1				
Zündung	Batteriezündung				
Zündverstellung	Keine				
Vorzündung mm v. OT	4,0	4,5	4,5	5,8	5,8
Unterbrecher-Kontaktabstand mm	0,4	0,4	0,4	0,4	0,4
Zündkerzen-Wärmewert	175	175	175	225	225
Vergaser					
Fabrikat	Bing-Zweischiebervergaser/-Schrägdüsenvergaser				
Typ	1/16	1/20/20	1/20/20	1/24/27	1/24/27
Hauptdüse	85	90	90	120	120
Leerlaufdüse	–	30	30	35	35
Nadeldüse	2,73	264	264	1608	1608
Nadelposition	2	2	2	3	3
Durchlaß mm	16	20	20	24	24
Luftregulierschraube	3–4 halbe Umdrehungen geöffnet				
Luftfilter	Knecht-Naßluftfilter				
Kupplung/Getriebe					
Kupplung	Mehrscheibenkupplung im Ölbad mit Torsionsdämpfer (RT 125 W ohne diesen)				
Kupplungsbetätigung	Handhebel				
Getriebe	Zahnrad-Getriebe				
Anordnung des Getriebes	Getriebe- und Motorgehäuse im Block				
Schaltung	Fußschaltung				
Übertragung Motor/Getriebe	Hülsenkette, 3/8 × 7,5			Hülsenkette, 3/8 × 3/8, verstärkt	
Übersetzung 1:	2,5 (14:35)	2,5 (14:35)	2,5 (14:35)	2,31 (16:37)	2,31 (16:37)
Zahl der Getriebegänge	3	3	3	3	3
Übersetzung Getriebe/Hinterrad	2,86	3,07	3,07	2,94	2,94
Übertragung Getriebe/Hinterrad	Rollenkette 1:2 × 1:4	1:2 × 1:4	1:2 × 1:4	1:2 × 5:16	1:2 × 5:16

Fortsetzung
Technische Daten der DKW-Motorräder RT 125 W; RT 125/2; RT 125/2 H; RT 200; RT 200 H

Modell		RT 125 W	RT 125/2	RT 125/2 H	RT 200	RT 200 H
Baujahre		1949–1952	1952–1954	1954–1957	1951–1952	1952–1953
Gesamtübersetzung 1:	I	24,8	24,24	24,24	16,7	16,7
	II	12,74	11,43	11,43	9,02	9,02
	III	7,85	7,67	7,67	6,26	6,26
Getriebeöl-Füllung		400 cm³ Motorenöl und 50 cm³ Desolite				
Kickstarter		Kickstarterrad und -segment im Kupplungsraum				
Fahrgestell						
Art des Rahmens		geschlossener Stahlrohrrahmen				
Rahmenverbindungen		verschweißt mit Innenverstärkungen				
Art der Federung vorn		Trapezgabel,	Teleskopgabel mit hydraul. Dämpfung			
hinten		starr	starr, auf Wunsch Jurisch-Geradweg-federung	Geradweg-Teleskop-federung	starr	Teleskop-federung
Lenkungsdämpfer		ohne	ohne	ohne	ohne	ohne
Kraftstoffbehälter-Inhalt l		9,5	9,5	9,5	11,5	13,0
davon Reserve (Dreiwegehahn)		1,5	1,5	1,5	1,5	2,5
Schutzbleche		Halbrundprofil				
Kippständer		Leichtmetall-Rollkippständer				
Sattel		Schwingsattel				
Sattelhöhe mm		670	660	660	730	730
Radstand mm		1250	1258	1258	1350	1350
Gesamtlänge mm		1985	1950	1950	2080	2150
Gesamtbreite mm		660	660	660	680	680
Lenkerhöhe mm		880	880	880	910	960
Bodenfreiheit mm		135	125	125	110	110
Wendekreis m		3,5	3,5	3,5	4,5	4,5
Leermasse kg		83	86	88	116	124
Zulässige Gesamtmasse kg		235	236	238	270	278
Felgenart		1,60 × 19	1,60 × 19	1,60 × 19	1,85-B × 19	1,85 B × 19
Bereifung vorn und hinten		2,75–19	2,75–19	2,75–19	3,00–19	3,00–19
Reifenluftdruck						
vorn, solo u. m. Sozius	bar	1,3	1,3	1,3	1,3	1,3
hinten, solo	bar	1,4	1,4	1,4	1,4	1,4
mit Sozius	bar	1,9	1,9	1,9	1,9	1,9
Bremstrommel, Bauart		Pränafa-Innenbackenbremsen				
Durchmesser vorn und hinten mm		125	140	140	150	160
Bremsbetätigung vorn		Handhebel				
hinten		Fußhebel				
Steckachse		keine	keine	hinten	keine	vorn und hinten
Lichtanlage, Leistung V-W		6–35/45	6–35/45	6–35/45	6–45/60	6–45/60
Regler-Leerlaufspannung V		7,5 ± 0,1	7,5 ± 0,1	7,5 ± 0,1	7,5 ± 0,1	7,5 ± 0,1
Rückstrom A		4–6	4–6	4–6	3–5	3–5

Technische Daten der DKW-Motorräder RT 175; RT 200/2; RT 250(/H); RT 250/1 (/2)

Modell	RT 175	RT 200/2	RT 250 (/H)	RT 250/1 (/2)
Baujahre	1954–1955	1954–1955	1952–1953	1953–1955
Motor				
Zahl der Zylinder	1	1	1	1
Bohrung mm	62	66	70	70
Hub mm	58	58	64	64
Hubraum cm^3	174	197	244	244
Arbeitsweise	Zweitakt			
Spülung	Umkehrspülung			
Leistung/Drehzahl PS/min^{-1}	9,75/5000	11/5000	11/5000	14,1/4700
max. Drehmoment mkg/min^{-1}	1,56/3500	1,5/3500	2,0/3000	2,2/3300
Verdichtung 1:	6,3	6,3	6,3	6,3
Höchstgeschwindigkeit km/h	94	98	100	108
Kühlung	Luft (Fahrtwind)			
Zylinderanordnung	schrägstehend			
Zylinder-Werkstoff	Grauguß			
Zylinderkopf	Leichtmetallguß			
Gaswechsel-Steuerung	durch Schlitze in Zylinder und Kolben			
Kurbelwelle	geteilt, zusammengepreßt, dreifach gelagert			
Schwungmassen	innenliegend (Hubscheiben)			
Kurbelwellenlager	Ringrillenlager			
Pleuellager	Rollenlager unten, Gleitlager oben			
Kurbelgehäuse-Werkstoff	Leichtmetallguß			
Pleuel	Stahl, ungeteilt, I-Schaftquerschnitt			
Kolbenwerkstoff	Leichtmetallegierung			
Kolbenbolzen-Anordnung	schwimmend, durch Drahtsprengringe gesichert			
Schmierung	Kraftstoff/Öl-Mischung 25:1			
Zündung	Batteriezündung			
Zündverstellung	keine			
Vorzündung mm v. OT	3,8–4	5,8	5,8	3,8–4
Unterbrecher-Kontaktabstand mm	0,4	0,4	0,4	0,4
Zündkerzen-Wärmewert	225	225	225	225
Vergaser				
Fabrikat	Bing-Schrägdüsenvergaser			
Typ	2/24/30	2/24/30	2/26/15	2/27/20
Hauptdüse	120	120	125	130/125
Leerlaufdüse	30	35	35	35
Nadeldüse	1608	1608	1608	1608
Nadelposition	3	3	3	3
Durchlaß mm	24	24	26	27
Luftregulierschraube	2–3	3–4	3–4	3–4
	halbe Umdrehungen geöffnet			
Luftfilter	Knecht-Naßluftfilter			
Kraftstoff-Normverbrauch l/100 km	2,7	2,8	3,2	3,3
Kupplung/Getriebe				
Kupplung	Mehrscheibenkupplung im Ölbad mit Torsionsdämpfer			
Kupplungsbetätigung	Handhebel			
Getriebe	Zahnrad-Getriebe			
Anordnung des Getriebes	Getriebe- und Motorgehäuse im Block			
Schaltung	Fußschaltung			
Übertragung Motor/Getriebe	Hülsenkette, 3/8 × 3/8 (verstärkt)		Doppel-Hülsenkette, 3/8 × 4,5	
Übersetzung 1:	2,31 (16:37)	2,31 (16:37)	2,31 (16:37)	2,35 (17:40)
Zahl der Getriebegänge	4	4	4	4
Übersetzung Getriebe/Hinterrad 1:	2,94 (16:47)	2,95 (16:47)	2,52 (19:48)	2,52 (19:48)
mit Beiwagen 1:			3,2 (15:48)	3,2 (15:48)

Fortsetzung
Technische Daten der DKW-Motorräder RT 175; RT 200/2; RT 250(/H); RT 250/1 (/2)

Modell	RT 175	RT 200/2	RT 250 (/H)	RT 250/1 (/2)
Baujahre	1954–1955	1954–1955	1952–1953	1953–1955
Übertragung Getriebe/Hinterrad	Rollenkette, 1:2 × 5:16, verstärkt			
Gesamtübersetzung (solo) 1: I	21,67	20,38	17,80	17,80
II	12,66	11,91	10,45	10,45
III	9,06	8,52	7,51	7,51
IV	6,79	6,39	5,94	5,94
mit Beiwagen				22,48:13,2 9,90:7,52
Getriebeöl-Füllung	500 cm³ Motorenöl SAE 50 und 50 cm³ Desolite			
Kickstarter	Kickstarterrad und -segment im Kupplungsraum			
Fahrgestell				
Art des Rahmens	geschlossener Stahlrohrrahmen			
Rahmenverbindungen	verschweißt mit Innenverstärkungen			
Art der Federung vorn	Teleskopgabel mit hydraulischer Dämpfung			
hinten	Geradweg-Teleskopfederung			
Lenkungsdämpfer	ohne	ohne	mit	mit
Kraftstoffbehälter-Inhalt l	13	13	13	13
davon Reserve (Dreiwegehahn)	1,5	1,5	1,5	2,5
Schutzbleche	Halbrundprofil			
Kippständer	Leichtmetall-Rollkippständer			
Sattel	Schwingsattel in Gummilagerung			
Sattelhöhe mm	750	730	730	750
Radstand mm	1280	1350	1350	1350
Gesamtlänge mm	2000	2115	2115	2130
Gesamtbreite mm	660	680	680	680
Lenkerhöhe mm	935	960	960	975
Bodenfreiheit mm	150	110	110	135
Wendekreis m	4,5	4,5	4,5	4,5
Leermasse kg	117	124	126	135
Zulässige Gesamtmasse kg	270	274	280	295
Felgenart	1,85-B × 19	1,85-B × 19	1,85-B × 19	1,85-B × 19
Bereifung vorn und hinten	3,00–19	3,00–19	3,25–19	3,25–19 (m. Beiwagen hinten 3,50)
Reifenluftdruck				
vorn, solo u. m. Sozius u. m. Beiwagen bar	1,3	1,3	1,3	1,3
hinten, solo bar	1,4	1,4	1,4	1,4
mit Sozius bar	1,9	1,9	1,9	1,9
m. Beiwagen u. Sozius	–	–	–	2,6
Bremstrommel, Bauart	Leichtmetall-Trommelbremsen			
Durchmesser vorn mm	150	150	160	180
Durchmesser hinten mm	150	150	160	160
Bremsbetätigung vorn	Handhebel			
hinten	Fußhebel			
Steckachse	hinten	hinten	hinten	vorn und hinten
Lichtanlage, Leistung V-W	6–45/60	6–45/60	6–55/70	6–55/70
Regler-Leerlaufspannung V	7,5 ± 0,1	7,5 ± 0,1	7,5 ± 0,1	7,5 ± 0,1
Rückstrom A	3–5	3–5	3–5	3–5

Technische Daten der DKW-Motorräder RT 175 S; RT 200/S; RT 250 S; RT 350 S

Modell	RT 175 S	RT 200 S	RT 250 S	RT 350 S
Baujahre	1955–1956	1955–1956	1955–1956	1955–1956
Motor				
Zahl der Zylinder	1	1	1	2
Bohrung mm	62	65	70	62
Hub mm	58	58	64	58
Hubraum cm^3	174	197	244	348
Arbeitsweise	Zweitakt			
Spülung	Umkehrspülung			
Kurzleistung PS	9,6	11	15,1	18,5
Dauerleistung PS	9,6	11	15,1	18,5
max. Drehmoment mkg	1,47	1,7	2,1	2,65
Verdichtung 1:	6,1–6,3	6,3–6,5	6,3–6,5	6,3–6,6
Höchstgeschwindigkeit solo km/h	101	110	119	118
Höchstgeschwindigkeit mit Sozius km/h	95	98	105	115
Kühlung	Luft (Fahrtwind)			
Zylinderanordnung	schrägstehend			
Zylinder-Werkstoff	Grauguß			
Zylinderkopf	Leichtmetallguß			
Gaswechsel-Steuerung	durch Schlitze in Zylinder und Kolben			
Kurbelwelle	geteilt, zusammengepreßt, dreifach gelagert			
Schwungmassen	innenliegend (Hubscheiben)			
Kurbelwellenlager	Ringrillenlager, 2 Rollen-, 1 Ringrillenlager			
Pleuellager	Rollenlager unten, Gleitlager oben			
Kurbelgehäuse-Werkstoff	Leichtmetallguß			
Pleuel	Stahl, ungeteilt, I-Schaftquerschnitt			
Kolbenwerkstoff	Leichtmetallegierung			
Kolbenbolzen-Anordnung	schwimmend, durch Drahtsprengringe gesichert			
Motoraufhängung	Vierpunktaufhängung im geschlossenen Rahmen			
Schmierung	Kraftstoff/Öl-Mischung 25:1			
Zündung	Batteriezündung			
Zündverstellung	keine	keine	Fliehkraft	keine
Vorzündung mm v. OT	3,9–4,1	3,9–4,1	4,2–4,5	4,0
Unterbrecher-Kontaktabstand mm	0,4	0,4	0,4	0,4
Zündkerzen-Wärmewert	225	225	225	240
Elektrodenabstand mm	0,5–0,7			
Auspuff	Auspuffrohr mit Topf, linksseitig (beidseitig)			
Auspuffgeräusch Phon	79,5	80	79	81
Fahrgeräusch Phon	80	79	76	78
Vergaser				
Fabrikat	Bing-Schrägdüsenvergaser			
Typ	1/24/66	1/24/66	1/27/4	1/26/27
Hauptdüse	105	110	125	120
Leerlaufdüse	35			
Nadeldüse	1608			
Nadelposition	3			
Durchlaß mm	24	24	27	26
Starterdüse	75			
Luftreguliersschraube	3–4 halbe Umdrehungen geöffnet			
Luftfilter	Knecht-Naßluftfilter			
Kraftstoff-Normverbrauch l/100 km	2,75	2,8	3,3	3,8
Kupplung/Getriebe				
Kupplung	Mehrscheibenkupplung im Ölbad mit Torsionsdämpfung			
Kupplungsbetätigung	Handhebel			
Getriebe	Zahnrad-Getriebe			
Anordnung des Getriebes	Getriebe- und Motorgehäuse im Block			

Fortsetzung
Technische Daten der DKW-Motorräder RT 175 S; RT 200/S; RT 250 S; RT 350 S

Modell	RT 175 S	RT 200 S	RT 250 S	RT 350 S
Baujahre	1955–1956	1955–1956	1955–1956	1955–1956
Schaltung	Fußschaltung			
Übertragung Motor/Getriebe	Zweifach-Hülsenkette, endlos			
Übersetzung 1:	2,31 (16:37)	2,31 (16:37)	2,35 (17:40)	2,21 (24:53)
Zahl der Getriebegänge	4			
Übersetzungsverhältnis				
in den Gängen 1: I	3,19 (15:33 × 20:29)	2,99 (15:34 × 20:29)	3,1 (17:40 × 22:29)	
II	1,86 (21:27 × 20:29)	1,76 (21:28 × 22:29)	1,76 (21:28 × 22:29)	
III	1,33 (25:23 × 20:29)	1,26 (25:24 × 22:29)	1,265 (25:24 × 22:29)	
IV	1	1	1	
Übertragung Getriebe/Hinterrad	Einfach-Rollenkette			
Übersetzung solo 1:	2,81 (16:45)	2,647 (17:45)	2,42 (19:46)	2,42 (19:46)
mit Beiwagen 1:			2,875 (16:46)	2,875 (16:46)
Gesamtübersetzung (solo) 1: I	20,70	19,51	17,01	16,6
II	12,10	11,40	10,0	9,4
III	8,63	8,16	7,2	6,76
IV	6,49	6,11	5,69	5,35
(mit Beiwagen 1: I			20,2	19,7
II			11,88	11,2
III			8,56	8,0
IV			6,76	6,35
Kickstarter	Kickstarterrad und -segment im Kupplungsraum			
Fahrgestell				
Art des Rahmens	geschlossener Stahlrohrrahmen			
Rahmenverbindungen	verschweißt mit Innenverstärkungen			
Art der Federung vorn	Teleskopgabel			
hinten	Schwingenfederung mit Federbeinen			
Stoßdämpfer vorn	pneumatische Stoßdämpfer in der Telegabel			
Stoßdämpfer hinten	hydraulische Stoßdämpfer in den Federbeinen			
Lenkungsdämpfer	ohne	ohne	einstellbar	einstellbar
Fußstützen	Fußrasten verstellbar			
Kraftstoffbehälter-Inhalt l	15	15	15	17
davon Reserve (Dreiwegehahn)	2,6	2,6	2,6	2,6
Schutzbleche	Halbrundprofil			
Kippständer	Leichtmetall-Rollkippständer			
Lenkergriffe	verstellbar, mit Seil-Einstellschrauben			
Sattel (Sitzkissen)	Schaumgummi-Polsterung			
Sattelhöhe mm	725	725	743	745
Radstand mm	1278	1278	1350	1350
Gesamtlänge mm	1975	1975	2077	2080
Gesamthöhe mm	660	660	660	660
Bodenfreiheit mm	125	125	120	100
Wendekreis m	4,5	4,5	4,5	4
Leermasse kg	130	131	155	176
Zulässige Gesamtmasse kg	280	281	320	340
mit Beiwagen kg			450	480
Gewicht auf Vorderrad, solo kg	90	91	120	115
mit Beiwagen kg			110	120
Gewicht auf Hinterrad, solo kg	190	190	200	225
mit Beiwagen kg			225	280
Gewicht auf Beiwagenrad kg			85	80
Nachlauf mm	80	80	87,5	85
Lenkungswinkel Grad	80	80	82	90
Felgenart	1,85-B × 18		2,15-B × 18	
Bereifung vorn und hinten solo	3,00–18		3,25–18	3,50–18
Beiwagen			3,25–18	3,50–18

Fortsetzung
Technische Daten der DKW-Motorräder RT 175 S; RT 200/S; RT 250 S; RT 350 S

Modell	RT 175 S	RT 200 S	RT 250 S	RT 350 S
Baujahre	1955–1956	1955–1956	1955–1956	1955–1956
Reifenluftdruck				
vorn, solo u. m. Sozius bar	1,4	1,4	1,3	1,4
u. Beiwagen				(Beiw. 1,5)
hinten, solo bar	1,6	1,6	1,4	1,6
mit Sozius bar	2,0	2,0	1,9	1,8
bei 3 Pers. (m. Beiw.) bar			2,6	2,0
Beiwagenrad bar	–	–	1,6	1,6–1,8
Vorderr.-Innenbackenbr. mm		150 × 25		180 × 25
Hinterr.-Innenbackenbremse mm		180 × 25		180 × 30
Bremsbetätigung vorn		mit Handhebel		
hinten		mit Fußhebel		mit Fußhebel (hydraulisch)
Steckachse	hinten	hinten	vorn und hinten	vorn und hinten
Lichtanlage, Leistung V-W	6–45/60	6–45/60	6–50/70	6–75/90
Regler-Leerlaufspannung V		7,5 ± 0,1		
Rückstrom A		3–5		

Technische Daten der DKW-Motorräder RT 175 VS; RT 200 VS; RT 250 VS

Modell	RT 175 VS	RT 200 VS	RT 250 VS
Baujahre	1955–1958	1956–1957	1956–1957
Motor			
Zahl der Zylinder	1	1	1
Bohrung mm	62	66	70
Hub mm	58	58	64
Hubraum cm³	174	197	244
Arbeitsweise		Zweitakt	
Spülung		Umkehrspülung	
Kurzleistung PS	9,6	11	15,1
Dauerleistung PS	9,6	11	15,1
max. Drehmoment mkg	1,47	1,7	2,26
Verdichtung 1:	6,1–6,3	6,3–6,5	6,3–6,5
Höchstgeschwindigkeit solo km/h	101	110	119
Höchstgeschwindigkeit m. Sozius km/h	95	98	105
Kühlung		Luft (Fahrtwind)	
Zylinderanordnung		schrägstehend	
Zylinder-Werkstoff		Grauguß	
Zylinderkopf		Leichtmetallguß	
Gaswechsel-Steuerung		durch Schlitze in Zylinder und Kolben	
Kurbelwelle		geteil, zusammengepreßt, dreifach gelagert	
Schwungmassen		innenliegend (Hubscheiben)	
Kurbelwellenlager		Ringrillenlager	
Pleuellager		Rollenlager unten, Gleitlager oben	
Kurbelgehäuse-Werkstoff		Leichtmetallguß	
Pleuel		Stahl, ungeteilt, I-Schaftquerschnitt	
Kolbenwerkstoff		Leichtmetallegierung	
Kolbenbolzen-Anordnung		schwimmend, durch Drahtsprengringe gesichert	
Motoraufhängung		Vierpunktaufhängung im geschlossenen Rahmen	
Schmierung		Kraftstoff/Ölmischung 25:1	
Zündung		Batteriezündung	
Zündverstellung	keine	keine	Fliehkraft

Fortsetzung
Technische Daten der DKW-Motorräder RT 175 VS; RT 200 VS; RT 250 VS

Modell		RT 175 VS	RT 200 VS	RT 250 VS
Baujahre		1955–1958	1956–1957	1956–1957
Vorzündung mm v. OT		3,9–4,1	3,9–4,1	4,2–4,5
Unterbrecher-Kontaktabstand mm		0,4	0,4	0,4
Zündkerzen-Wärmewert		225	225	225
Auspuff			Auspuffrohr mit Topf, linksseitig	
Auspuffgeräusch Phon		79,5	80	79
Fahrgeräusch Phon		80	79	76
Vergaser				
Fabrikat			Bing-Schrägdüsenvergaser	
Typ		1/24/66	1/24/67	1/27/4
Hauptdüse		105	110	125
Leerlaufdüse		35	35	35
Nadeldüse		1608	1608	1608
Nadelposition		3	3	3
Durchlaß mm		24	24	27
Starterdüse		75	75	75
Luftregulierschraube			3–4 halbe Umdrehungen geöffnet	
Luftfilter			Knecht-Naßluftfilter	
Kraftstoff-Normverbrauch l/100 km		2,75	2,8	3,3
Kupplung/Getriebe				
Kupplung			Mehrscheibenkupplung im Ölbad mit Torsionsdämpfung	
Kupplungsbetätigung			Handhebel	
Getriebe			Zahnrad-Getriebe	
Anordnung des Getriebes			Getriebe- und Motorgehäuse im Block	
Schaltung			Fußschaltung	
Übertragung Motor/Getriebe			Zweifach-Hülsenkette, endlos	
Übersetzung 1:		2,31 (16:37)	2,31 (16:37)	2,35 (17:40)
Zahl der Getriebegänge		4	4	4
Übersetzungsverhältnis				
in den Gängen 1:	I	3,19 (15:33 × 20:29)	3,19 (15:33 × 20:29)	2,99 (15:34 × 22:29)
	II	1,86 (21:27 × 20:29)	1,86 (21:27 × 20:29)	1,76 (21:28 × 22:29)
	III	1,33 (25:23 × 20:29)	1,33 (25:23 × 20:29)	1,26 (25:24 × 22:29)
	IV	1	1	1
Übertragung Getriebe/Hinterrad			Einfach-Rollenkette	
Übersetzung solo 1:		2,81 (16:45)	2,647 (17:45)	2,42 (19:46)
mit Beiwagen 1:				2,875 (16:46)
Gesamtübersetzung solo 1:	I	20,70	19,51	17,01
	II	12,10	11,40	10,0
	III	8,63	8,16	7,2
	IV	6,49	6,11	5,69
mit Beiwagen	I			20,20
	II			11,88
	III			8,56
	IV			6,76
Kickstarter			Kickstarterrad und -segment im Kupplungsraum	
Fahrgestell				
Art des Rahmens			geschlossener Stahlrohrrahmen	
Rahmenverbindung			verschweißt mit Innenverstärkungen	
Art der Federung			Langschwinge mit Federbeinen vorn und hinten	
Stoßdämpfer vorn und hinten			hydraulische Dämpfer in den Federbeinen	
Lenkungsdämpfer		ohne	ohne	einstellbar
Kraftstoffbehälter-Inhalt l		15	15	15
davon Reserve (Dreiwegehahn)		2,6	2,6	2,6
Schutzbleche			Halbrundprofil	
Kippständer			Leichtmetall-Rollkippständer	

Fortsetzung
Technische Daten der DKW-Motorräder RT 175 VS; RT 200 VS; RT 250 VS

Modell	RT 175 VS	RT 200 VS	RT 250 VS
Baujahre	1955–1958	1956–1957	1956–1957
Sattel (Sitzkissen)		Schaumgummipolsterung	
Sattelhöhe mm	725	725	743
Radstand mm	1278	1278	1350
Gesamtlänge mm	1975	1975	2078
Gesamtbreite mm	660	660	660
Gesamthöhe mm	955	955	963
Bodenfreiheit mm	120	120	110
Wendekreis m	4,5	4,5	4,5
Leermasse kg	130	131	155
Zulässige Gesamtmasse kg	280	281	320
mit Beiwagen kg	–	–	450
Gewicht auf Vorderrad, solo kg	90	91	120
mit Beiwagen kg	–	–	110
Gewicht auf Hinterrad, solo kg	190	190	200
mit Beiwagen kg	–	–	225
Gewicht auf Beiwagenrad kg	–	–	85
Nachlauf mm	106	106	110
Lenkungswinkel Grad	80	80	90
Felgenart	1,85-B × 18	1,85-B × 18	2,15-B × 18
Bereifung vorn und hinten	3,00–18	3,00–18	3,25–18
Beiwagen	–	–	3,25–18
Reifenluftdruck vorn, solo,			
Sozius u. m. Beiwagen	1,4	1,4	1,3
hinten, solo	1,6	1,6	1,6
bei 3 Pers. (mit Beiwagen)	–	–	2,6
Beiwagenrad	–	–	1,6
Vorderrad-Innenbackenbremse mm	150 × 25	150 × 25	180 × 25
Hinterrad-Innenbackenbremse mm	150 × 25	150 × 25	180 × 25
Bremsbetätigung vorn		mit Handhebel	
hinten		mit Fußhebel	
Steckachse		vorn und hinten	
Lichtanlage Leistung V-W	6–45/60	6–45/60	6–50/70
Regler-Leerlaufspannung V	7,5 ± 0,1	7,5 ± 0,1	7,5 ± 0,1
Rückstrom A	3–5	3–5	3–5

Technische Daten des DKW-Motorrollers Hobby

Baujahre	1954–1957
Motor	
Typ	Einzylinder-Zweitakter mit Umkehrspülung
Aufhängung	Vierpunktaufhängung
Kühlung	Gebläse, Luft
Bohrung mm	45
Hub mm	47
Hubraum cm^3	74
Verdichtungsverhältnis 1:	5,9–6,1
Leistung/Drehzahl PS/min^{-1}	3/5000
Mittlere Kolbengeschwindigkeit m/s	6,7
Max. Drehmoment mkg/min^{-1}	0,47/4250
Schmierung	Kraftstoff/Öl-Mischung 25:1
Fahrgeräusch Phon	79
Vergaser	
Fabrikat und Typ	Bing-Schwimmervergaser mit Startluftschieber 4/14/1
Hauptdüse	84
Nadeldüse	2,17
Nadelposition	3
Kraftstoff-Normverbrauch l/100 km	1,75
Elektrische Anlage	
Typ	Schwungrad-Lichtmagnetzünder
Leistung V/W	6/17
Polschuhabriß mm	9–12
Unterbrecher-Kontaktabhub mm	0,3–0,4
Vorzündung mm v. OT	2,6–2,8
Zündkerzen-Wärmewert	225
Elektrodenabstand mm	0,4–0,5

Baujahre	1954–1957
Beleuchtung	Scheinwerfer mit Bilux-Lampe, 15/15 W
Rücklicht	2 W
Signal	Wechselstrom-Schnarre, 3,6 W
Kraftübertragung	
Typ	stufenloses, automatisches Riemengetriebe (System Uher) von der Kurbelwelle zum Zahnradvorgelege, von dort über Kette zum Hinterrad
Übersetzungsverhältnis (Keilriemengetriebe) Motor/Getriebe	1,51/1–1/1,93
Übersetzung im schrägverzahnten Stirnrad-Zwischentrieb 1:	3,6
Übersetzung der Rollenkettenübertragung zum Hinterrad 1:	3,5
Gesamtübersetzung 1:	8,33–24,4
Ketttenabmessung	1/2 × 3/16
Starter	Hand-Seilstarter
Fahrgestell	
Art des Rahmens	Zentralrohrrahmen mit Bodenrost
Art der Federung vorn	Teleskopgabel mit progressiver Federwirkung
hinten	Schwinge mit Gummipuffer
Stütze	Seitenstütze in Fahrgestellmitte, linksseitig
Felgenart	Tiefbettfelgen 1,50-A × 16
Bereifung vorn und hinten	2,50–16

Baujahre	1954–1957	
Reifenluftdruck vorn, solo u. m. Sozius	1,3	
hinten, solo	1,6	
mit Sozius	2,25	
Handbremse	Innenbackenbremse im Vorderrad, über Seilzug betätigt	
Fußbremse	Innenbackenbremse im Hinterrad, über Seilzug betätigt	
Bremstrommel-Durchmesser vorn und hinten		
Solo-Roller mm	105	
soziusfester Roller mm	125 vorn, 105 hinten	
Bremsbackenbreite mm	20	
Ölfüllung Teleskopgabel	50 cm^3 Motorenöl SAE 20 je Holm	
Ölfüllung Zwischentrieb	Getriebeöl SAE 90 bis Oberkante Überlauf ca. 75 cm^3	
Kraftstoffbehälter-Inhalt l	ca. 6,5 Mischung	
davon Reserve	ca. 1,0	
Abmessungen und Gewichte		
Radstand mm	1350	
Gesamtlänge mm	1960	
Gesamthöhe mm	900	
Gesamtbreite mm	670	
Bodenfreiheit mm	120	
Wendekreis m	3	
Leermasse kg	77	80 (soziusfester Roller)
Zulässige Gesamtmasse	180	230
Nachlauf mm	55	
max. Gesamtlenkereinschlag Grad	88	

IFA-MZ-Motorräder aus Zschopau

Von Woldemar Lange

Schwerer Start in Zschopau

Blick auf das MZ-Werk in Zschopau Mitte der 50er Jahre ***AWL***

Prototyp der L 60 aus dem Jahre 1948. Zur Serienfertigung des 60-cm³-Modells ist es jedoch nicht gekommen ***AWL***

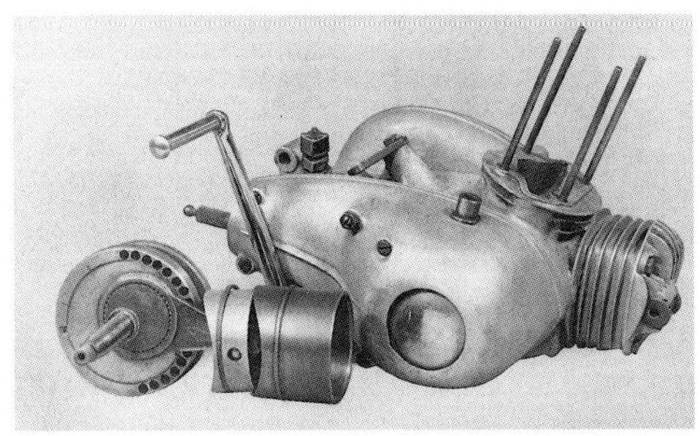

Motorengehäuse mit Ladepumpenzylinder der L 60: an der Kurbelwelle Pleuel, Kolben und Laufbuchse der Ladepumpe ***AWL***

Die Kriegsproduktion für die Wehrmacht des NS-Staates führte 1945 gemäß Potsdamer Abkommen auch im Zschopauer DKW-Werk zur Einstellung jeglicher Produktion. Die über mehr als zwei Jahrzehnte andauernde Tradition des Zschopauer Motorradbaues in der zeitweise größten Motorradfabrik der Erde mit ihren großartigen Beiträgen zur Motorradentwicklung und -verbreitung fand damit vorerst ein Ende. Im Rahmen der Wiedergutmachungsleistungen wurden die technischen Betriebseinrichtungen des DKW-Werkes der Auto Union in Zschopau demontiert. Erst 1950 konnte im nunmehr staatlichen Betrieb wieder schrittweise mit einer Motorradfertigung begonnen werden. Zwischenzeitlich war in einem Zweigbetrieb in Willischthal bei Zschopau nach der Herstellung dringend benötigter Haushaltgeräte in bescheidenem Umfang die Fertigung stationärer Motoren aufgenommen worden. Das Hauptziel der Beteiligten aber war, in Zschopau den traditionellen Motorradbau wieder in Gang zu bringen. Bereits 1947 gab es konkrete Vorstellungen, wie ein Motorrad zu konzipieren wäre, das der von den alliierten Siegermächten verfügten Hubraumbegrenzung bis maximal 60 cm^3 Rechnung trug. Bald entstanden einige Prototypen (60 cm^3, 2,2 kW/3 PS, Zweitakt-Ladepumpenmotor, Kardanwellenantrieb zum Hinterrad), von denen ein Fahrzeug auf der Messe in Leipzig 1948 gezeigt wurde. Die Aufhebung der Hubraumbegrenzung führte zum Abschluß dieser interessanten Entwicklungslinie.

Auf der technischen Basis der richtungsweisenden DKW RT 125 (**R**eichs**t**yp 125 cm^3) von 1939 aufbauend, schuf man nun ein weiterentwickeltes Motorrad, das sich besonders durch Teleskopgabel und Hinterradfederung auszeichnete. Erste Versuchsmuster konnten noch 1949 im Betrieb Willischthal gebaut werden. Ende 1949 wurde dann der Umzug ins Stammwerk nach Zschopau möglich, und mit der IFA RT 125 konnte 1950 traditionell der Motorradbau – wenn auch noch unter Schwierigkeiten – fortgesetzt werden. Die IFA RT 125 wurde Symbol eines erneuten Aufstiegs der Motorradfertigung in Zschopau. Dabei soll nicht übersehen werden, daß die etwas übereilte Entwicklung ohne ausreichende Erprobung in Serie ging und bald offensichtliche Mängel zutage traten.

Zielstrebige Entwicklungsarbeit führte bald zu Neu- und Weiterentwicklungen. Herausragend war die BK 350 (**B**oxer-**K**ardan), die ab 1953 in Serie produziert und von den Motorradliebhabern als echte Sensation empfunden wurde. Das bezog sich vor allem auf den neuen Zweitakt-Boxermotor, den Kardanwellenantrieb zum Hinterrad, die wirkungsvollen, einen neuen Trend einleitenden Vollnabenbremsen, den stabilen Doppelrohrrahmen und natürlich die Teleskop-Vorder- und -Hinterradfederung. Die BK bewies nachdrücklich, daß die Zschopauer Motorradbauer wieder da waren und auch konstruktiv den Anschluß an das internationale Niveau gefunden hatten. 1956 wurden an der BK dann noch einige Änderungen vorgenommen, die im wesentlichen in der Leistungserhöhung

Die allradgefederte IFA RT 125, die ab 1950 den Motorradbau in Zschopau wieder einleitete **AWL**

Die IFA BK 350 war die erste völlige Neukonstruktion in Zschopau nach dem Kriege. Zweizylinder-Zweitakt-Boxermotor und Kardanwellenantrieb zum Hinterrad – völlig neue Elemente im Zschopauer Motorradbau **AWL**

und verbesserter Geräuschdämpfung ihren Niederschlag fanden und aus der IFA BK die MZ BK entstehen ließen.

Von der RT zur ES

Die kettengetriebene RT 125 wurde systematisch weiterentwickelt. Zuerst merzte man aber die wesentlichen Schwachstellen des Basismodells aus. So entstand 1954 die RT 125/1. Der beträchtliche Änderungsumfang war äußerlich kaum sichtbar. Er betraf u.a. die Haltbarkeit der Rahmenverbindungen, die jetzt anstelle Verschweißung gemufft und verlötet waren. Aber auch Teleskopgabel, Hinterradfederung, Sattel, Sozius, Kippständer, Radlager, Sekundärkette, Kupplung, Getriebe, Pleuellager u.a. erfuhren gravierende Verbesserungen. Die Triebwerksübertragung erbrachte außerdem eine 15prozentige Leistungssteigerung. Wichtigstes neues Element war jedoch eine bis dahin unbekannte Kettenkapselung. Sogenannte Kettenschläuche aus Gummi schützten die Sekundärkette bei relativ simplem Aufwand wie kein anderes System vorher. Entstanden war diese Erfindung aus der Notwendigkeit eines langlebigen Antriebssystems, da die damaligen Geradweg-Hinterradfederungen die Ketten zusätzlich stark beanspruchten. Der mittlerweile millionenfach bewährte Kettenschutz ist auch heute noch ein Qualitätsmerkmal der MZ-Motorräder und wurde z.T. auch von anderen Motorradproduzenten übernommen.

Mit einer umfassenden Modernisierung der Produktionseinrichtungen im Jahre 1955 wurden dann Voraussetzungen geschaffen, um die Motorradproduktion wesentlich steigern und wirtschaftlicher gestalten zu können. 30000 Motorräder konnten allein 1955 die Fließbänder verlassen. 1950 waren es lediglich 1700, 1954 nur rund 17000 Stück. Auch ließ sich jetzt der Serienanlauf der ES 250 (**E**inzylinder-**S**chwinge) sichern, die mit herausragenden Fahreigenschaften, moderner Linienführung und elastischem, leistungsfähigem Motor die Motorradfreunde begeisterte.

Mit der MZ BK 351 kam es zu einer interessanten Vollschwingen-Entwicklung. Diese verhältnismäßig aufwendige Konstruktion ist aber über das Prototyp-Stadium nicht hinausgekommen. AWL

Nach der IFA RT 125 folgte 1954 die IFA RT 125/1 mit weiter verbesserter Federung und anspruchsvollerem Finish. AWL

Der Kardanwellenantrieb der BK 350 bildete eine harmonische Einheit mit der Radfederung und der großen Vollnabenbremse. AWL

Mit Detailverbesserungen wie Leistungssteigerung und erhöhter Geräuschdämpfung entstand aus der IFA BK 1956 die MZ BK 350. Mit den großzügig bemessenen Magnesium-Vollnabenbremsen spielte die BK eine Vorreiterrolle im Serien-Motorradbau. AWL

Der Übergang zum Markenzeichen MZ ging bei der MZ 125/2 mit erhöhter Motorleistung und verbesserter Geräuschdämpfung einher. AWL

Mit der MZ 125/3 wurde die Endstufe der RT-Reihe erreicht. Viergang-getriebe und Vollnabenbremsen waren die wesentlichen Verbesserungen. EWG/W

Der Effekt der Kettenkapselung bestand nicht nur in der Gummiumhüllung der Kette. Im Innern der Schläuche befanden sich oben und unten Führungsstege, auf denen die Rollen der Kette geführt wurden. AWL

Erstmalig kam an der 125/1 die richtungsweisende Gummikapselung der Kette durch die sogenannten Kettenschläuche zur Anwendung. AWL

Taktstraße für Gehäusebearbeitung der MZ 125/2 AWL

Montageband der ES 250/1 EWG/W

Auch dem Trend zur Sitzbank wurde bei der RT Rechnung getragen. Allerdings hielt sich der Sitzkomfort – insbesondere für den Beifahrer – infolge der Geradweg-Hinterradfederung in Grenzen. WS/W

Die MZ ES 250 setzte 1956 Maßstäbe im Zschopauer Motorradbau. Vollschwingenfahrwerk und drehfreudiger Motor sorgten damals für Aufsehen und Interesse. Gewöhnungsbedürftig war der starre, nicht mitschwenkende Scheinwerfer. AWL

Auch als Armee- bzw. Polizeiausführung wurde die ES 250 geliefert. Höher gelegter Lenker, Stahlfelgen, Packtaschen und glanzlose Oberflächengestaltung waren die augenfälligen Merkmale. **MZW**

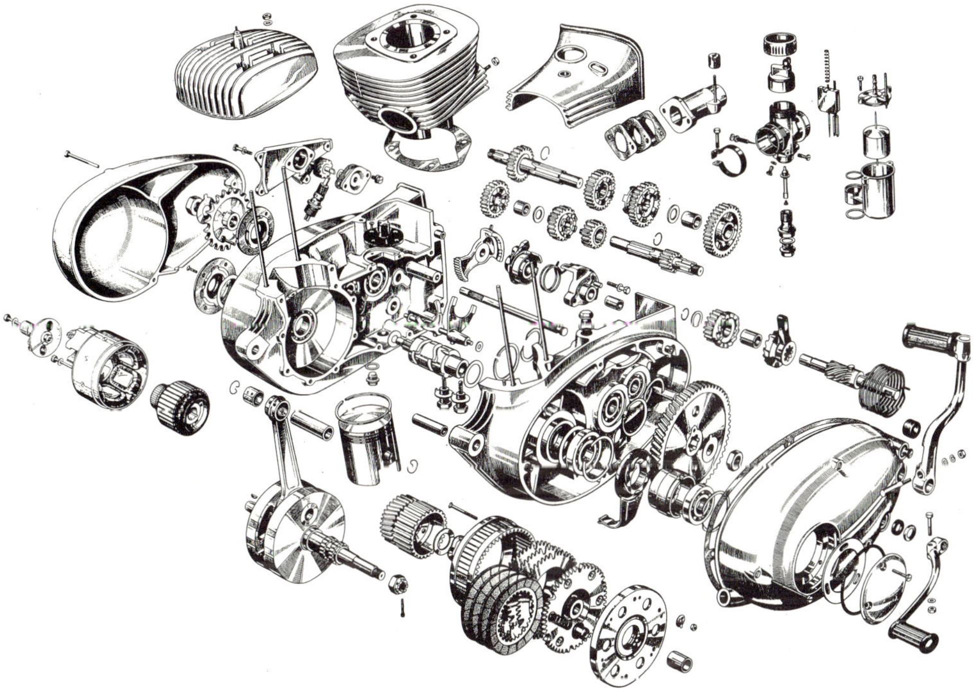

Explosivdarstellung des völlig neuen Motors der ES 250. Ein Novum bei MZ war die mit Kurbelwellendrehzahl laufende Kupplung. **AWL**

Der auf 150 cm³ Hubraum vergrößerte Motor der MZ/3 diente, mit einem Kühlgebläse versehen, als Antriebsquelle des IWL-Motorrollers Berlin. **EWG/W**

Die anfänglich mit zwei Auspuffanlagen (Doppelport) ausgestattete ES 250 erfuhr bald noch eine Leistungssteigerung und zugleich die endgültige Orientierung auf die »Einport«-Auspuffanlage. **WS/W**

Der ES 250 folgte bald die hubraumreduzierte ES 175, eine weitgehend standardisierte und etwas vereinfachte ES-Variante. ***AWL***

Äußerliches Erkennungsmerkmal der ES 175 waren der unten verkürzte Vorderkotflügel und die kleineren Seitenverkleidungen. ***AWL***

Die Weiterentwicklungen der äußerlich jetzt völlig identischen ES 175/1 und ES 250/1 von 1962 bezogen sich besonders auf die Motoren. Erhöhung von Motorleistung, Verbesserung der Motorcharakteristik und Geräuschminderung waren ihre wesentlichsten Merkmale. ***WS/W***

IFA DKW RT 125 aus dem Jahre 1950 – das erste Nachkriegsmodell aus Zschopau **MZW**

MZ ES 250 (1956). Diese Neuentwicklung führte erstmals das MZ-Markenzeichen am Tank. **MZW**

MZ-Fahrzeugsortiment auf der Messe in Leipzig 1960 **_FL/W_**

MZ ES 250 Geländesport (1959). H. Hermann während der Geländefahrt »Rund um Zschopau« **_GF_**

MZ ES 250-Seitenwagengespann aus dem Jahre 1957. Der Hersteller des Seitenwagens war die bekannte Firma Stoye in Leipzig. MZW

MZ ES 250 und ES 175 aus dem Jahre 1957 – Präsentation vor dem Chemnitzer Flugplatzgebäude MZW

MZ 125/3 (1960). Es war der letzte Typ der auf die DKW RT 125 von 1940 zurückzuführenden 125 cm³-Baureihe. MZW

MZ BK 350 (1957). Dieser bisher einzige MZ-Zweizylinder ist bereits ein begehrtes Sammlerobjekt. MZW

MZ TS 150 aus dem Jahre 1981. Das war ein 12 Jahre lang produziertes, typisches MZ-Gebrauchsmotorrad. MZW

Im Jahre 1969 entstand neben der ES 250/2 die ETS 250 Trophy Sport. Sie verkörperte die Abkehr vom Vollschwingen-Motorradfahrwerk bei MZ.

MZ ETS 250/G (1969) – ein mit hohem handwerklichen Anteil in der Lehrwerkstatt gefertigtes Geländemotorrad **DD**

MZ ETZ 150 (1985) – die vorerst letzte Entwicklung der Typenreihe 125/150 cm³ ***MZW***

MZ ETZ 251 (1989). Es ist das aktuelle 250er Modell, von dem gegenwärtig auch eine 300 cm³-Version abgeleitet wird. ***MZW***

Bei den ES/1 wurden die Kurbelwellenhauptlager durch das Getriebeöl geschmiert. Diese sogenannte Fremdschmierung der Lager war eine wesentliche Voraussetzung zur Reduzierung des Mischungsverhältnisses auf 33:1 (vorher 25:1). **WS/W**

Die kleine MZ-Baureihe fand 1962 ihre Fortsetzung in den einheitlichen ES 125/150-Grundtypen. Vollschwingenfahrwerk, Blech-Preßrahmen und auch hier jetzt starre Scheinwerfer bestimmten das äußere Erscheinungsbild. **WS/W**

Montageband der ES 125/150 **EWG/W**

In der 150-cm³-Variante leistete der ES-Motor 7,35 kW (10 PS) und ermöglichte damit dem Motorrad knapp 100 km/h Höchstgeschwindigkeit. **WS/W**

Die ES 125 Sport war eine Exportvariante, die sich von der Serienmaschine im wesentlichen durch höher verlegte Auspuffanlage, stärker verrippten Zylinderdeckel und Rohrlenker mit Lenkungsdämpfer unterschied. **WS/W**

Betont kantig gaben sich die ES 175/250/2. Mit der elastischen Motorlagerung in Gummiblöcken wurde die Laufkultur der großvolumigen Einzylindermotoren beträchtlich verbessert. **WS/W**

Der Schriftzug »Trophy« am Tank der ES 250/2 bezieht sich auf den bis 1968 fünfmal hintereinander errungenen Sieg bei der Internationalen Sechstagefahrt durch MZ. **WS/W**

Auch die ES 250/2 gab es wieder als spezielle Variante für Armee und Polizei. **AWL**

Weiterentwicklungen insbesondere am Motor durch Leistungssteigerung und Geräuschsenkungen führten zum Entstehen der ES 125/150/2, die nach einem erneuten Sechstagefahrtsieg ebenfalls die Zusatzbezeichnung »Trophy« erhielt. **MZW**

ES 150/2 Baujahr 1975

MZ ETS 250 Trophy Sport war 1969 der Name der neuen MZ mit Teleskopgabel und 22-l-Kraftstofftank, die parallel zur ES 250/2 gefertigt wurde. ***WS/W***

Auch der Bau der ETS 125/150 mit Teleskopgabel, die neben den Vollschwingen-ES 125/150 ab 1971 im Angebot war, machte das heraufziehende Ende der MZ-Vollschwingenära sichtbar. ***MZW***

Mit dem schrittweisen Übergang zur Teleskopgabel folgte MZ dem allgemeinen Trend und den eigenen Erfahrungen aus dem Geländesporteinsatz. Die ETS 250 verkörperte seinerzeit eine gelungene gestalterische Lösung. WS/W

Neuer Zentralrohr-Brückenrahmen und natürlich Teleskopgabel waren kennzeichnend für die 1973 herausgebrachte TS 250. AWL

Standardausführung der TS 250, erkennbar am kleineren Tank und an reduzierten Chrom- und Blankteilen. Varianten mit flachem und hohem Lenker gehörten mittlerweile zur MZ-Wunschausstattung. AWL

Neuer Kraftstofftank und Teleskopgabel ließen mit der TS 125/150 optisch ein neues Motorrad entstehen. Dabei stammten Blech-Preßrahmen, Hinterbau, Verkleidung und der Motor nahezu unverändert vom ES-Vorgängertyp. MZW

1976 erhielten mit der TS 250/1 MZ Serienfahrzeuge endlich das längst fällige Fünfganggetriebe. Gleichzeitige Verbesserungen an Motor und Teleskopgabel ließen ein Motorrad entstehen, welches sich von den Vorgängertypen bezüglich Fahrverhalten und Fahrleistungen deutlich günstiger abhob. AWL

Gleichzeitig mit der ES wurde auch das neue Markenzeichen MZ (**M**otorradwerk **Z**schopau) eingeführt, das seitdem die Zschopauer Erzeugnisse begleitet und eine große europäische Motorradfabrik mit Tradition repräsentiert. Der Erfolg der ES 250, die auch mit dem neuentwickelten »Elastik«-Seitenwagen erstaunliche Fahrleistungen bei hohem Komfort gewährleistete, führte letztlich zur Ablösung der bis 1959 hergestellten BK 350.
Nach einer Serie weitgehend standardisierter ES-Varianten mit 175, 250 und auch 300 cm^3 Hubraum folgte 1962 die neue ES-Vollschwingenreihe mit 125 und 150 cm^3 Hubraum. Sie löste die mittlerweile zur MZ 125/2 bzw. 125/3 mit Leistungssteigerung, besserer Geräuschdämpfung, Vollnabenbremsen und Viergangetriebe gemauserte RT-Baureihe endgültig ab. Die ES 125 bzw. ES 150 mit Blech-Preßrahmen wurde zum bisher meistgebauten Motorradmodell in Zschopau. Bis 1978 in verschiedenen Entwicklungsetappen verfeinert, erreichte sie 450000 produzierte Exemplare, während die RT-Varianten nur reichlich 300000mal verkauft werden konnten. Die in Ludwigsfelde bei Berlin bis 1965 produzierten Motorroller (Pitty, Wiesel, Berlin, Troll) hatten ebenfalls die 125- und 150 cm^3-MZ-Motoren erhalten – rund eine Viertelmillion. Auch wurde zu Beginn der sechziger Jahre der italienische Motorradhersteller Ital-Emzetta mit MZ-Motoren beliefert.
Für die 250-cm^3-Motoren realisierte man 1966 bei MZ eine praktikable elastische Motoraufhängung. Damit wurden Probleme der Laufkultur und der Fahrwerksbeanspruchung großvolumiger Zweitakt-Einzylindermotoren im Motorrad so abgebaut, daß diese bis dahin international weniger vorherrschende Motorenkonzeption auch gegenwärtig noch bestehen kann.

Als Neuentwicklung entstand 1981 die ETZ 250. Bestimmendes Element war die langerwartete hydraulische Scheibenbremse. ***AWL***

Die Polizeiausführung der ETZ mit vorderer Verkleidung und Funkgerät ***AWL***

Die Renaissance der Teleskopgabel

Mitte der sechziger Jahre wurde deutlich, daß die große Zeit der Vollschwingen-Motorradfahrwerke zu Ende ging. Erkenntnisse aus dem Geländesport, die Forderungen nach sportlichem Aussehen und produktionstechnische Fortschritte führten auch in Zschopau ab 1969 wieder zum teleskopgabelgeführten Vorderrad. Parallel zu den mittlerweile durchgängig leistungsgesteigerten Vollschwingen-ES der kleinen und der großen Baureihe gab es nun auch die ETS (**E**inzylinder-**T**eleskop-**S**chwinge)-Typen mit hydraulisch gedämpfter Teleskopgabel als 125-, 150- und 250-cm³-Varianten. Besonders die formschöne ETS 250 mit ihrem 22-l-Tank machte bald deutlich, wohin die künftige Modellpolitik gehen mußte. Eine ETS 250 war übrigens 1970 auch das einmillionste Motorrad, das seit Produktionsbeginn 1950 das Fließband in Zschopau verließ. Die 1972 vorgestellten neuen Typen der TS-Reihe (**T**eleskop-**S**chwinge) wiesen dann auch folgerichtig verbesserte Teleskopgabeln auf. Die TS 250 hatte jetzt auch einen Zentralrohr-Brückenrahmen, wie er seit Jahren in den erfolgreichen MZ-Geländesportmotorrädern zu finden war.

1976 konnte dann die mit vielen Detailverbesserungen und Fünfganggetriebe glänzende TS 250/1 angeboten werden, deren verbesserte Teleskopgabel auch die TS 125/150 erhielt. Für die 250er Klasse wurde dann 1981 bei MZ mit der ETZ (**E**inzylinder-**T**eleskop-**Z**entralkastenrahmen) 250 wieder eine Neukonstruktion vorgestellt. Kastenprofil-Brückenrahmen, 12-Volt-Elektrik, H4-Licht und – auf Wunsch – Getrenntschmierung durch automatische Frischöldosierung sowie die längst fällige Scheibenbremse für das Vorderrad waren die wichtigsten Elemente der mittlerweile auf 15,5 kW/21 PS Leistung erhöhten 250er. Für die kleinere Modellreihe schlug dann 1984 die Stunde. Nachdem hier über Jahre Modellpflege mit mehr oder weni ger großen Detailveränderungen betrieben worden war, bot MZ nun ein neues Motorrad mit 125 und 150 cm³ Hubraum an. Fünfgang getriebe, 12-Volt-E-Anlage, elastische Motoraufhängung, Kastenprofil Brückenrahmen und vordere Scheibenbremse machten jetzt die auch optisch ansprechender wirkende kleine MZ-Baureihe attraktiver.

Die vorerst jüngste Neuerung, mit der MZ 1988 an die Öffentlichkeit trat, wird durch die ETZ 251 repräsentiert. Ähnlich den ETZ 125/150 fällt bei ihr vor allem die moderne Formgebung gegenüber den früher zeitweise konservativ wirkenden MZ-Modellen positiv ins Auge. Aber auch grundlegende Änderungen am Fahrwerk haben deutlich Wendigkeit, Handhabung und Fahrkomfort des neuen MZ-Flaggschiffes verbessert.

Gespanne von MZ

Die Kombination der verschiedenen 250-cm³-MZ-Motorräder mit speziellen Seitenwagen wurde mit geringfügigen Ausnahmen bei MZ stets gepflegt. Dabei sind die hydraulisch zu bremsenden MZ-Seitenwagen mit aufklappbarem Vorderteil und spezieller Verbundfederung (Querstabilisator) speziell für die MZ-Fahrgestelle entwickelt und angepaßt

ETZ 250 als Armee-Variante AWL

Zentralkastenrahmen, Fünfganggetriebe und vordere Scheibenbremse waren neue Qualitäten bei der 1985 vorgestellten ETZ 125/150. Die kräftigste Version leistete 10,5 kW (14,9 PS) und lief 110 km/h. MZW

Die vorerst letzte MZ-Neuheit ist die ETZ 251. Die weitreichende Überarbeitung des Fahrwerkes war ursächlich für eine deutlich verbesserte Handlichkeit und Wendigkeit dieses MZ-Modells. AWL

Der für die ES neu entwickelte Seitenwagen »Elastik« verhalf dem ES-Gespann zu sehr guten Fahreigenschaften. AWL

Zu einer Erweiterung nach oben im ES-Programm kam es 1962 mit der ES 300. Die motorseitig vom Geländesport beeinflußte 300-cm³-Maschine war in Verbindung mit dem Superelastik-Seitenwagen eine bevorzugte Gespannmaschine. WS/W

Der neue, hydraulisch mitbremsende Superelastik-Seitenwagen mit aufklappbarem Karosserievorderteil und federbeingestützter Schwinge führte zu neuem Gespannkomfort. ***WS/W***

Analog zum Personenseitenwagen gab es den bewährten Lastenseitenwagen, der eine Zuladung von 125 kg gestattete. ***WS/W***

Mit der ETZ 250 gab es auch eine Überarbeitung des MZ- Spuperelastik-Seitenwagens. Ins Auge fällt der jetzt mit dem Rad schwingende Seitenwagenkotflügel. ***AWL***

Beachtliche Entwicklungsarbeit leistete man bei MZ Anfang der 60er Jahre an Kreiskolbenmotoren (Wankel). Das Bild zeigt den ersten damit ausgerüsteten MZ-Motorrad-Prototyp im Jahre 1963. AWL

Das speziell als luftgekühlter Motorradmotor entwickelte Kreiskolbentriebwerk im Fahrgestell einer MZ ES 250/2 im Jahre 1965 AWL

Motorradgeländesport wurde in den 50er Jahren noch mit Serienmotorrädern betrieben, die für den Sporteinsatz hergerichtet wurden. Im Bild die IFA RT 125/1, wie sie vom Werk eingesetzt wurde. AWL

Geländesport mit Seitenwagengespannen war in den 50er Jahren besonders publikumswirksam. ***AWL***

Am Anfang der MZ-Rennsportbeteiligung standen frisierte Serienmotorräder (Erhard Krumpholz im Jahre 1952) ***AMA***

Mit der Geländesport-BK 350 wurde in Kleinserie eine modifizierte Geländeausführung der BK 350 hergestellt. Auch als Seitenwagengespann erzielte die BK im Gelände Erfolge. ***AWL***

1973 wurde eine geringe Anzahl von Spezialfahrzeugen produziert, von denen die Abbildung eines zeigt. Das mit Fünfgang-Kleinseriengeländemotor, Frontverkleidung und Funk ausgerüstete Motorrad diente als Begleitfahrzeug bei Staatsbesuchen der ehemaligen DDR-Führung. ***AWL***

Kleinserien-Gelände-MZ, entstanden auf der Basis der ES 175/250. Die Vergrößerung der Raddurchmesser war in Anbetracht der serienmäßigen 16-Zoll- Räder unumgänglich. ***AWL***

Auch aus der ES 125 entstand ein Kleinseriengeländemotorrad: die ES 125/G. ***WS/W***

In der Weiterentwicklung erhielt die ES 125/G eine höhere Motorleistung und ein Fünfganggetriebe.
WS/W

Mit den ETS 175/250/300/G entstanden spezielle Geländemotorräder, die praktisch nur noch den Motor mit den Straßenserienmodellen gemeinsam hatten. ***WS/W***

Die ETS 175/250/1 G erhielten später noch ein Spezial- Fünfganggetriebe, womit die Abtrennung von der Großserie umfassend wurde.
WS/W

worden. Parallel zum Personenseitenwagen war auch stets eine Lastenvariante mit geräumigem Ganzstahlkistenaufbau im Angebot.

Zwei Seiten einer Medaille: Serien- und Rennmotorräder

Die Fäden für die traditionell enge Bindung des Zschopauer Motorradwerkes an den Motorsport wurden bereits mit der Wiederaufnahme der Produktion im Jahre 1950 neu geknüpft. Seitdem waren sie unentbehrlicher Bestandteil der Forschungs-, Entwicklungs- und Verkaufstrategie. Selbst von den ersten drei Prototypen der RT 125 aus dem Jahre 1949 war schon eine als Straßenrennmaschine modifiziert worden. Schließlich lieferte damals der Motorsport mit leicht abgewandelten Serienmaschinen wichtige Erkenntnisse für Serienkonstruktionen. Das war sowohl in der Phase des Zschopauer Neubeginns, aber auch in den folgenden Jahren für das Werk von großer Bedeutung.
Straßenrennsport und Motorradgelände-(Enduro-)sport bildeten die Schwerpunkte für die 1953 gegründete spezielle Sportabteilung in Zschopau. Der am Zweitaktrennmotor verwendete Flachdrehschieber und vorliegende neue Erkenntnisse bei der bewußten Einflußnahme auf die Strömungs- und Schwingungsvorgänge im Zweitaktmotor überhaupt eröffneten für sie ein breites Wirkungsfeld mit Perspektive. Die von ihr mit verhältnismäßig geringem Aufwand entwickelten und in der Folge ständig verbesserten MZ-Drehschieber-Zweitaktrennmotoren leiteten eine neue Epoche des Hochleistungszweitaktmotors ein, die dem internationalen Motorsport entscheidende Impulse vermittelte und mehr als zwei Jahrzehnte lang dominierte. Die Spezia-

Mitte der 80er Jahre wurde mit der »MZ-Enduro« erneut eine Kleinserie aufgelegt. Während das Fahrgestell weitgehend den Werksausführungen entsprach, basierte der Motor auf dem Serienmodell TS 250/1 bzw. ETZ 250. WS/W

In geringem Umfang gab es auch Moto-Cross-Abwandlungen der im Handel angebotenen Geländemotorräder. WS/W

Magnetzünder, Verzicht auf Beleuchtungs- und Signalanlage sowie freilaufende Kette kennzeichneten äußerlich das Cross-Modell. AWL

lisierung und zunehmende Serienentfernung des mehr und mehr kommerzialisierten Straßenrennsports führte aber in den siebziger Jahren bei MZ zur Einstellung der Aktivitäten in dieser Disziplin. Anzumerken ist noch, daß die MZ-Sportabetilung in den fünfziger und sechziger Jahren auch einige in Handarbeit gefertigte, käufliche Rennmaschinen (vorzugsweise mit 125 cm^3 Hubraum) angeboten und damit zu einer breiteren technischen Basis für den Straßenrennsport beigetragen hat.
Die zweite Säule des MZ-Motorsportengagements bildete der heute als Enduro-Sport bezeichnete Motorradgeländesport. Diese Disziplin stellt in universeller Weise Ansprüche an die Gebrauchseigenschaften eines Motorrades, wobei nicht übersehen werden soll, daß auch hier eine technische Spezialisierung stattgefunden hat, die zum Großserienmotorrad nur noch prinzipielle Gemeinsamkeiten aufweist. Angefangen haben die MZ-Geländesporterfolge aber mit Serienmaschinen. Erst zu Beginn der sechziger Jahre kamen speziellere Geländesportversionen zum Einsatz, die jedoch immer noch deutlich Vorreiterfunktionen für die kommenden Serienentwicklungen erfüllten. Die Wiedereinführung verbesserter Teleskopgabeln, die Verwendung von Zentralrahmen, Fünfganggetrieben oder die Steigerung der Motorleistung bei den normalen MZ-Serienmotorrädern lassen keinen Zweifel an der Verbindung zum Geländesport aufkommen.
In Kleinserien gefertigte, käuflich erwerbbare Geländesportmotorräder gab es bei MZ ebenfalls schon seit 1958. Diese Kleinserien sind in der Lehrwerkstatt des Großbetriebes unter Anleitung erfahrener Techniker und Motorradsportler produziert worden. Anfangs stützte man sich auf die BK- und ES-Typen, die speziell für sportliche Zwecke hergerichtet

Technische Daten der IFA-DKW- und MZ-Motorräder IFA BK 350, MZ BK 350[1]

Modell	IFA BK 350	MZ BK 350
Baujahre	1952–1956	1956–1958
Motor		
Zahl der Zylinder	2	
Bohrung mm	58	
Hub mm	65	
Hubraum cm³	343	
Arbeitsweise	Zweitakt	
Spülung	Umkehrspülung	
Leistung PS	15	17
max. Drehmoment mkg/min⁻¹	2,7/3500	3,0/3400
Verdichtung 1:	6,5	7
Höchstgeschwindigkeit solo km/h	115	120
Höchstgeschwindigkeit m. Sozius km/h	110	115
Kraftstoff-Normverbrauch l/100 km	3,2	3,8
Kühlung	Luft (Fahrtwind)	
Zylinderanordnung	gegenläufig (Boxer)	
Zylinder-Werkstoff	Grauguß	
Zylinderkopf	Leichtmetallguß	
Gaswechsel-Steuerung	durch Schlitze im Zylinder	
Kurbelwelle	geteilt, zusammengepreßt	
Schwungmassen	innenliegend (Hubscheiben)	
Kurbelwellenlager	Wälzlager	
Pleuellager	Rollenlager unten, Gleitlager oben	
Kurbelgehäuse-Werkstoff	Leichtmetall-Kokillenguß	
Pleuel	Stahl, ungeteilt, Doppel-T-Querschnitt	
Kolbenwerkstoff	Leichtmetallegierung	
Kolbenbolzen-Anordnung	Kaltfestsitz, durch Sprengringe gesichtert	
Schmierung	Kraftstoff-Ölmischung 25:1	
Zündung	Batteriezündung	
Zündverstellung	automatisch (Fliehgewichte)	
Vorzündung mm v. OT	3–3,5	4
Unterbrecher-Kontaktabstand mm	0,4	
Zündkerzen-Wärmewert	225 (Isolator)	
Elektrodenabstand mm	0,55	0,6
Vergaser		
Fabrikat	BVF (Berliner Vergaserfabrik)	

Typ		NP 22–7
Hauptdüse		95
Leerlaufdüse		30
Nadeldüse		67
Nadelposition		III
Durchlaß mm		22
Luftfilter		Naßluft mit Kaltstartanreicherung
Luftregulierschraube U/offen		2–2½
Kupplung/Getriebe		
Kupplung		Einscheiben-trocken
Kupplungsbetätigung		Handhebel/Druckstift
Getriebe		Zahnrad-Getriebe
Anordnung des Getriebes		mit Motor verschraubt
Schaltung		Fußschaltung
Übertragung Motor/Getriebe		direkt
Übersetzung 1:		1
Zahl der Getriebegänge		4
Übersetzungsverhältnis in den Gängen 1:	I	3,27
	II	2,10
	III	1,38
	IV	1,07
Übertragung Getriebe/Hinterrad		Kardan-Gelenkwelle
Übersetzung solo 1:		4,67
mit Beiwagen 1:		5,4
Getriebeölfüllung cm³		1000 Getriebeöl
Hinterradantrieb cm³		150 Getriebeöl
Gesamtübersetzung solo 1:	I	17,3
	II	9,81
	III	6,44
	IV	5,00
mit Beiwagen	I	20,74
	II	11,34
	III	7,45
	IV	5,78
Kickstarter		Kickstarterrad im Getriebe
Fahrgestell		
Art des Rahmens		geschlossener Doppelrohrrahmen
Rahmenverbindung		verschweißt/induktiv verlötet

Art der Federung	Teleskopgabel vorn, Geradfederung hinten	
Stoßdämpfer vorn	hydraulisch, 100 cm³ Motorenöl je Holm	
Stoßdämpfer hinten	ohne	
Lenkungsdämpfer	Reibungsdämpfer, einstellbar	
Fußstützen	verstellbar	
Kraftstoffbehälter-Inhalt l	18	
davon Reserve (Zweiwegehahn) l	2	
Schutzbleche	Halbrundprofil, hinten aufklappbar	
Kippständer	Stahlprofil, verschweißt	
Lenkerhebel	verstellbar	
Sattel	Schlauchgummidecke, Zentralfeder	
Sattelhöhe mm	740	
Radstand mm	1400	
Gesamtlänge mm	2150	
Gesamthöhe mm	1000	
Gesamtbreite mm	760	
Bodenfreiheit mm	140	
Wendekreis m	4,4	
Leermasse kg	142	
Zulässige Gesamtmasse kg	330	
mit Beiwagen kg	460	
Federweg vorn mm	150	
Federweg hinten mm	50	
Felgenart	offenes Stahlprofil	geschl. Stahlprofil
Bereifung vorn und hinten	3,25 × 19	
Beiwagen	3,25 × 19	
Auspuff	zerlegbar	
Reifendruck vorn	1,75	
hinten, solo bar	2,0	
Sozius bar	2,2	
Beiwagen bar	1,8	
Steckachse	vorn und hinten	
Vorderrad-Innenbackenbremse mm	200	
Hinterrad-Innenbackenbremse mm	200	
Bremsbetätigung vorn	Handhebel, Seilzug	
hinten	Fußhebel, Gestänge	
Lichtanlage Leistung V-W	6–45/60	

[1] Infolge der langandauernden Modellkonstanz bei verschiedenen MZ-Modellen sind im Laufe der Produktionszeit verschiedenartige Detailänderungen im Rahmen der Modellpflege wirksam geworden. Diese Änderungen betrafen in der Hauptsache Vergaser, Vergasereinstellungen, geringe Leistungsveränderungen, Materialumstellungen und -Einsparungen, Maße und Massen oder Vorwegnahme von Elementen späterer Nachfolgetypen. Im Interesse der Übersichtlichkeit wurden diese weniger bedeutenden Merkmale nicht berücksichtigt. Damit sind aber in der Praxis auftretende geringe Abweichungen möglich. Auch die verschiedenen Ausgaben der Werksdokumentationen entsprachen am Herausgabedatum nicht immer dem aktuellen Stand der Motorradentwicklung bzw. waren im Laufe der Zeit überholt oder enthalten gegenüber früheren oder späteren Auflagen geringfügig abweichende Daten. Diese Anmerkung gilt auch für die folgenden Tabellen zu den MZ-Motorrädern.

Technische Daten der IFA-DKW- und MZ-Motorräder IFA RT 125; IFA RT 125/1; MZ 125/2; MZ 125/3

Modell	IFA RT 125	IFA RT 125/1	MZ 125/2	MZ 125/3
Baujahre	1950–1954	1954–1956	1956–1959	1959–1962
Motor				
Zahl der Zylinder	1			
Bohrung mm	52			
Hub mm	58			
Hubraum cm^3	123			
Arbeitsweise	Zweitakt			
Spülung	Umkehrspülung			
Kurzleistung PS	4,75	5,5	6,0	6,5
Dauerleistung PS	4,25	4,75	6,0	6,5
max. Drehmoment mkg/min^{-1}	–	–	0,87/4000	0,65/3600
Verdichtung 1:	6	6,5	7,25	8
Höchstgeschwindigkeit solo km/h	75	80	80	85
Höchstgeschwindigkeit mit Sozius km/h	70	75	75	80
Kraftstoff-Normverbrauch l/100 km	2,25	2,3	2,3	2,5
Kühlung	Luft (Fahrtwind)			
Zylinderanordnung	schrägstehend (15 Grad)			
Zylinder-Werkstoff	Grauguß			
Zylinderkopf	Leichtmetallguß			
Gaswechsel-Steuerung	durch Schlitze im Zylinder			
Kurbelwelle	geteilt, zusammengepreßt			
Schwungmassen	innenliegend (Hubscheiben)			
Kurbelwellenlager	Wälzlager			
Pleuellager	Rollenlager unten, Gleitlager oben			
Kurbelgehäuse-Werkstoff	Leichtmetall-Kokillenguß			
Pleuel	Stahl, ungeteilt, Doppel-T-Querschnitt			
Kolbenwerkstoff	Leichtmetall-Legierung			
Kolbenbolzen-Anordnung	Kaltfestsitz, durch Sprengring gesichert			
Schmierung	Kraftstoff-Ölmischung 25:1			
Zündung	Batterie			
Zündverstellung	keine			
Vorzündung mm v. OT	4	4	4	4,5
Unterbrecher-Kontaktabstand mm	0,4			
Zündkerzen-Wärmewert	225	225	225	240
Elektrodenabstand mm	0,55	0,55	0,6	0,6
Vergaser				
Fabrikat	BVF (Berliner Vergaserfabrik)			
Typ	RT 17	NB 20	NB 20–2	NP 221–2
Hauptdüse	75	80	85	80
Leerlaufdüse	–	35	35	35
Nadeldüse	–	67	67	67
Nadelposition	III	IV	III	III
Durchlaß mm	17	20	20	22
Starterdüse	keine			
Luftfilter	Naßluftfilter mit Kaltstartanreicherung			
Luftregulierschraube U/offen	–	2½	2½	2½
Kupplung/Getriebe				
Kupplung	Mehrscheiben im Ölbad			
Kupplungsbetätigung	Handhebel/Schnecke			
Getriebe	Zahnradgetriebe			
Anordnung des Getriebes	mit Motor in gemeinsamem Gehäuse			
Schaltung	Fußschaltung			
Übertragung Motor/Getriebe	Hülsenkette			
Kettenabmessung	3/8 × 7,7	3/8 × 7,7	3/8 × 7,7	A 9,5 × 7,5

wurden. Hochgelegte Abgasanlagen, z.T. vergrößerte Raddurchmesser, leistungsverbesserte Motoren, schmalere Kotflügel, breitere Lenker und entsprechende Abdichtungen gegen Schmutz und Wasser unterschieden diese Motorräder im wesentlichen von den Serienmaschinen. Der Erfolg der ES 125/150-Serienmodelle führte 1963 zum Kleinseriengeländemotorrad ES 125/G. Dieses äußerlich noch seriennah aussehende Vollschwingen-Sportmodell erhielt 1965 ein Fünfganggetriebe. Die mit speziellen MZ-Werksmaschinen Anfang der sechziger Jahre insbesondere bei den Internationalen Sechstagefahrten errungenen Siege machten deutlich, daß der Motorradgeländesport mehr und mehr ein eigenständiges, dem Sport optimal angepaßtes Fahrzeug erforderte. Mit der Bezeichnung ETS/1 G wurden deshalb ab 1965 völlig neue 175-, 250- und 300-cm^3-MZ-Geländemotorräder angeboten. Während man motorseitig weitgehend auf entsprechend bearbeitete Serientechnik setzte (ab 1968 war es dann ein Spezialmotor mit Fünfganggetriebe), ist das Einheits-Fahrgestell mit Zentralrohr-Brückenrahmen direkt von der in der Werkssportabteilung entwickelten Technik abgeleitet worden. Bis 1978 wurden bei MZ ETS-Spezialgeländemaschinen in Kleinserie gefertigt, wobei diese im Laufe der Zeit immer wieder Detailverbesserungen erfuhren. Nach einer Pause von mehreren Jahren gab es dann ab 1985 eine Neuauflage von serienmäßig gefertigten, jetzt Enduro genannten, sportlichen MZ-Motorrädern. Wieder war der aktuelle Stand der Werksmaschinen Vorbild für das Fahrgestell gewesen, während man motorseitig den 250-cm^3-Großserienmotor als Basis bevorzugte.

Seit 1958 hat MZ insgesamt rund 4000 MZ-Kleinserienmotorräder ausgeliefert, die jedoch in keiner Phase das Niveau der in der MZ-Sportabteilung gefertigten Werksfahrermaschinen erreichten.

Technische Daten der IFA-DKW- und MZ-Motorräder IFA RT 125; IFA RT 125/1; MZ 125/2; MZ 125/3

Modell		IFA RT 125	IFA RT 125/1	MZ 125/2	MZ 125/3
Baujahre		1950–1954	1954–1956	1956–1959	1959–1962
Übersetzung 1:		2,75			
Zahl der Getriebegänge		3	3	3	4
Übersetzungsverhältnis					
in den Gängen 1:	I	2,92	2,87	2,93	3,05
	II	1,49	1,45	1,49	1,805
	III	1	1	1	1,285
	IV	–	–	–	1
Übertragung Getriebe/Hinterrad		Rollenkette			
Abmessung		1/2 × 5,2	1/2 × 1/4	1/2 × 1/4	12,7 × 6,4 × 8,51
Übersetzung solo 1:		2,86	2,86	2,86	2,66
Getriebölfüllung cm³		450 Motorenöl			
Gesamtübersetzung solo 1:	I	23	22,6	23	22,3
	II	11,7	11,4	11,7	13,2
	III	7,85	7,85	7,87	9,4
	IV	–	–	–	7,32
Kickstarter		Rad und Segment im Kupplungsraum			
Fahrgestell					
Art des Rahmens		Einrohrrahmen geschlossen			
Rahmenverbindungen		verschweißt/induktiv verlötet			
Art der Federung		Teleskopfederung			
vorn		Teleskopgabel			
hinten		Geradweg-Teleskopfederung			
Lenkungsdämpfer		ohne			
Fußstützen		nicht verstellbar			
Kraftstoffbehälter-Inhalt l		8	11	11	11
Reservekraftstoff (Zweiwegehahn) l		2			
Schutzbleche		Halbrundprofil			
Kippständer		Rohr, verschweißt			
Lenkergriff		einstellbar			
Sattel		Gummischlauchdecke			
Sattelhöhe mm		700	720	720	770
Radstand mm		1220	1260	1250	1310
Gesamtlänge mm		1950	1980	1980	1980
Gesamthöhe mm		900	920	920	920
Gesamtbreite mm		650	650	650	710 (Spiegel)
Bodenfreiheit mm		120	130	120	150
Wendekreis m		3,50	3,80	3,80	3,80
Leermasse kg		78	85	90	109
Zulässige Gesamtmasse kg		228	253	253	250
Federweg vorn mm		–	148	140	140
Federweg hinten mm		–	50	50	50
Felgenart		Stahlprofil, offen	Vollhorn, Stahl	Vollhorn, Stahl oder Leichtmetall	
Bereifung vorn und hinten		2,5 × 19	2,75 × 19	2,75 × 19	2,75 × 19/ 300 × 19
Auspuff		zerlegbar			
Reifendruck vorn	bar	1,75	1,25	1,20	1,40
hinten, solo	bar	2,0	1,5	1,6	1,6
Sozius	bar	2,2	2,0	1,9	1,9
Steckachse		vorn und hinten			
Vorderrad-Innenbackenbremse mm		125	125	125 (150)	150
Hinterrad-Innenbackenbremse mm		125	125	125 (150)	150
Bremsbetätigung vorn		Handhebel, Seilzug			
hinten		Fußhebel, Gestänge			Seilzug
Lichtanlage Leistung V-W		6–35/45	6–35/45	6–35/45	6–60

Technische Daten der MZ-Motorräder ES 175; ES 250; ES 300; ES 175/1; ES 250/1

Modell	ES 175	ES 250	ES 300	ES 175/1	ES 250/1
Baujahre	1956–1962	1956–1962	1963–1965	1962–1967	1962–1967
Motor					
Zahl der Zylinder			1		
Bohrung mm	58	70	72	58	70
Hub mm	65	65	72	65	65
Hubraum cm^3	172	250	293	172	250
Arbeitsweise			Zweitakt		
Spülung			Umkehrspülung		
Leistung PS	10	14,5	18,5	12	16
max. Drehmoment mkg	1,58	2,13	2,7	1,7	2,3
Verdichtung 1:	7,5	7	8,8	9	8,5
Höchstgeschwindigkeit km/h	95	115	120	100	115
Höchstgeschwindigkeit mit Seitenwagen km/h	–	90	95	–	90
Kraftstoff-Normverbrauch l/100 km	3,6	3,8	4,2	3,5	4,0
Kühlung			Luft (Fahrtwind)		
Zylinderanordnung			schrägstehend		
Zylinder-Werkstoff			Leichtmetall mit eingegossener Graugußlaufbüchse		
Zylinderkopf			Leichtmetallguß		
Gaswechsel-Steuerung			durch Schlitze im Zylinder		
Kurbelwelle			geteilt, zusammengepreßt		
Schwungmassen			innenliegend (Hubscheiben)		
Kurbelwellenlager			3 Rillenlager		
Pleuellager			Doppelrollenlager unten, Gleitlager oben		
Kurbelgehäuse-Werkstoff			Leichtmetall-Kokillenguß		
Pleuel			Stahl, ungeteilt, Doppel-T-Querschnitt		
Kolbenwerkstoff			Leichtmetall-Legierung Si 20		
Kolbenbolzen-Anordnung			schwimmend, durch Sprengringe gesichert		
Schmierung			Kraftstoff-Ölmischung 25:1		
Zündung			Batteriezündung		
Zündverstellung			automatisch (Fliehgewichte)		
Vorzündung mm v. OT	4	3,5	3	4	3,3
Unterbrecher-Kontaktabstand mm	0,4	0,4	0,3	0,4	0,3
Zündkerzen-Wärmewert	225	225	240	240	240
Elektrodenabstand mm			0,6		
Vergaser					
Fabrikat			BVF (Berliner Vergaserfabrik)		
Typ	N 261/0	N 271/0	30 KN 1–1	25,5 KN 1–2	28,5 KN 1–1
Hauptdüse	95	105	120	100	120
Leerlaufdüse			45		
Nadeldüse	67	67	77	70	77
Nadelposition	IV	IV	V	V	IV
Durchlaß mm	25,2	27	30	25,5	28,5
Luftfilter			Naßluftfilter mit Ansauggeräuschdämpfer		
Luftregulierschraube U/offen			2,5		
Kupplung/Getriebe					
Kupplung			Mehrscheiben im Ölbad		
Kupplungsbetätigung			Handhebel/Druckschnecke		
Getriebe			Zahnradgetriebe		
Anordnung des Getriebes			mit Motor in einem Gehäuse		
Schaltung			Fußschaltung		
Übertragung Motor/Getriebe			Zahnradgetriebe, schrägverzahnt		
Übersetzung 1:			2,43		
Zahl der Getriebegänge			4		
Übersetzungsverhältnis in den Gängen 1: I			2,77		

Technische Daten der MZ-Motorräder ES 175; ES 250; ES 300; ES 175/1; ES 250/1

Modell		ES 175	ES 250	ES 300	ES 175/1	ES 250/1
Baujahre		1956–1962	1956–1962	1963–1965	1962–1967	1962–1967
	II	1,63				
	III	1,23				
	IV	0,92				
Übertragung Getriebe/Hinterrad		Kette 1/2 × 5/16				
Übersetzung solo 1:		2,66	2,25	2,14	2,65	2,25
mit Beiwagen 1:		–	2,65	2,5	–	2,65
Getriebölfüllung				Motorenöl		
Füllmenge cm³		1100	1100	750	750	750
Kickstarter				Kickstarterrad im Kupplungsraum		
Fahrgestell						
Art des Rahmens				geschlossener Einrohrrahmen		
Rahmenverbindung				verschweißt		
Art der Federung				Langschwingen, Federbeine		
Stoßdämpfer vorn				hydraulisch, 80 cm³ Stoßdämpferöl je Dämpfer		
Stoßdämpfer hinten				hydraulisch, 80 cm³ Stoßdämpferöl je Dämpfer		
Lenkungsdämpfer				Reibungsdämpfer, verstellbar		
Fußstützen				verstellbar		
Kraftstoffbehälter-Inhalt l		16	16	15	15	15
Reservekraftstoff (Zweiwegehahn) l		2	2	2	2	2
Schutzbleche				Halbrundprofil, tief heruntergezogen		
Kippständer				Stahlrohr, verschweißt		
Lenkerhebel				verstellbar		
Sattel				Schaumgummi mit Gummidecke/Doppelsitzbank		
Sattelhöhe mm				750		
Radstand mm				1325		
Gesamtlänge mm		2000	2000	2035	2035	2035
Gesamthöhe mm		1000	1000	1185	1185	1185
Bodenfreiheit mm		150	150	140	140	140
Gesamtbreite mm		680	680	880	880	880
Leermasse kg		146	150	158	149	153
Zulässige Gesamtmasse kg		340	330	320	320	320
Federweg vorn mm				142		
Federweg hinten mm				115		
Nachlauf mm				105		
Lenkungswinkel Grad				63		
Felgenart				Tiefbettfelgen, Stahl/Leichtmetall		
Bereifung vorn				3,25 × 16		
Bereifung hinten		3,25 × 16	3,25 × 16	3,50 × 16	3,50 × 16	3,50 × 16
Auspuff				zerlegbar		
Reifendruck vorn	bar			1,4		
hinten, solo	bar	1,6	1,6	1,9	1,9	1,9
Sozius	bar	2	2	2,1	2,1	2,1
Steckachse				vorn und hinten		
Vorderrad-Innenbackenbremse mm				160		
Hinterrad-Innenbackenbremse mm				160		
Bremsbetätigung vorn				Handhebel, Seilzug		
hinten				Fußhebel, Gestänge		
Lichtanlage Leistung V-W		6–45/60	6–45/60	6–60/90	6–60/90	6/60/90

Technische Daten der MZ-Motorräder ES 125; ES 125/1; ETS 125/1; ES 150; ES 150/1; ETS 150/1

Modell	ES 125	ES 125/1	ETS 125/1	ES 150	ES 150/1	ETS 150/1
Baujahre	1962–1969	1969–1978	1969–1973	1962–1969	1969–1978	1969–1973
Motor						
Zahl der Zylinder	1					
Bohrung mm	52			56		
Hub mm	58			58		
Hubraum cm³	123			143		
Arbeitsweise	Zweitakt					
Spülung	Umkehrspülung					
Leistung PS	8,5	10	10	10	11,5	11,5
max. Drehmoment mkg	1,10	1,25	1,25	1,35	1,40	1,40
Verdichtung 1:	9	10	10	9	10	10
Höchstgeschwindigkeit solo km/h	90	100	100	95	105	105
Kraftstoff-Normverbrauch l/100 km	3	3,2	3,2	3,2	3,3	3,3
Kühlung	Luft (Fahrtwind)					
Zylinderanordnung	schrägstehend 15 Grad					
Zylinder-Werkstoff	Grauguß	Leichtmetall mit eingegossener Graugußbüchse		Grauguß	Leichtmetall mit eingegossener Graugußbüchse	
Zylinderkopf	Leichtmetallguß					
Gaswechsel-Steuerung	durch Schlitze im Zylinder					
Kurbelwelle	geteilt, zusammengepreßt					
Schwungmassen	innenliegend (Hubscheiben)					
Kurbelwellenlager	3 Rillenlager					
Pleuellager	unten Nadellager, käfiggeführt, oben Gleitlager					
Kurbelgehäuse-Werkstoff	Leichtmetallguß					
Pleuel	Stahl, ungeteilt, Doppel-T-Querschnitt					
Kolbenwerkstoff	Leichtmetallegierung					
Kolbenbolzen-Anordnung	schwimmend, durch Sprengringe gesichert					
Motoraufhängung	starr					
Schmierung	Kraftstoff-Ölmischung 33:1					
Zündung	Batteriezündung					
Zündverstellung	keine					
Vorzündung mm v. OT	3					
Unterbrecher-Kontaktabstand mm	0,4					
Zündkerzen-Wärmewert	14/240					
Elektrodenabstand mm	0,6					
Vergaser						
Fabrikat	BVF (Berliner Vergaserfabrik)					
Typ	22 N 1–1	22 N 1–3	22 N 1–3	24 N 1–1	24 N 1–1	24 N 1–1
Hauptdüse	90	87	87	92	90	90
Leerlaufdüse	35	35	35	40	40	40
Nadeldüse	65	65	65	67	65	65
Nadelposition	II	II	II	III	II	II
Durchlaß mm	22	22	22	24	24	24
Starterdüse	70	70	70	75	75	75
Luftfilter	Trockenluftfilter mit Ansauggeräuschdämpfer					
Luftregulierschraube U/offen	1,5	1,5	1,5	2,5	2,5	2,5
Kupplung/Getriebe						
Kupplung	Mehrscheiben im Ölbad					
Kupplungsbetätigung	Handhebel/Druckschnecke					
Getriebe	Zahnrad-Getriebe					
Anordnung des Getriebes	mit Motor in einem Gehäuse					

Technische Daten der MZ-Motorräder ES 125; ES 125/1; ETS 125/1; ES 150; ES 150/1; ETS 150/1

Modell	ES 125	ES 125/1	ETS 125/1	ES 150	ES 150/1	ETS 150/1
Baujahre	1962–1969	1969–1978	1969–1973	1962–1969	1969–1978	1969–1973
Schaltung	Fußschaltung					
Übertragung Motor/Getriebe	Hülsenkette					
Übersetzung 1:	2,31					
Zahl der Getriebegänge	4					
Übersetzungsverhältnis						
in den Gängen 1: I	3,05					
II	1,805					
III	1,285					
IV	1					
Übertragung						
Getriebe/Hinterrad	Rollenkette					
Abmessung	3/8 × 5/16	1/2 × 1/4	1/2 × 1/4	3/8 × 5/16	1/2 × 1/4	1/2 × 1/4
Übersetzung solo 1:	3,2	3,2	3,2	3,0	3,0	3,0
Getriebölfüllung	Motorenöl					
Füllmenge cm^3	450					
Kickstarter	Kickstarterrad im Kupplungsraum					
Fahrgestell						
Art des Rahmens	geschlossener Stahlpreßrahmen					
Rahmenverbindung	gefalzt/verschweißt					
Art der Federung						
vorn	Schwinge/Federbeine		Teleskopgabel	Schwinge/Federbeine		Teleskopgabel
hinten	Schwinge/Federbeine					
Stoßdämpfer vorn	hydraulisch, 70 bzw. 215 cm^3 Stoßdämpferöl					
Stoßdämpfer hinten	hydraulisch, 70 cm^3 Stoßdämpferöl					
Lenkungsdämpfer	ohne					
Fußstützen	fest					
Kraftstoffbehälter-Inhalt l	9					
Reservekraftstoff (Zweiwegehahn) l	1,5					
Schutzbleche	Halbrundprofil, weit heruntergezogen					
Kippständer	Leichtmetallguß					
Lenkerhebel	verstellbar					
Sitzkissen	Schaumgummi mit Gummidecke/Doppelsitzbank					
Radstand mm	1270	1270	1305	1270	1270	1305
Gesamtlänge mm	1990	1990	2025	1990	1990	2025
Gesamthöhe mm	1150	1150	1250	1150	1150	1250
Bodenfreiheit mm	100					
Leermasse kg	115	115	117	115	115	117
Zulässige Gesamtmasse kg	270					
Federweg vorn mm	150	150	145	150	150	145
Federweg hinten mm	100					
Felgenart	Leichtmetall					
Bereifung vorn	300 × 18	2,75 × 18	2,75 × 18	300 × 18	2,75 × 18	2,75 × 18
Bereifung hinten	300 × 18					
Auspuff	zerlegbar	verschweißt	verschweißt	zerlegbar	verschweißt	verschweißt
Reifendruck vorn bar	1,4	1,4	1,5	1,4	1,4	1,5
hinten, solo bar	1,8					
Sozius bar	2,0					
Steckachse	vorn und hinten					
Vorderrad-Innenbackenbremse mm	150					
Hinterrad-Innenbackenbremse mm	150					
Bremsbetätigung vorn	Handhebel, Seilzug					
hinten	Fußhebel, Seilzug					
Lichtanlage Leistung V-W	6–60/90					

Technische Daten der MZ-Motorräder ES 175/2; ES 250/2; ETS 250

Modell	ES 175/2	ES 250/2	ETS 250
Baujahre	1967–1972	1967–1973	1969–1973
Motor			
Zahl der Zylinder		1	
Bohrung mm	58	69	69
Hub mm		65	
Hubraum cm^3	172	243	243
Arbeitsweise		Zweitakt	
Spülung		Umkehrspülung	
Leistung PS	14	17,5 (ab 1969 19)	19
max. Drehmoment mkg	2,0	2,6	2,6
Verdichtung 1:		10	
Höchstgeschwindigkeit km/h	115	125	125
Kraftstoff-Normverbrauch l/100 km	3,8	4,3	4,4
Kühlung		Luft (Fahrtwind)	
Zylinderanordnung		schrägstehend	
Zylinder-Werkstoff		Leichtmetall mit eingegossener Graugußlaufbüchse	
Zylinderkopf		Leichtmetallguß	
Gaswechsel-Steuerung		durch Schlitze im Zylinder	
Kurbelwelle		geteilt, zusammengepreßt	
Schwungmassen		innenliegend (Hubscheiben)	
Kurbelwellenlager		3 Rillenlager	
Pleuellager		Nadellager, käfiggeführt oben und unten	
Kurbelgehäuse-Werkstoff		Leichtmetall-Kokillenguß	
Pleuel		Stahl, ungeteilt, Doppel-T-Querschnitt	
Kolbenwerkstoff		Leichtmetallegierung	
Kolbenbolzen-Anordnung		schwimmend, durch Sprengringe gesichert	
Motoraufhängung		elastisch, Gummisilentblöcke	
Schmierung		Kraftstoff-Ölmischung 33:1	
Zündung		Batterie	
Zündverstellung		automatisch, ab 1969 ohne	
Vorzündung mm v. OT		3	
Unterbrecher-Kontaktabstand mm		0,3	
Zündkerzen-Wärmewert		14/260	
Elektrodenabstand mm		0,6	
Vergaser			
Fabrikat		BVF (Berliner Vergaserfabrik)	
Typ	26 N 1–1	28 N 1–1	28 N 1–3
Hauptdüse	100	107	117
Leerlaufdüse	35	40	40
Nadeldüse	65	67	67
Nadelposition		III	
Durchlaß mm	26	28	28
Starterdüse	90	100	100
Luftfilter		Trockenluftfilter mit Ansauggeräuschdämpfer	
Luftregulierschraube U/offen		2,5	
Kupplung/Getriebe			
Kupplung		Mehrscheiben im Ölbad auf Kurbelwelle	
Kupplungsbetätigung		Handhebel/Druckschnecke	
Getriebe		Zahnradgetriebe	
Anordnung des Getriebes		mit Motor in einem Gehäuse	
Schaltung		Fußschaltung	
Übertragung Motor/Getriebe		Zahnradtrieb, schrägverzahnt	
Übersetzung 1:		2,43	
Zahl der Getriebegänge		4	
Übersetzungsverhältnis			
in den Gängen 1: I		2,77	

Technische Daten der MZ-Motorräder ES 175/2; ES 250/2; ETS 250

Modell		ES 175/2	ES 250/2	ETS 250
Baujahre		1967–1972	1967–1973	1969–1973
	II		1,80	
	III		1,23	
	IV		0,92	
Übertragung Getriebe/Hinterrad			Kette 1/2 × 5/16	
Übersetzung solo 1:		2,65	2,14	2,14
mit Beiwagen 1:		–	2,65	–
Getriebölfüllung			Getriebeöl	
Füllmenge cm^3			750	
Kickstarter			Kickstarterrad im Kupplungsraum	
Fahrgestell				
Art des Rahmens			geschlossener Einrohrrahmen	
Rahmenverbindung			verschweißt	
Art der Federung		Langschwingen und Federbeine		Teleskopgabel vorn, Langschwinge und Federbeine hinten
Stoßdämpfer vorn			hydraulisch 80 bzw. 215 cm^3 Stoßdämpferöl	
Stoßdämpfer hinten			hydraulisch 70 bzw. 80 cm^3 Stoßdämpferöl	
Lenkungsdämpfer		ohne	ohne, bei Seitenwagen Reibungsdämpfer, verstellbar	
Fußstützen			nicht verstellbar	
Kraftstoffbehälter-Inhalt l		16	16	22
Reservekraftstoff (Zweiwegehahn) l			1.5	
Schutzbleche			Halbrundprofil, tief heruntergezogen	
Kippständer			Rohr verschweiß	
Lenkerhebel			verstellbar	
Sitzkissen			Doppelsitzbank	
Radstand mm		1325	1325	1380
Gesamtlänge mm		2090	2090	2200
Gesamthöhe mm			1060	
Bodenfreiheit mm		170	170	160
Leermasse kg		155	156	151
Zulässige Gesamtmasse kg			320	
Federweg vorn mm		142	142	145
Federweg hinten mm		115	115	105
Nachlauf mm		106	106	87
Lenkungswinkel Grad		63	63	61
Felgenart			Tiefbettfelgen, Leichtmetall	
Bereifung vorn		3,00 × 16	3,00 × 16	2,75 × 18
Bereifung hinten			350 × 16	
Auspuff			verschweißt	
Reifenluftdruck vorn	bar	1,4	1,4	1,5
hinten, solo	bar		1,9	
Sozius	bar		2,1	
Steckachse			vorn und hinten	
Vorderrad-Innenbackenbremse mm			160	
Hinterrad-Innenbackenbremse mm			160	
Bremsbetätigung vorn			Handhebel und Seilzug	
hinten			Fußhebel und Gestänge	
Lichtanlage Leistung V-W			6–60/90	

Technische Daten der MZ-Motorräder TS 125; TS 150; ETZ 125; ETZ 150

Modell	TS 125	TS 150	ETZ 125	ETZ 150
Baujahre	1973–1985	1973–1985	1985–	1985–
Motor				
Zahl der Zylinder	1			
Bohrung mm	52	56	52	56
Hub mm	58			
Hubraum cm^3	123	143	123	143
Arbeitsweise	Zweitakt			
Spülung	Umkehrspülung			
Leistung PS	10	11,5	10,5	12,5 (14,3)
max. Drehmoment mkg	1,25	1,40	1,30	1,55 (1,6)
Verdichtung 1:	10	10	10,5	10,5
Höchstgeschwindigkeit solo km/h	100	105	100	105 (110)
Kraftstoff-Normverbrauch l/100 km	3	3,1	3	3,1
Kühlung	Luft (Fahrtwind)			
Zylinderanordnung	schrägstehend			
Zylinder-Werkstoff	Leichtmetall mit eingegossener Graugußlaufbüchse			
Zylinderkopf	Leichtmetallguß			
Gaswechsel-Steuerung	durch Schlitze im Zylinder			
Kurbelwelle	geteilt, zusammengepreßt			
Schwungmassen	innenliegend (Hubscheiben)			
Kurbelwellenlager	3 Rillenlager			
Pleuellager	Nadellager, käfiggeführt oben und unten			
Motorengehäuse-Werkstoff	Leichtmetall-Kokillenguß			
Pleuel	Stahl, ungeteilt, Doppel-T-Querschnitt			
Kolbenwerkstoff	Leichtmetallegierung			
Kolbenbolzen-Anordnung	schwimmend, durch Sprengringe gesichert			
Motoraufhängung	starr	starr	elastisch	elastisch
Schmierung	Kraftstoff-Ölmischung			
Verhältnis	33:1	33:1	50:1	50:1
Zündung	Batteriezündung			
Zündverstellung	ohne			
Vorzündung mm v. OT	3	3	2,5	2,5
Unterbrecher-Kontaktabstand mm	0,4	0,4	0,3	0,3
Zündkerzen-Wärmewert	14/260			
Elektrodenabstand mm	0,6			
Vergaser				
Fabrikat	BVF (Berliner Vergaserfabrik)			
Typ	22 N 1–3	24 N 1–3	22 N 2–1	24 N 2–2
Hauptdüse	90	95	105	120 (115)
Leerlaufdüse	35	40	40	40
Nadeldüse	65	65	72	67 (72)
Nadelposition	II	III	III	IV
Durchlaß mm	22	24	22	24
Starterdüse	70	75	75	75
Luftfilter	Trockenluftfilter mit Ansauggeräuschdämpfer			
Luftregulierschraube U/offen	2,5	2,5	1	2
Kupplung/Getriebe				
Kupplung	Mehrscheiben im Ölbad auf Kurbelwelle			
Kupplungsbetätigung	Handhebel/Druckschnecke			
Getriebe	Zahnradgetriebe			
Anordnung des Getriebes	mit Motor in einem Gehäuse			
Schaltung	Fußschaltung			
Übertragung Motor/Getriebe	Zweifach-Hülsenkette 3/8 × 3/16			
Übersetzung 1:	2,31	2,31	2,055	2,055
Zahl der Getriebegänge	4	4	5	5

Technische Daten der MZ-Motorräder TS 125; TS 150; ETZ 125; ETZ 150

Modell	TS 125	TS 150	ETZ 125	ETZ 150
Baujahre	1973–1985	1973–1985	1985–	1985–
Übersetzungsverhältnis				
in den Gängen 1: I	3,05	3,05	3,833	3,833
II	1,805	1,805	2,345	2,345
III	1,285	1,285	1,567	1,567
IV	1	1	1,191	1,191
V	–	–	1	1
Übertragung Getriebe/Hinterrad	Kette 1/2 × 1/4 bzw. 12,7×7,75			
Übersetzung 1:	3,2	3	3,2	3,0 (3,2)
Getriebölfüllung	Getriebeöl			
Füllmenge cm^3	450	450	600	600
Kickstarter	Kickstarterrad im Kupplungsraum			
Fahrgestell				
Art des Rahmens	Preßstahlrahmen, geschlossen		Zentralrohr, Rechteckprofil	
Rahmenverbindung	gefalzt, verschweißt		verschweißt	
Art der Federung vorn	Teleskopgabel			
Art der Federung hinten	Langschwinge mit Federbeinen			
Stoßdämpfer vorn	hydraulisch			
	220 cm^3 Stoßdämpferöl		230 cm^3 Stoßdämpferöl	
Stoßdämpfer hinten	hydraulisch, 70 cm^3 Stoßdämpferöl			
Lenkungsdämpfer	ohne			
Fußstützen	nicht verstellbar			
Kraftstoffbehälter-Inhalt l	12,5	12,5	13	13
Reservekraftstoff (Zweiwegehahn) l	1,5	1,5	1,5	1,5
Schutzbleche	Halbrundprofil hinten, Flachprofil vorn			
Kippständer	Leichtmetallguß			
Lenkerhebel	verstellbar			
Sitzkissen	Doppelsitzbank			
Radstand mm	1305	1305	1290	1290
Gesamtlänge mm	2050	2050	1970	1970
Gesamthöhe mm	1115 (1175)	1115 (1175)	1250	1250
Bodenfreiheit mm	140	140	145	145
Gesamtbreite mm	865	865	900	900
Leermasse kg	114	114	106, mit Scheibenbremse 110	
Zulässige Gesamtmasse kg	270	270	275	275
Federweg vorn mm	185			
Federweg hinten mm	105			
Nachlauf mm	90	90	95	95
Lenkungswinkel Grad	60	60	63	63
Felgenart	Tiefbettfelgen, Leichtmetall			
Bereifung vorn	2,75 × 18			
Bereifung hinten	300 × 18	300 × 18	3,25 × 16	3,25 × 16
Auspuff	verschweißt			
Reifenluftdruck vorn bar	1,5			
hinten, solo bar	1,9			
Sozius bar	2,1	2,1	2,7	2,7
Steckachse	vorn und hinten			
Vorderrad-Innenbackenbremse mm	160	160	Bremsscheiben-Durchmesser 280	
Hinterrad-Innenbackenbremse mm	150			
Bremsbetätigung vorn	Handhebel und Seilzug			
hinten	Fußhebel, Seilzug		Fußhebel, Gestänge	
Lichtanlage Leistung V-W	6–60/90	6–60/90	14–210	14–210

Technische Daten der MZ-Motorräder TS 250; TS 250/1; ETZ 250; ETZ 251

Modell	TS 250	TS 250/1	ETZ 250	ETZ 251
Baujahre	1973–1976	1976–1981	1981–1989	1989–
Motor				
Zahl der Zylinder	1			
Bohrung mm	69			
Hub mm	65			
Hubraum cm³	243			
Arbeitsweise	Zweitakt			
Spülung	Umkehrspülung			
Leistung PS	19	19	21	21
max. Drehmoment mkg	2,6	2,6	2,8	2,8
Verdichtung 1:	10			
Höchstgeschwindigkeit km/h	125	125	130	130
Kraftstoff-Normverbrauch l/100 km	4,5	4,5	4,7	4,5
Kühlung	Luft (Fahrtwind)			
Zylinderanordnung	schrägstehend			
Zylinder-Werkstoff	Leichtmetall mit eingegossener Graugußlaufbüchse			
Zylinderkopf	Leichtmetallguß			
Gaswechsel-Steuerung	durch Schlitze im Zylinder			
Kurbelwelle	geteilt, zusammengepreßt			
Schwungmassen	innenliegend (Hubscheiben)			
Kurbelwellenlager	3 Rillenlager			
Pleuellager	käfiggeführte Nadellager oben und unten			
Motorengehäuse-Werkstoff	Leichtmetall-Kokillenguß			
Pleuel	Stahl, ungeteilt, Doppel-T-Querschnitt			
Kolbenwerkstoff	Leichtmetall			
Kolbenbolzen-Anordnung	schwimmend, durch Sprengringe gesichert			
Motoraufhängung	elastisch (Gummisilentblöck)			
Schmierung	Kraftstoff-Ölmischung 50:1			
Zündung	Batteriezündung			
Zündverstellung	keine			
Vorzündung mm v. OT	3			
Unterbrecher-Kontaktabstand mm	0,3			
Zündkerzen-Wärmewert	260	240	260	260
Elektrodenabstand mm	0,6			
Vergaser				
Fabrikat	Berliner Vergaserfabrik (BVF)			
Typ	30 N 2–3	30 N 2–4	30 N 2–5	30 N 3–1
Hauptdüse	140	135	130	130
Leerlaufdüse	35	35	45	50
Nadeldüse	70	70	70	70
Nadelposition	IV	IV	III	IV
Durchlaß mm	30	30	30	30
Starterdüse	110	110	90	95
Luftfilter	Trockenluftfilter mit Ansauggeräuschdämpfer			
Luftregulierschraube U/offen	1,5	1	1	1,5
Kupplung/Getriebe				
Kupplung	Mehrscheiben im Ölbad (auf Kurbelwelle)			
Kupplungsbetätigung	Handhebel/Druckschnecke			
Getriebe	Zahnradgetriebe			
Anordnung des Getriebes	mit Motor in einem Gehäuse			
Schaltung	Fußschaltung			
Übertragung Motor/Getriebe	Zahnradtrieb, schrägverzahnt			
Übersetzung 1:	2,43			
Zahl der Getriebegänge	4	5	5	5

Technische Daten der MZ-Motorräder TS 250; TS 250/1; ETZ 250; ETZ 251

Modell		TS 250	TS 250/1	ETZ 250	ETZ 251
Baujahre		1973–1976	1976–1981	1981–1989	1989–
Übersetzungsverhältnis					
in den Gängen 1:	I	2,7	3,0	3,0	3,0
	II	1,8	1,865	1,865	1,865
	III	1,23	1,333	1,333	1,333
	IV	0,92	1,048	1,048	1,048
	V	–	0,87	0,87	0,87
Übertragung Getriebe/Hinterrad		Rollenkette 1/2 × 5/16			
Übersetzung solo 1:		2,24	2,35	2,52	2,29
mit Beiwagen 1:		2,76	2,94	3,2	2,82
Getriebölfüllung		Getriebeöl			
Füllmenge cm^3		750	900	1000	1000
Kickstarter		Kickstarterrad im Kupplungsraum			
Fahrgestell					
Art des Rahmens		Zentralrohrrahmen			
Rahmenprofil		rund	rund	rechteckig	rechteckig
Rahmenverbindung		verschweißt			
Art der Federung		Teleskopgabel vorn, Schwinge mit Federbeinen hinten			
Stoßdämpfer vorn		hydraulisch, 230 cm^3 Stoßdämpferöl			
Stoßdämpfer hinten		hydraulisch, 70 cm^3 Stoßdämpferöl			
Lenkungsdämpfer		ohne, bei Seitenwagen Reibungsdämpfer			
Fußstützen		starr			
Kraftstoffbehälter-Inhalt l		12,5 bzw. 17,5	12,5 bzw. 17,5	17	17
Reservekraftstoff (Zweiwegehahn) l		1,5			
Schutzbleche		Halbrundprofil hinten, Flachprofil vorn			
Kippständer		Stahlrohr, verschweißt			
Lenkerhebel		verstellbar			
Sitzkissen		Doppelsitzbank			
Radstand mm		1355	1355	1380	1322
Gesamtlänge mm		2050	2090	2160	2160
Gesamthöhe mm		1180	1195	1310	1310
Bodenfreiheit mm		135	135	130	120
Leermasse kg		140/144	140/144	153	145
Zulässige Gesamtmasse kg		320	320	330	330
Federweg vorn mm		185			
Federweg hinten mm		105			
Nachlauf mm		66	55	95	105
Lenkungswinkel Grad		63	63	63	63
Felgenart		Tiefbettfelgen, Leichtmetall			
Bereifung vorn		300 × 16	2,75 × 18	2,75 × 18	2,75 × 18
Bereifung hinten		350 × 16	3,50 × 16	3,50 × 16	3,25 × 16
Auspuff		verschweißt			
Reifenluftdruck vorn	bar	1,6	1,6	1,75	1,7
hinten, solo	bar	1,0			
Sozius	bar	2,5			
Steckachse		vorn und hinten			
Vorderrad-Innenbackenbremse mm		160	160	280 (Scheibenbrense)	280
Hinterrad-Innenbackenbremse mm		160			
Bremsbetätigung vorn		Handhebel und Seilzug		Handhebel und Hydraulik	
hinten		Fußhebel und Gestänge			
Lichtanlage Leistung V-W		6–60/90	6–60/90	14–180/210	14–180/210

MZ-Typen auf einen Blick:

Typ	Hubraum cm³	Leistung kW/PS	Höchst-geschwindigkeit km/h	Bauzeit	Fahrgestell-Nummern
RT 125	123	3,65/5	75	1950–1954	750001–780200
RT 125/1	123	4,05/5,5	80	1954–1956	1000001–1031600
					11018501–11021450
MZ 125/2	123	4,4/6	80	1956–1959	5000001–5055424
MZ 125/3	123	4,75/6,5	85	1959–1962	7500001–7643035
ES 125	123	6,25/8,5	90	1962–1969	5100001–5163526
ES 150	143	7,35/10	95	1962–1969	5500001–5690585
ES 125/1	123	7,35/10	100	1969–1978	5163527–5500000
ES 150/1	143	8,45/11,5	105	1969–1978	5690586–6000000
ETS 125/1	123	7,35/10	100	1969–1973	9250001–9254860
ETS 150/1	143	8,45/11,5	105	1969–1973	9263002–9277044
TS 125	123	7,35/10	100	1973–1985	7700001–7800000
					8800001–8900000
TS 150	143	8,45/11,5	105	1973–1985	7800001–8000000
ETZ 150	143	9/12,25 (10,5/14,3)	105	1985–	Fünfganggetriebe
ETZ 125	123	7,35/10	100	1985–	Fünfganggetriebe
BK 350	343	11/15 (12,5/17)	115	1952–1959	850001–892983
ES 175	172	7,55/10,25	95	1956–1962	3000001–3043222
ES 250	243	10,5/14,25	115	1956–1962	1100001–1250327
ES 300	293	13,7/18,5	120	1963–1965	1500000–1507876
ES 175/1	172	8,8/12	100	1962–1967	3043223–3092260
ES 250/1	243	11,75/16	115	1962–1967	1171300–1125327
ES 175/2	172	10,3/14	110	1967–1972	3100001–3140500
ES 250/2	243	14/19	120	1967–1973	1300001–1500000
ETS 250	243	14/19	120	1969–1973	3500001–3516267
TS 250	243	14/19	120	1973–1976	3530001–3640900
TS 250/1	243	14/19	120	1976–1981	3660001–3800000
ETZ 250	243	15,4/21	125	1981–1989	2000001–
ETZ 251	243	15,4/21	125	1989–	–

DKW-Motorräder als Kraftfahrzeug-veteranen

Von Frieder Bach

Ein Hobby und seine Ansprüche
Am Anfang war der Schrott
Die Vergaser-Typen der DKW-Motorräder
Arbeiten am Fahrgestell
Wozu der ganze Aufwand

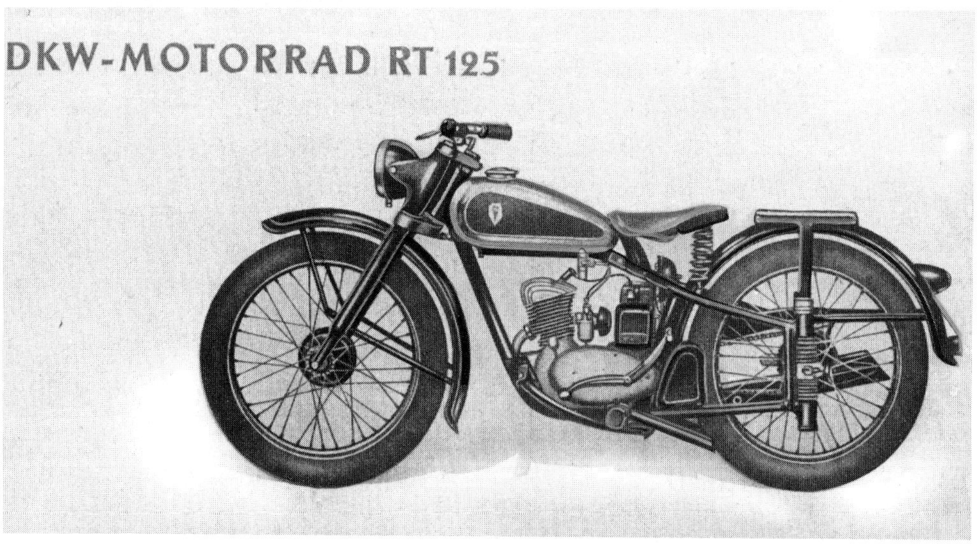

Wer 1949 noch eine solche SB besaß, konnte sich glücklich schätzen. AFB

Erster Werbedruck für die IFA-RT 125. Bemerkenswert ist dabei das DKW-Emblem am Tank. AFB

Ein Hobby und seine Ansprüche

Nach dem Ende des Zweiten Weltkrieges, also in jener Zeit, in der es fast keine Fahrzeugproduktion in Deutschland mehr gab und die äußeren Umstände das Betreiben eines größeren Fahrzeugs für private Zwecke kaum erlaubten, waren DKW-Motorräder aufgrund ihrer Unkompliziertheit und Zuverlässigkeit sehr begehrte Transportmittel. Auch viele ehemalige Autofahrer mußten nun wieder auf ein solches Zweirad zurückgreifen, das sie wenige Jahre zuvor vielleicht noch geringschätzig belächelt hätten.

Die meisten Werkstätten hatten noch einen beträchtlichen Ersatzteilstock aufzuweisen, da die vertraglich gebundenen DKW-Reparateure vor dem Krieg vom Werk hierzu verpflichtet worden waren. Ende der vierziger Jahre begann auch schon wieder eine Nachfertigung von Fahrzeugteilen. So waren bis weit in die sechziger Jahre, als schon längst wieder Neufahrzeuge heimischer Produktion die Straßen belebten, immer noch DKW-Ersatzteile erhältlich. Allerdings entstanden im Ersatzteilsektor durch die Teilung Deutschlands recht große regionale Unterschiede. Da zahlreiche Zulieferbetriebe der Kraftfahrzeugindustrie im westlichen Teil Deutschlands konzentriert waren, erwuchsen den in der DDR beheimateten Fahrzeugbesitzern enorme Probleme mit den kleinen, aber unentbehrlichen Normteilen, mit Ketten und der Bereifung. Tüftlergeist, Organisationstalent und der Aufbau einer entsprechenden Zubehörindustrie halfen aber auch hier über die dürren Jahre. Doch bald drängten Neufahrzeuge von Simson, MZ und Jawa die Vorkriegs-DKW-Motorräder in den Schuppen oder auf den Schrottplatz.

In der Bundesrepublik hatten das schon etwas eher die Ingolstädter DKW-Motorräder, die Zündapp, Triumph, BMW und andere Motorrad-Marken besorgt.

Alsbald begannen aber einige Enthusiasten, sich um die Erhaltung der alten Kfz-Technik zu bemühen. So wurde manches 500er SB-Gespann, dem man noch sein hartes Nachkriegsdasein als Schweinehälften-, Hühnerkisten- und Kaninchenfutter-Transportgerät ansah, nach ein paar im Schuppen verdämmerten Jahren zu neuem Leben als Fahrzeugveteran erweckt. Da die Zeit – um mit den Worten Wilhelm Buschs zu reden – im Sauseschritt eilt, sind die einfachen Zweitakter der dreißiger, vierziger und fünfziger Jahre gegenüber den scheibengebremsten, zentralgefederten und mit der Kraft von hundert Pferden getriebenen Motorräder von heute bereits bestaunte Oldtimer-Technik.

Die Pflege des kraftfahrzeugtechnischen Erbes, die zunächst nur Aufgabe weniger musealer Einrichtungen war, weitete sich auf private Sammler aus und wird heute von einer beachtlichen Anzahl zumeist in speziellen Clubs organisierter Hobby- und z.T. auch Profi-Restaurator betrieben. So unterschiedlich, wie alles unter dem Begriff Kraftfahrzeug Produzierte selbst, sind auch die Motive, Neigungen und Interessen derer, die sich mit der Erhaltung und/oder Benutzung der alten Technik befassen. Die Palette reicht vom Originalitätsfanatiker, der selbst an einem ungebrauchten Motorrad einen falschen Farbton entdeckt, über den Alles-selbst-Macher, der nicht sieht oder sehen will, daß die von ihm lackierten Blechteile »glatt« wie Nachbars Hauswand sind, bis hin zum Veteranenfreund, der viel Geduld und den festen Willen hat, aus einem Haufen Schrott wieder ein schönes, seiner Produktionszeit entsprechend originales Fahrzeug auf die Räder zu

Z 500 mit Sonderzubehör: 1 – Fußbretter mit Beinschützern; 2 – Soziussitz; 3 – Soziusfußrasten; 4 – Bosch-Lichtanlage; 5 – elektrisches Boschhorn; 6 – Rückblickspiegel; 7 – Gummiwulstgriffe; 8 – Tachometer; 9 – Stoßdämpfer; 10 – Haltegriff ***AFB***

stellen und zu benutzen und der Nachwelt zu erhalten.
Diese Feststellungen sollen nicht dazu dienen, die Freunde alter Kfz-Technik zu schematisieren oder gar zu kritisieren, sondern dem Anfänger im Kfz-Veteranen-Hobby helfen, Fehler, die andere vor ihm schon zur Genüge gemacht haben, zu vermeiden.
Für die Intensität sowie die Art und Weise des Betreibens einer solchen Freizeitbeschäftigung ist neben der persönlichen Mentalität, der beruflichen Ausbildung und vielen anderen Kriterien oft die erste Konfrontation mit der Materie Veteranenfahrzeug ausschlaggebend. Es ist ein Unterschied, ob ein Fahrzeugrestaurator vielleicht als ehemaliger Rennfahrer, der sich nie ganz von der Kfz-Technik trennen konnte, in die Szene hineingewachsen ist, ob sich jemand ganz allmählich aufgrund von entsprechenden Veranstaltungs- und Museumsbesuchen für das Hobby erwärmte, oder ob ein Erstbesucher eines Kraftfahrzeugveteranentreffens beim Anblick eines Cabrios plötzlich Feuer fängt.
Alle zukünftigen Hobbyrestauratoren, Kfz-Veteranen-Sammler und -Fahrer, die nicht durch beruflichen oder sportlichen Dauerumgang mit Kraftfahrzeugen entsprechend vorgewarnt sind, sollten sich, bevor sie sich auf das Abenteuer »Oldtimerei« einlassen, ernsthafte Gedanken über ihre eigenen Möglichkeiten, Voraussetzungen und Ziele machen, um sich eine mögliche herbe Enttäuschung zu ersparen und andere (zumeist die Ehefrau) nicht unnötig zu belasten. Ein Strohfeuer, das beim erstmaligen Besuch einer Veranstaltung mit historischen Rennfahrzeugen gezündet wurde, reicht nicht aus, um eine solche Suppe tischfertig zu kochen! Der Schlüssel zum Erfolg heißt Geduld. Sie muß von der Beschaffung des Fahrzeugs und der fehlenden Teile über die Restaurierung bis hin zu eventuellen Unterwegsreparaturen bei einer Veranstaltung reichen.
Die vorauseilenden Gedanken zum Hobby müssen u.a. Garagengröße, Restaurierungswerkstatt und ihre Ausrüstung, zur Verfügung stehende Freizeit sowie Begeisterungsfähigkeit des Ehepartners einschließen und sollten eine Einschätzung der eigenen handwerklichen Fähigkeiten und finanziellen Möglichkeiten nicht auslassen. Ein rationell veranlagter Typ wird den Umfang des zukünftigen Hobbys nach diesen Überlegungen festlegen. Der emotional veranlagte Mensch kann sich beim Anblick eines Fahrzeugs oder beim Ertönen eines Auspuffjodlers plötzlich schon mal hinreißen lassen, und kein Mitglied der Familie ist dann noch imstande, ihn vom Kauf des Fahrzeugs zurückzuhalten.
Letztlich spielt es aber eine untergeordnete Rolle, wie man zur Oldtimerei kommt. Bei der Beschäftigung mit dem Edelschrott bietet sich ein breites Spektrum hinsichtlich der Intensität. Es reicht von einigen sonntäglichen Ausfahrten mit einer unrestaurierten, aber gut erhaltenen SB 350, die man per Zufall im Keller eines Bekannten entdeckte, bis zum konsequenten Aufbau einer markenspezifischen Sammlung restaurierter Fahrzeuge.
Man kann die ganze Sache natürlich auch in bestimmten Grenzen halten, indem von vornherein eine Marke als Sammelgebiet festgelegt wird. Bei vielen drängt natürlich der Zufall das Hobby in diese oder jene Richtung, da die Fahrzeugveteranen ja nicht beliebig nach Wunschzettel beschaffbar sind. Derjenige, der sich von den Platzverhältnissen her oder finanziell am weitesten Beschränkungen auferlegen muß, sollte sich auch die meisten Gedanken über das anzuschaffende Fahrzeug machen. Dabei ist es ein meilenweiter Unterschied, ob der Kfz-Veteran nur einen Schauwert im Hobbyzimmer eines Prospektesammlers erhalten oder ob er einen »Kilometerfresser« an jedem zweiten Wochenende zu einem Treffen tragen soll.
Die einfachen, meist schwarzen DKW-Modelle wie KS, SB und RT können bedenkenlos für große Rallye-Strecken oder Ausfahrten nur so zum Spaß genutzt werden und ihrem Fahrer zu sehr viel Fahrfreude verhelfen. Die Eigenschaften wie Einfachheit und Zuverlässigkeit, die diese Motorräder in ihrem normalen Fahrzeugleben prägten, zeichnen sie auch heute in ihrem Veteranendasein aus. Fachgerecht restaurierte 350er oder 500er SB, 200er KS oder 250er NZ sind relativ problemlose Fahrzeuge für diverse Rallye-Kilometer. Die fahrerischen Einsätze einer Supersport oder E 206 sollten dagegen etwas vorsichtiger geplant werden. Aufgrund des höheren Alters, der geringeren Produktionszahlen und des wesentlich höheren Restaurierungsaufwandes sollten sich hier die Fahrstrecken in engeren Grenzen halten, um noch möglichst vielen Generationen von Freunden der Kfz-Technik ein solch schönes optisches und akustisches Erlebnis zu vermitteln. Modelle wie Lomos-Sesselrad oder Stahlmodell sollten fast ausschließlich musealen Zwecken dienen. Wenn auch jeder Veranstalter bemüht ist, dem Publikum sehr alte und attraktive Fahrzeuge zu bieten, so dürfte doch bei diesen seltenen Fahrzeugen der Aspekt des Erhaltens im Vordergrund stehen und sich ein fahrerischer Einsatz bestenfalls auf eine Funktionsvorführung anläßlich einer Jubiläumsveranstaltung beschränken.
Nach Restaurierung und vor dem ersten Start mit den guten Stücken ist auch heute noch das Lesen der Betriebsanleitung sinnvoll, denn es ist für den Fahrer interessant und für den Motor vielleicht lebenswichtig, daß z.B. die E 206 mit einem Mischungsverhältnis bei Öl und Benzin von 1:10 betrieben werden muß. Weniger praktische Bedeutung für heutige Fahrer haben die angegebenen Reinigungsintervalle von Auspuff, Zylinder und

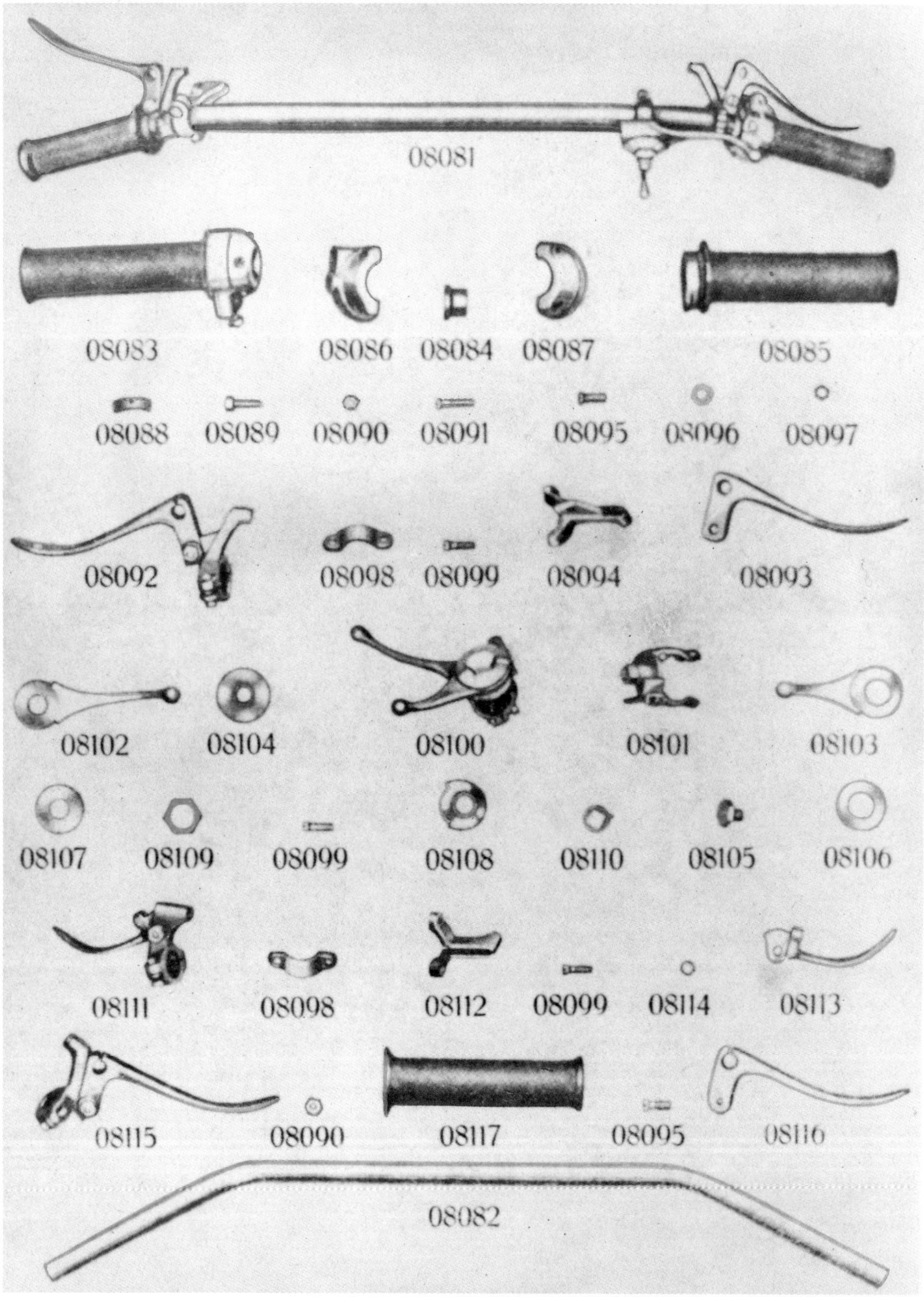

Der Sport-Lenker und die Zubehörteile für die SB-Reihe aus dem Programm von DKW (hergestellt von Amal) ***AFB***

Kolben, da unsere heutigen Öle wesentlich rückstandsärmer als die damaligen verbrennen. Trotzdem sollte das Gemisch der Umwelt zuliebe auf ein vertretbares Maß reduziert werden.

Natürlich wird der derzeitige Besitzer solch alter DKW beim Kauf derselben nur selten die Betriebsanleitung oder anderweitige, zum Fahrzeug gehörige Dokumentation mit erworben haben. Es existieren aber in Archiven und bei Fahrzeugsammlern noch Exemplare der damals in reichlichen Auflagen gedruckten Hefte, so daß für den heutigen Interessenten, falls er nicht das Glück hat, auf dem Teilemarkt oder im Antiquariat ein Original zu erhaschen, über Clubverbindungen zumindest eine Kopie oder ein Nachdruck beschaffbar ist.

Wichtigster Teil der schon erwähnten Fahrzeugdokumentation ist für Retaurierungsarbeiten die zum jeweiligen Modell gehörende Ersatzteilliste, die vom DKW-Werk bzw. der Auto Union in fortlaufender Numerierung und Untergliederung für fast alle DKW-Erzeugnisse herausgegeben wurde. Besonders für Fahrzeuge, die sich vor der Restaurierung in starkem Maße unvollständig bzw. unoriginal präsentieren, ist die Ersatzteilliste ein unentbehrliches Hilfsmittel. Detailänderungen an den Maschinen, die während der Produktionszeit eines Modells erfolgten, wurden jedoch darin oft nicht erfaßt; auch bei Neuauflagen nicht. Diese Änderungen sind nur in Form von Händlermitteilungen, Rundschreiben und ähnlichen Druckerzeugnissen (wie »DKW-Praxis«) den Vertragswerkstätten mitgeteilt worden.

Viele Teile der DKW-Motorräder passen zu mehreren Modellen. Nur bei gleicher Ersatzteilnummer sind es aber hundertprozentig gleiche Teile. Oft unterscheiden sie sich jedoch nur durch eine Bohrung oder ein anderes geringfügiges Detail. Dann kann mit geringem Aufwand ein vorhandenes Teil für die zu restaurierende Maschine passend gemacht werden.

Für den Umgang mit den Ersatzteillisten ist noch zu vermerken, daß diese – wie jedes andere Druckerzeugnis auch – nicht gegen den Druckfehlerteufel gefeit waren. So darf also nicht alles aus den Listen bedenkenlos als richtig angesehen werden. Das muß bei Originalitätsdiskussionen berücksichtigt werden!

Im Zusammenhang mit den überlieferten Druckerzeugnissen soll noch darauf hingewiesen werden, daß seinerzeit viele Fachjournalisten in den Test- und Vorstellungsberichten über neuerschienene Fahrzeuge – gelinde gesagt – sehr großzügig mit den Typenbezeichnungen umgegangen sind. Indem für die meisten Modelle eine technische und eine Handelsbezeichnung, für manche auch noch weitere Bezeichnungen aus der Werbung existierten, war die Angelegenheit von Haus aus zwar schon etwas undurchsichtig, jedoch aus absatzstrategischer Sicht jener Jahre bestimmt kein Fehler. Daß eine eindeutige technische Typenbestimmung eines DKW-Motorrades fünfzig oder sechzig Jahre später für einige Leute so wichtig werden würde, hatten die damaligen Händler und Fahrzeugtester beim besten Willen nicht ahnen können.

Vielfach haben die Journalisten der Einfachheit halber jeweils für das neueste Modell die Bezeichnung DKW 500 oder DKW 200 benutzt, so daß es uns heute überlassen bleibt, aus textlichen Aussagen den Typ herauszufinden, von dem im betreffenden Artikel die Rede ist. Auch zur Erläuterung beigefügte

Erkennen wir einen solchen Lenker als original an? AFB

Skizzen wirken bei der Typenbestimmung oft nicht helfend, sondern eher erschwerend, was sinngemäß leider auch auf die Betriebsanleitungen zutrifft. Da wurden beispielsweise bei der Darstellung der Kettenspannung an der Supersport, die ja bekanntlich einen Rohrrahmen aufwies, Ausfallenden eines Preßstahlrahmens gezeichnet; neben den Erläuterungen zur Elektrik einer 500er sind die Teile einer 200er abgebildet; bei der Erklärung des Dynastarts wird der einfache Spulenkasten als »elektrischer Starter« gezeigt... Oft kamen wohl die DKW-Modelle in so schneller Folge auf den Markt, daß die Journalisten Mühe hatten, auf dem laufenden zu bleiben, zumal die zahlreichen anderen Motorradhersteller die Hände auch nicht in den Schoß gelegt hatten. Die Skizzen und Abbildungen in jenen alten Druckerzeugnissen waren, sofern sie nicht direkt sachliche Fehler enthielten, für die Zwecke des damaligen Benutzers in ihrer prinzipiellen Aussage trotzdem brauchbar. Es lassen sich daraus aber für unsere Veteranenfahrzeuge nur bedingt Originalitätsaussagen ableiten.
Diese an sich schon reichlich große Originalitatsproblematik wird noch durch den großen Bereich des Sonderzubehörs verstärkt. Bei DKW ist das ein spezieller Umstand, da seit Mitte der zwanziger Jahre ein umfangreiches Angebot an zusätzlicher Ausrüstung – sogar maßgeschneidert für das jeweilige Modell – bei den Händlern und jeweiligen Reparateuren vorlag. Dieses Zubehör wurde teilweise im Zschopauer Werk bzw. in einem Betriebsteil desselben, teilweise auch von Fremdherstellern produziert. So wird kaum ein Kfz-Veteranenfreund die speziell für die E 206 gefertigten Trittbretter und Beinschutzbleche als nicht original abtun! Aber ist der für die SB-Reihe gefertigte Sportlenker mit Amal-Hebeln noch original? Wie soll man sich beim nachträglichen Einbau einer industriemäßig gefertigten Geradweg-Hinterradfederung entscheiden? Diese Fragen sind schon oft diskutiert worden und werden auch noch weiterhin Stoff für »Benzingespräche« abgeben. Doch da vorstehende Zeilen als Leifaden und Hilfe beim Hobby DKW-Restaurierung anzusehen sind, soll hierzu keine dogmatische Entscheidung gefällt werden. Vielmehr bleibt es dem gesunden Gefühl des Restaurators überlassen, was als originales Zubehör bedenkenlos verwendet bzw. was als zeitgemäßes Zubehör noch akzeptiert werden kann. Diese gewisse Toleranz darf sich aber nur auf das Gebiet des Zubehörs erstrecken, denn tolerierte man »zeitgemäße Restaurierung« für das gesamte Fahrzeug, so würden wohl tolle Lackierungen und Eigenbauteile als »zeitgemäß« Anspruch auf Originalität erheben.
Der Originalitätsgrad der Veteranenfahrzeuge wird an vielen äußeren Details gemessen. Ihn in möglichst hohem Maße wieder zu erreichen, ist das normale Bestreben der Besitzer und Restauratoren. Die Beschaffung der Originalteile sorgt bei diesem Hobby für Spannung. Was für ein blasses Erlebnis ist für einen vom Oldtimervirus Befallenen doch ein

Opernabend gegen das Auffinden eines Tanks für den DKW-Fahrradmotor in der finstersten Ecke einer alten Werkstatt, zumal wenn die Rasmussen-Prägung noch tadellos erhalten ist!
Verschafft haben uns die Spannung bei diesem Hobby vor allem aber die früheren Benutzer der Fahrzeuge, denen beispielsweise die Herstellerfirma eines Vergasers völlig gleichgültig war, wenn er nur einen geringeren Kraftstoffverbrauch versprach. Wurden die Fahrzeuge noch nach dem Krieg benutzt, so sind zumeist die Beleuchtungsanlagen durch moderne ersetzt worden. Kfz-Veteranenfreunde verfahren heute genau umgekehrt. Sie nehmen jeden Verbrauch in Kauf, den der Motor verkraften kann, wenn nur der Originalvergaser von Framo, Meco oder Amal zum Leben erweckt werden kann.
Ein nicht durch fehlende Teile bedingtes Abweichen vom Originalitätsideal ist das sogenannte Überrestaurieren der Fahrzeuge. Sehr beliebte Methoden hierbei sind das Verchromen von Teilen – möglichst noch an Billigmodellen, die nie verchromt waren – sowie eine Überladung mit Zierlinien. Da ist es schon besser, sich in puncto Lackierung vor der Restaurierung gut zu informieren und nicht die am Fahrzeug verchromt gewesenen Teile einfach wieder in einen galvanischen Betrieb zu geben.
Da wir schon beim praktischen Stadium der Restaurierung angekommen sind, halten wir auch noch einige Anmerkungen für erforderlich, die die Gesamtheit der DKW-Motorräder bzw. eine ganze Modellreihe betreffen: Für eine fachgerechte Restaurierung ist nicht unbedingt die Ausstattung einer DKW-Vertragswerkstatt erforderlich, aber ganz ohne Spezialwerkzeug kann man nicht auskommen. Besonders wenn man beabsichtigt, mehrere DKW-Modelle zu restaurieren, ist die Beschaffung bzw. Anfertigung einiger Abzieher und Gegenhalter sehr wichtig, um keines der wertvollen Teile zu »zerschlossern«.
Bei den Modellen der zwanziger Jahre ist noch mit sehr wenig Spezialwerkzeug auszukommen. Meist reicht ein Dreiklauenabzieher oder ein von jedem Dreher einfach anzufertigender Gewinde-Glockenabzieher für die Ritzel auf Kurbelwelle und Getriebeausgang. Für die Schwungscheiben der Zündmagnete sind keine Abzieher erforderlich, da sich die geistigen Väter der DKW-Fahrzeuge hierfür eine sehr praktische Lösung einfallen ließen. Die Schwungscheibe ist mittels einer Bundmutter auf der Kurbelwelle befestigt. Beim Lösen der Mutter drückt diese gegen eine starke Scheibe, die an der Nabe des Magneten angeschraubt ist, und zieht so die Schwungscheibe vom Konus der Kurbelwelle. Eine typische DKW-Lösung – einfach und praktisch! Ein gabelförmiges Unterlegeholz für den Kolben und ein Kolbenringspannband sind zwar nicht DKW-spezifisch, aber sehr wichtig, um den Zylinder ohne Beschädigung der Ringe aufsetzen zu können.
Früher oft benutztes Unterwegshilfe-Werkzeug waren Kettentrenner und Riemenlocher, die aber für den heutigen Gebrauch der Fahrzeuge entbehrlich sind. Unentbehrlich hingegen ist für das Wechseln der gesamten Zündanlage ein Spezialsteckschlüssel für die Nutmutter, die die Zündungsgrundplatte am Motorengehäuse hält. Die Versuche, die Mutter mittels dünnem Meißel oder Dorn zu lösen, haben schon vielen Zündspulen das Lebenslicht ausgeblasen.
Zwar nicht als Spezialwerkzeug zu bezeichnen, aber trotzdem unentbehrlich sind die heutzutage ungewöhnlichen Schlüsselweiten 11, 16, 18 und 21 bei Ring- und Maulschlüsseln. Für die Großserientypen der dreißiger Jahre ist zumeist noch etwas mehr Sonderwerkzeug nötig. Kupplungsspanner, Gegenhalter für den inneren Kupplungsmitnehmer, Schlitzmutterschlüssel für Kupplungshalsmuttern, Kupplungsabzieher und Fliehgewichtsausdrücker zur Zündeinstellung sind für die Arbeiten an den SB-, NZ- und RT-Typen als wichtigste Montagehilfen anzusehen. Die Maße für eine eventuelle Anfertigung der Werkzeuge kann man bei schrittweiser Demontage von den Teilen abnehmen. Falls die Sonderwerkzeuge nicht von anderen DKW-Besitzern leihweise beschaffbar sind, sollte man die Mühe der Anfertigung nicht scheuen, da man sich viel Verdruß und sicher auch Zeit bei den Restaurierungsarbeiten erspart, obwohl der Faktor Zeit bei einer Restaurierung eigentlich keine große Rolle spielen sollte. Schließlich werden bei einer Fahrzeugrestaurierung ja auch Mittel und Methoden angewandt, die im Sinne heutiger hektischer Produktionsweise absolut unökonomisch und in keinem Fachkundebuch für Kraftfahrzeugschlosser zu finden sind. Doch nur der Erfolg ist hier wichtig!

Am Anfang war der Schrott

Zu den wichtigsten Motorteilen der ältesten DKW-Generation gehören die Nasenkolben, deren Erhalt man sich schon einige Mühe kosten lassen sollte, da eine Neuanfertigung aufgrund der Gußform für den Rohling und der entsprechenden Werkstofflegierung schon eine ziemlich kostenaufwendige Angelegenheit werden kann. Hier ist also Sorgfalt am Platze – vom vorsichtigen Herauslösen aus dem Zylinder mittels rostlösender Flüssigkeit über noch behutsameres Ausheben der Kolbenringe aus den mit Ölkohle versetzten Nuten und das Entfernen von Freßstellen, bis zum Einstechen von Ringnuten für Bolzensicherungsringe. Auf die in den zwanziger Jahren gebräuchlichen Messingpilze zur Sicherung der Kolbenbolzen sollte man jedoch verzichten. Diese eignen sich nur noch für die Restaurierung eines Motorschnittmodells zur Darstellung der damaligen Konstruktion.
Die zu den Nasenkolben gehörenden Zylinder mit Querstromspülung büßten im Laufe ihres langen Motorradlebens meist einige Kühlrippen oder -stücke ein. Um die Einzelanfertigung eines neuen Zylinders zu vermeiden, lohnt sich schon der hohe Arbeitsaufwand, dem Zylinder seine ursprüngliche Form zurückzugeben: Die Rippen können eingeschweißt, hartgelötet oder – im Ausnahmefall – auch geklebt werden. Um einen Verzug infolge Erwärmung des Zylinderkörpers zu vermeiden, muß dieser vor Schweißbeginn gleichmäßig erwärmt werden und nach der Bearbeitung in warmem Sand oder warmer Asche langsam abkühlen. Derartige Schweißarbeiten (und auch das Kleben) sollten nicht ohne einschlägige Erfahrung durchgeführt werden.
Bei Fahrzeugen mit separatem Leichtmetallzylinderkopf ist den Gewinden für Zündkerze und Dekompressionsventil besondere Beachtung zu schenken. Sind diese nicht mehr in einwandfreiem Zustand, so lohnt sich das Einsetzen einer Gewindebüchse, um sich später unterwegs den traurigen Anblick einer Zündkerze samt herausgedrehtem Gewinderest zu ersparen. Das zur Gewindekontrolle herausgeschraubte Dekompressionsventil muß auf alle Fälle gründlich gereinigt und neu eingeschliffen werden, denn der beste Kolben mit gut sitzenden Ringen nützt nichts, wenn der Kompressionsdruck wegen eines undichten Ventilsitzes oder infolge schwacher Ventilfeder fehlt.
Die Überholung der Kurbelwelle ist im Normalfall nur besonderen Fachwerkstätten möglich. So bleibt dem Fahrzeugbesitzer lediglich die Möglichkeit, nach der wirklich geeigneten zu suchen. Der Einbau der Kurbelwelle ist nach allgemeinen Kraftfahrzeugschlosser-Richtlinien, wie Erwärmen des Gehäuses zum Einsetzen der Lager oder Auswinkeln des Pleuels, auszuführen. Als sinnvoll erachtet wird hier eine Bastelarbeit, nämlich das Ersetzen der Filzringdichtungen bei den ältesten Typen durch Radial-Wellendichtringe. Im Interesse eines einwandfreien Motorlaufes sollte dieser geringfügige Verstoß gegen das Originalitätsgebot hingenommen werden.
Die Instandsetzung von Getriebe und Kupplung bereitet bei Vorhandensein einiger handwerklicher Kenntnisse kaum Probleme. Bei

Angeblocktes Getriebe – viele Jahre dominierende Bauart in Zschopau ***AFB***

den Motorrädern mit getrenntem Getriebe ist mit Blick auf Originalität darauf zu achten, daß das Getriebe auch von einer der Original-Lieferfirmen bzw. aus DKW-eigener Fertigung stammt. Neben letzteren wurden hauptsächlich Erzeugnisse der Firmen Hurth, Sturmey-Archer und Pfeiffer verwendet. Bei Getrieben der sogenannten Blockbauart, die also mittels Stehbolzen an den Motor angeblockt waren, ist bei der Montage beider Bauteile zu einer Antriebseinheit auf das richtige Zahnflankenspiel zwischen dem Primärzahnrad auf der Kurbelwelle und dem Kupplungszahnrad zu achten. Einstellbar ist das Spiel durch unterschiedlich starke Papierdichtungen zwischen Motor und Getriebe.
Die älteren angeblockten Getriebe wurden durch eine Kugelschaltung betätigt. Die Lagerung der Kugel des Schalthebels erfolgte mittels eines kleinen Bolzens in Nuten des Leichtmetall-Schaltgehäuses. Nach etlichen Gebrauchsjahren sind aber die Nuten so verschlissen, daß der Platz zwischen Fahrersitz, Zylinder und dem abgespreizten Knie des Fahrers kaum noch ausreicht, um die drei Gänge zu schalten. Hier ist eine Begradigung der Führungsnuten und das Einsetzen eines stärkeren Bolzens immer erforderlich.
Bei den jüngeren Blockgetrieben mit Tank-Kulissenschaltung ist für das exakte Einlegen der Gänge eine Instandsetzung oder Erneuerung der Bolzen und Bolzenführungen im Schaltgestänge vonnöten. Müssen die Teile erst beschafft werden, ist unbedingt darauf zu achten, daß es auch die richtige Schaltkulisse ist, da die Einzylindermaschinen gegenüber den Zweizylindern eine gegensinnige Lage der Gänge aufweisen. Um vorzeitigen Verschleiß und mechanische Geräusche des Getriebes zu vermeiden, muß die Kulissenschaltung exakt eingestellt werden. Hand- und Getriebeschalthebel befinden sich dabei in Leerlaufstellung. Die Gelenkgabel ist dann auf dem Gewinde des Schaltgestänges so einzustellen, daß der Gabelbolzen zwanglos in den Bohrungen sitzt.
So, wie die NZ-Modelle technische Spitzenleistungen ihrer Zeit darstellen, waren die Getriebe diesem hohen Niveau angepaßt. Konstruktive Merkmale wie kombinierte Hand- und Fußschaltung, Führung der Schaltwelle in einer hohlen Kickstarterwelle, Demontierbarkeit des Getriebes bei im Rahmen verbleibendem Motor kennzeichneten den im damaligen Motorradbau erreichten höchsten Entwicklungsstand.

Bei Überholungsarbeiten an den NZ-Getrieben ist darauf zu achten, daß einige Teile während der Produktion dieser Modelle – z. B. die Schaltwalze, das Gehäuse und einige Zahnräder – konstruktiv überarbeitet wurden. Dies muß bei Teileauswechslungen bedacht werden. Genauere Angaben hierzu sind in den Erläuterungen zu den Typenblättern zu finden.
Besondere Beachtung beim Restaurieren einer DKW verdienen die Schrauben und Muttern. Auf die Verwendung der richtigen Schlüssel mit teilweise ungewöhnlichen Schlüsselweiten wurde schon hingewiesen. Gleichermaßen ist bei der Restaurierung ohne Schneideisen und -bohrer M 7 nicht auszukommen. Dies ist das gängige Gewinde für die meisten DKW-Gehäuseschrauben und -Blechteilebefestigungen. Beim Zubehör wie Beinschutzbleche und Sozius für solch alte Maschinen wie E 205 und Z 500 findet man auch noch Withworth-Gewinde. Es sollte versucht werden, die Originalschrauben mit den Herstellerprägungen auf dem Kopf zu retten. Ist das nur z. T. möglich, so sind die Originalschrauben unbedingt an den gut sichtbaren Stellen einzusetzen. Läßt sich die Verwendung von Schrauben mit typfremder Prägung nicht umgehen, so ist zumindest die Prägung abzuschleifen. Wer aus dem Veteranenfragment wieder ein Fahrzeug und kein Standzeug entstehen lassen will, muß besonders auch auf den Einsatz von Güte-Schrauben, die für den Kraftfahrzeugbau geeignet sind, achten.
Wenn es um das Fahren geht, denkt man unweigerlich an das wichtigste Bauteil Zündanlage. Die etwa bis 1930, teilweise 1932, verwendeten Schwungmagnetzünder waren recht einfach und zuverlässig. Bei der Wiederinbetriebnahme können sie aber wegen unsachgemäßer Aufbewahrung des Motorrades oder des einzelnen Bauteils viel Ärger bereiten. Dafür kommen mehrere Ursachen in Betracht: Zum einen können die Zündspulen infolge jahrelanger Lagerung in Garagen oder Schuppen Feuchtigkeit aufgenommen haben und deshalb durchschlagen. Durch langsame, aber intensive Trocknung und anschließenden neuen Überzug mit Isolierlack ist dem Übel oft abzuhelfen. Gelingt das nicht, hilft nur eine Neuwicklung der Spule. Zweite Ursache für fehlenden oder zu schwachen Zündfunken kann ein zu schwacher Magnetismus des Ringmagneten sein, der sich dann durch Aufmagnetisieren wieder einsatzfähig machen läßt.
Kaum noch zu beschaffendes Ersatzteil ist der Kondensator für diese Zündanlage. Er ist in einem sehr massiven Messinggehäuse befestigt, das gleichzeitig die Lagerung des Unterbrechers beherbergt. Ist hier Ersatz vonnöten, so hilft nur, den alten Kondensator zu entfernen und das Gehäuse unterhalb der Unterbrecherlagerung quer aufzubohren. Dadurch schafft man Platz für einen noch erhältlichen Kondensator von Zündanlagen jüngerer Bauart.
Eine sorgfältige Reinigung der Unterbrecherlagerstelle von verharztem Schmiermittel muß natürlich durchgeführt werden, um der ebenfalls nicht mehr jungen Unterbrecherfeder die Arbeit zu erleichtern. Bei ordentlichen, eventuell sauber egalisierten Unterbrecherkontakten und sorgfältig eingestelltem Kontaktabstand müßte nun ein kräftiger Funke bei Drehung des Magneten für eine gute Zündung des Gemisches sorgen. Ist das nicht der Fall, so kann die Ursache dafür ein durchschlagender Stromabnehmer der Zündspule sein. Eine Prüfung ist möglich, indem man dieses kleine Kunststoffteil von der Zündungsgrundplatte abschraubt und etwas aus der Bohrung zieht, ohne daß das eingesteckte Kabel der Zündspule herausrutscht. So wird der Stromabnehmer ohne Masseberührung nur von beiden Kabeln gehalten. Bei kräftigem Tritt auf den Kickstarter in verdunkelter Werkstatt sieht man bei defektem Stromabnehmer den Funken gegen Masse schlagen. Hier helfen Isolierversuche selten, sondern nur ein Auswechseln.
Wichtig ist auch die Kontrolle des Polschuhabrisses (7...8 mm). Er wird in Zündzeitpunktstellung des Kolbens zwischen den Polschuhkanten von Anker und Dauermagnet gemessen. Seine Einstellung durch Verdrehen der Grundplatte beeinflußt die Induktion in der Sekundärwicklung und damit die Stärke des Zündfunkens. Die sorgfältige Aufarbeitung der ganzen Magnetzündanlage lohnt sich auf jeden Fall, denn eine Unterwegs-Suchaktion nach dem verlorenen Zündfunken kann eine nervenaufreibende Tätigkeit werden!
Die Zündanlagen der späteren Modelle mit Batteriezündung sind leichter instandzusetzen. Hier genügt die Beachtung normaler Grundregeln der Kfz-Elektrik: Die Kabel sind

Lichtmaschinen. Obere Reihe von links: für Block und SB 500 mit Dynastart; für SB 500; für SB 200; für KS 200 (Unterbrecher entfernt); für Supersport und Luxus 500; untere Reihe von links: Magnetzünder mit Lichtspulen für die RT 3 PS mit Abdeckung; Zündlicht-Magnet mit Schwungscheibe ohne Ventilator (z. B. für KM 175); Zündmagnet ohne Lichtspulen, Schwungscheibe mit Ventilator (z. B. für E 206); Melas-Anbaulichtmaschine DM

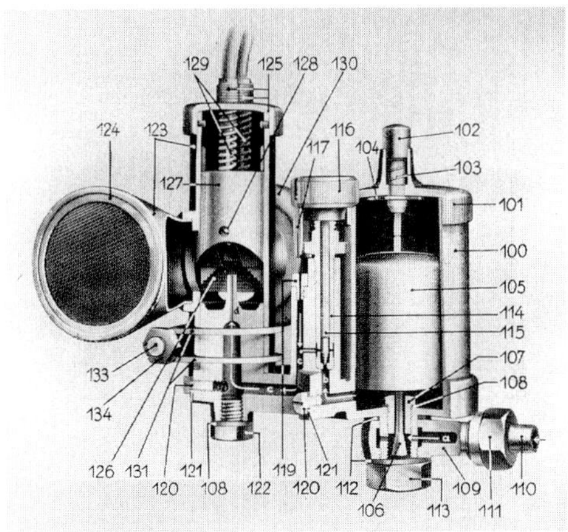

Schnitt durch den Framo-Vergaser mit einstellbarer Düse AFB

(auch nach Neuverlegung) gründlich darauf zu prüfen, ob an kritischen Stellen eine Beschädigung der Isolierung entstanden ist. An den Punkten, wo der Strom nur durch Berührung der stromführenden Teile übertragen wird (z. B. Zündspule an Stromschiene im Spulenkasten), ist durch gründliche Reinigung für geringe Übergangswiderstände zu sorgen. Besondere Beachtung verdient bei diesen Zündanlagen die Fliehgewichtsverstellung des Zündzeitpunkts. An den Lagerstellen der Fliehgewichte kann starker Verschleiß aufgetreten sein, die Federn können überdehnt sein. Wichtig ist, daß sich der Nokken auf der Lagerung leicht drehen läßt. Ansonsten gibt es außer einer eventuellen Reinigung vom Kohleabrieb und der Kontrolle der Schleifkohlen an diesen Stromerzeugern nicht viel zu tun.
Neben gutem mechanischen Zustand des Motors und einwandfreier Zündanlage ist ein »gesunder« Vergaser die Grundvoraussetzung für ein problemloses Anspringen, für ruhigen und gleichmäßigen Lauf sowie akzeptablen Verbrauch des Motors. Im Laufe der langen DKW-Zeit wurden für die Motorräder mehrere Vergasertypen verschiedener Hersteller verwendet. Die meisten Vergaser eigneten sich für eine größere Modellgruppe und wurden dann nur durch unterschiedliche Düsen, Nadeln und Einstellungen dem jeweiligen Motor angepaßt. Die Vergaser sind – unabhängig vom Fabrikat – bei den Restaurierungsarbeiten auf folgende Fehler- bzw. Verschleißmöglichkeiten zu überprüfen:

1. Ansaugen falscher Luft durch Verzug oder Riß am Flansch;
2. schadhafter Schwimmer;
3. ausgeschlagenes Schwimmerventil;
4. lockerer Düsenkörper;
5. ausgeschlagener Gasschieber bzw. ausgeschlagene Gasführung;
6. Verschmutzungen der Kanäle und des Schwimmerraumes;
7. ausgeschlagene Düsen.

Die Vergaser-Typen der DKW-Motorräder

Framo-Vergaser

Er fand Verwendung bei den ältesten Typen bis zur E 250. Seine wichtigsten Bestandteile unter Angabe der Ersatzteilnummer sind: 100 Schwimmerkammer, 102 Tupfer, 105 Schwimmer, 107 Schwimmerventil, 114/115 verstellbare Düse, 126 Gasschieber, 127 Luftschieber.
Die Wirkungsweise der verstellbaren Düse ist aus dem nebenstehenden Schnittbild ersichtlich: Rechtsdrehung des gerändelten Griffes magert das Kraftstoff-Luft-Gemisch ab, und Linksdrehung reichert es an. Die zum Anspringen des Motors erforderliche Stellung der Düse muß durch Probieren ermittelt werden. Während der Fahrt kann sich eine Nachregulierung an Bergen nötig machen. Die optimale Stellung ist gehörs- und gefühlmäßig zu ermitteln und ist erreicht, wenn der Motor gut rund läuft und auf ein Wechseln der Gasschieberstellung schnell reagiert.

Framo E-Vergaser

Das war ein Zentralschwimmer-Vergaser, der an mehreren DKW-Motorrad-Typen verwendet wurde, die Ende der zwanziger und Anfang der dreißiger Jahre produziert worden sind. Der eine Vergaserzug betätigte den Gasschieber, der zweite hob und senkte die konische Düsennadel und regulierte somit das Gemisch. An Düsen waren die Größen 3 bis 6 im Angebot, abgestuft in 0,5er Teilung. Die Düsennadeln reichten in gleicher Teilung von 2 bis 6, wobei 6 die dünnste Nadel, also für die größte Einstellung vorgesehen war.

Framo B-Vergaser

Bei diesem Zweihebel-Vergaser (also mit Gas- und Luftschieber) wurde die konische Düsennadel mit dem Gasschieber bewegt. Die kleinste Einstellmöglichkeit bot die Düse Nr. 34, die größte Nr. 54. Der Vergaser wurde in verschiedenen Ansaugweiten verwendet: von der KM 175 über die 200er und 300er Typen Anfang der Dreißiger bis zur 500er bzw. 600er Super-Sport- Maschine.

Meco-Vergaser

Der Meco-Register-Vergaser Typ W 2 N wurde an den Motorrädern Luxus 500, Sport 500 und Super-Sport verwendet. Er besaß zwei Ansaugkanäle, deren Regelklappen stufenweise nacheinander öffneten bzw. schlossen.

Schnitte durch den Framo-B-Vergaser mit Düsenstock und Gasschieber **AFB**

Schnittbilder vom Meco-Vergaser **AFB**

Schnitt durch den Framo-E-Vergaser mit Zentralschwimmer **AFB**

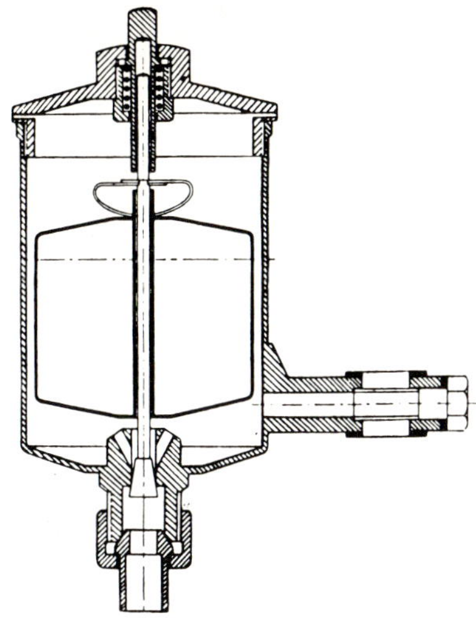

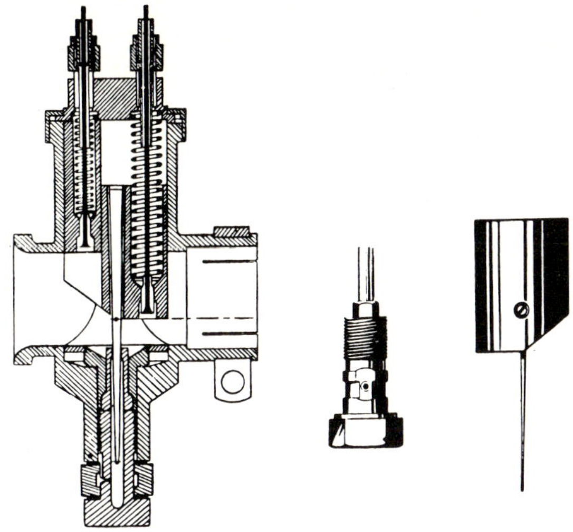

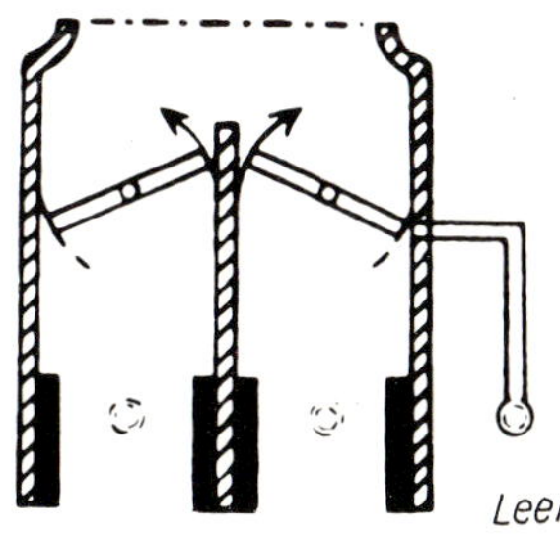

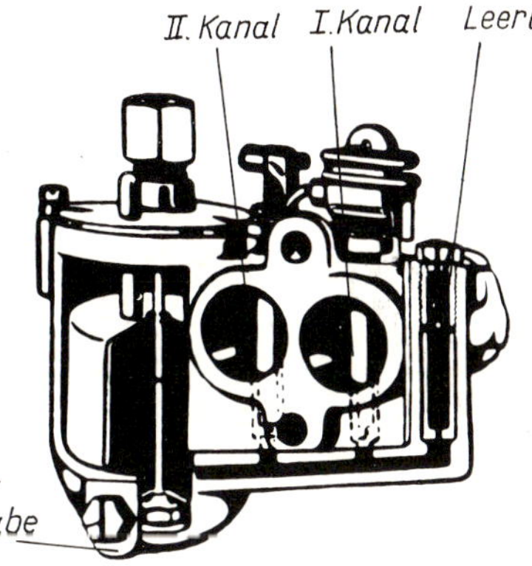

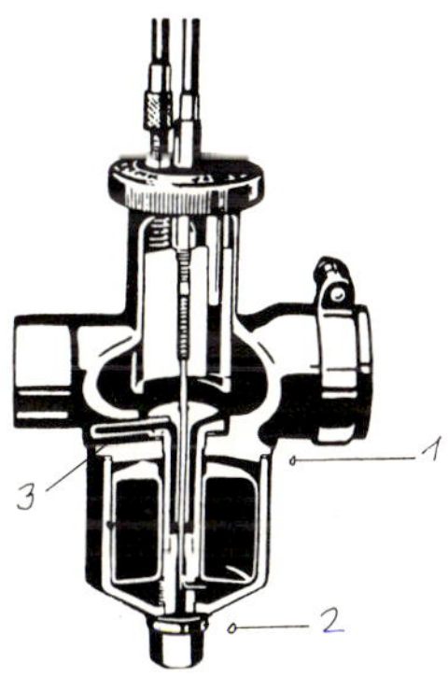

Amal-Vergaser
Dieser Doppelhebel-Vergaser mit konischer Düsennadel fand bei den 100er RT-Typen, der KM, den SB- und NZ-Typen Verwendung. Die aufgestempelte Nummer der Düse entsprach der Durchflußmenge in Kubikzentimetern pro Minute, war also kein Bohrungsmaß und daher nicht mit einer Düsenlehre meßbar. Für eine Vergasereinstellung war der schräge Ausschnitt des Gasschiebers von Bedeutung. Es existierten die Ausschnittsgrößen 6/2 bis 6/5 (größter). Vergrößerte man den Gasschieberausschnitt, so wurde das Gemisch im Leerlauf, im unteren und im mittleren Drehzahlbereich magerer. Weitere Einstellmöglichkeiten boten das Hoch- oder Tieferhängen der Düsennadel im Gasschieber, wofür fünf Kerben zur Verfügung standen. Müssen Düsen ausgewechselt werden, ist darauf zu achten, daß die älteren Amal-Vergaser noch mit Zoll-Gewinde versehen waren.

Graetzin-Vergaser
Der Graetzin-Vergaser wurde als Ein- und Zweihebelvergaser in verschiedenen Typen gefertigt. Da er ebenfalls mit einer konischen Düsennadel versehen war, gilt hinsichtlich der Einstellung das gleiche wie bei Amal.

Bing-Vergaser
Er ist an einigen KS-, RT-100- und NZ-Maschinen montiert und ebenfalls als Ein- und Zweihebel-Vergaser hergestellt worden. Bei der Einstellung ist wie bei den beiden vorher beschriebenen Typen zu verfahren.

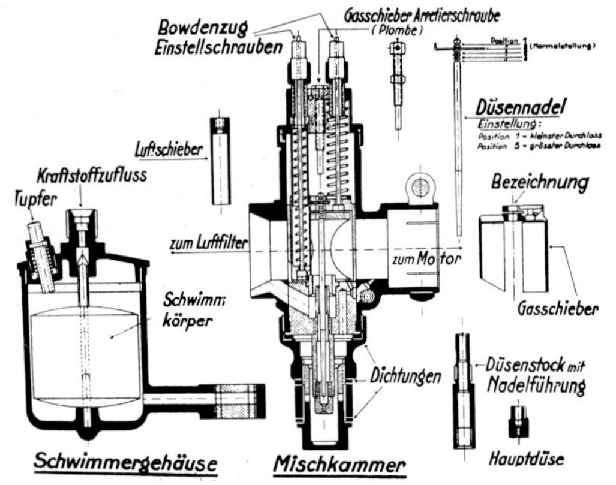

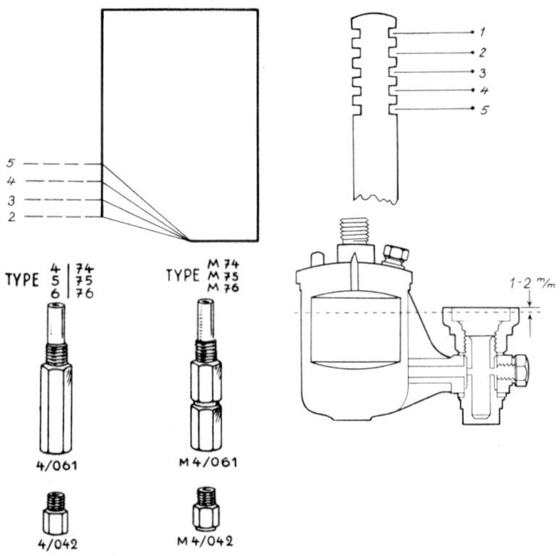

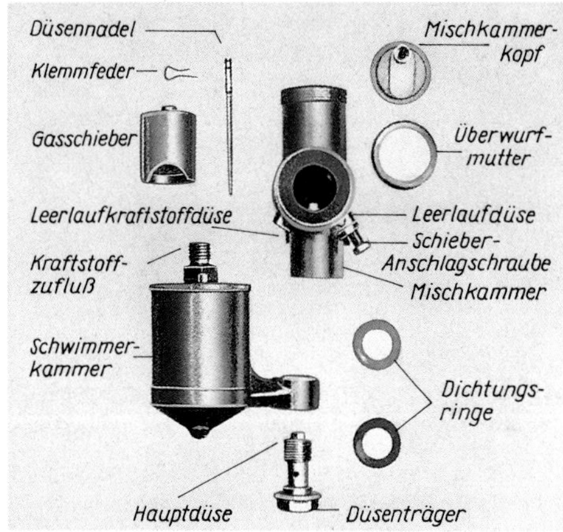

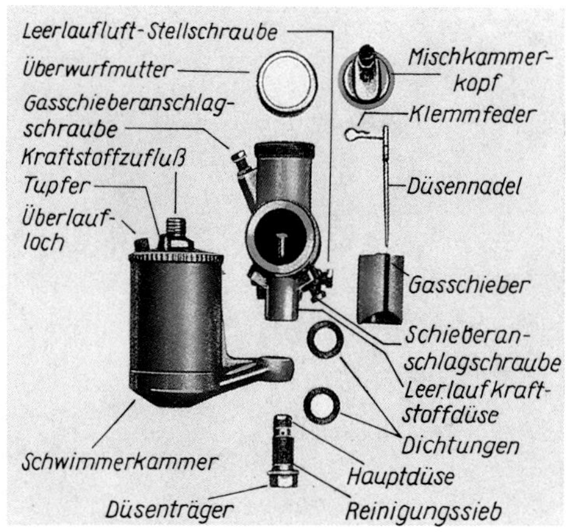

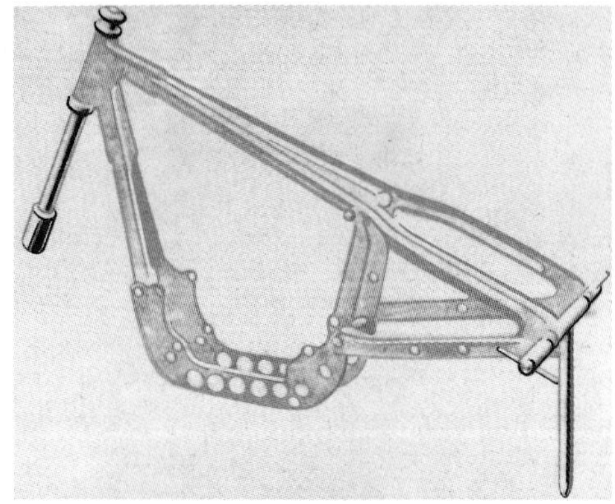

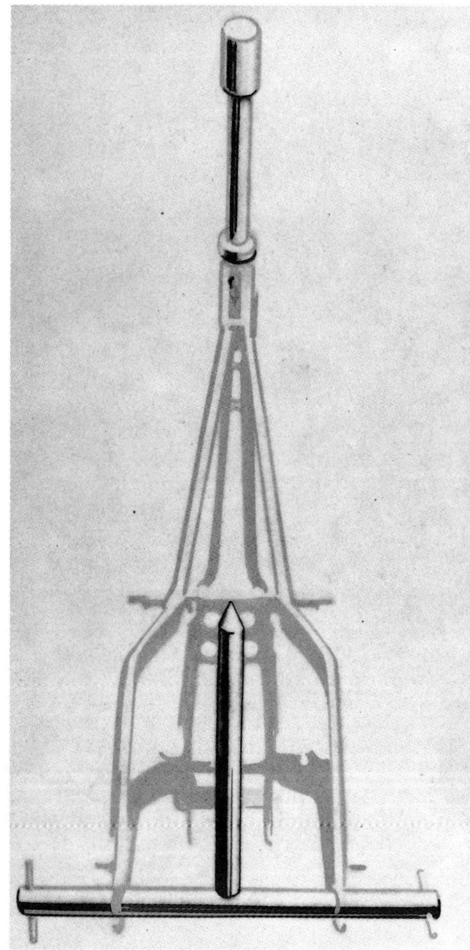

Schnittbild des Amal-Vergasers ***AFB***

Einstellmöglichkeiten für Amal-Vergaser ***AFB***

Graetzin-Vergaser, zerlegt ***AFB***

Bing-Vergaser, zerlegt ***AFB***

Lehren zum Richten der Preßstahlrahmen ***AFB***

Arbeiten am Fahrgestell

Hat man den Motor mit seinen Aggregaten instand gesetzt, ist als nächste Aufgabe die Restaurierung der Fahrgestellteile zu bewältigen. Am sinnvollsten ist es, sich zunächst dem Rahmen zu widmen, um dann die fertigen Teile auf dem Montageblock Stück für Stück montieren zu können. Die fehlenden bzw. unbedingt zu ersetzenden Teile sollte man sich schon bei der Demontage notiert und bis zum Zusammenbau beschafft bzw. gefertigt haben, um bei der Montage nicht unnötige Pausen in Kauf nehmen zu müssen. Überhaupt sind Notizen, eventuell sogar Detailfotos, die während der Demontage gemacht werden, sehr wertvolle Gedächtnisstützen. Anstelle der Stück-für-Stück-Montage kann man natürlich auch die Teile erst komplett restaurieren und dann montieren. Dazu ist aber viel Platz für die Aufbewahrung der Teile erforderlich, um nicht einen Lackkratzer zu riskieren. Teilweise werden Rahmen und Blechteile schon parallel zur Motorrestaurierung bearbeitet, da man ja nicht alle Arbeiten selbst ausführen kann.

Um eine Neulackierung von Grund auf durchführen zu können, müssen Rahmen, Blechteile, Felgen oder komplette Räder usw. sandgestrahlt oder gebeizt werden. Beide Verfahren haben Vor- und Nachteile! Beim Strahlen sind einiges Fingerspitzengefühl und »Oldi-Verständnis« notwendig. Ein Strahlen von dünnen Blechteilen mit Stahlkies hat schließlich schon so manches Schutzblech zu Schrott werden lassen. Hier muß mit Feinsand oder, bei sehr empfindlichen Teilen, mit Glasstaub gestrahlt werden. Zinkstaubhaltiges Strahlgut ergibt wiederum einen hervorragenden Korrosionsschutz der bearbeiteten Stücke.

Das Abbeizen und anschließende Phosphatieren der Fahrgestellteile garantiert zwar ein gründliches Entfernen von Rost und alten Lackresten, birgt aber die Gefahr, daß Rück-

stände der Beizlösung in kleinen Hohlräumen (umgebördelten Schutzblechkanten oder Felgenhörnern) verbleiben. Bei der Spritzlackierung gelangt an diese Stellen kein Lack, und für ein schnelles Durchrosten bestehen hier die besten Voraussetzungen. Überhaupt sollten gebeizte Teile sehr gründlich gespült werden, da es sonst auch noch ein bis zwei Jahre nach der Lackierung zu Aufblühungen kommen kann.
Um sich beim späteren Fahren mit der DKW Ärger zu ersparen, ist es sinnvoll, den Rahmen vor dem Bearbeiten und Lackieren auf Verwindungen und Deformierungen zu überprüfen. Besonders bei Motorrädern, die früher mit Seitenwagen gefahren wurden, ist die Möglichkeit eines Rahmenverzuges groß. Um prüfen zu können, muß man sich Hilfsmittel anfertigen. Dazu gehören: ein Dorn, der genau in den Steuerkopf paßt (eventuell verschraubt) und nach unten um etwa drei Steuerkopflängen herausragt, und eine Spindel mit Gewindeenden, die mit Hilfe von drei Hülsen in die Aufnahme des Hinterrades geschraubt wird. Die mittlere Hülse muß in der Mitte eine Gewindebohrung aufweisen, in die ein Dorn genau im rechten Winkel eingeschraubt wird. Beim »Längsdurchblick« durch den Rahmen müssen die Dorne parallel stehen, sonst liegt eine Verdrehung des Rahmens vor. Ein seitlicher Verzug kann durch einen Vergleich der Maße vom unteren Ende des Steuerrohrdornes zu den seitlichen Enden der hinten quer eingeschraubten Spindel festgestellt werden. Die DKW-typischen Profilstahlrahmen sind auf alle Fälle kalt zu richten. Der Zentralkastenrahmen der NZ-Modelle läßt sich dagegen kaum richten. Ein eventueller Verzug in diesem Rahmen liegt auch meistens in dem aus Profilstahl bestehenden Hinterbau, mitunter nur entstanden infolge locker gewordener Rahmenverschraubungen.
Der vordere Kastenrahmenteil ist auf Risse im Bereich des Steuerkopfes zu überprüfen. Besonders wenn die Maschine nach dem Krieg eine Telegabel erhalten hat, sind solche Schäden entstanden, da hier zum Teil andere Kraftwirkungen auftraten als bei der Originalgabel.
Gleichermaßen wie beim Rahmen ist die Prüfung der aus Profilstahl bestehenden Gabelscheiden sinnvoll: Dabei darf man sich aber nicht nach den Gabelkanten richten. In eine ebene Grundplatte sind nach den Maßen der Hauptbohrungen einer Gabelscheide drei Bolzen einzusetzen. Die zweite Scheide ist dann anhand der Bolzen zu prüfen. Die Bohrungen wie auch die einzelnen Abstände von der Grundplatte müssen übereinstimmen.
Die Gelenkbügel der Gabel sind mittels durchgestreckter Dorne (die parallel sein müssen) auf Verschränkung zu prüfen. Durch Einstecken eines Dornes und Anlegen eines Winkels kann ein Gelenkbügel auf Rechtwinkligkeit überprüft werden. Gleichermaßen ist mit dem Kreuzkopf der Gabel zu verfahren.
Der möglicherweise notwendigen Erneuerung von Gabelbolzen und -büchsen sowie dem spielfreien Zusammenbau der Gabel ist große Sorgfalt zu widmen, um nicht das originale Aussehen der Maschine, sondern auch ihr originales Fahrverhalten wieder zu erreichen.
Ein besonderes, DKW-spezifisches Restaurierungskapitel bilden die Kühler der wassergekühlten Modelle. In den seltesten Fällen geht es hier mit einer Reparatur von geringem Umfang ab. Zumeist sind die Wasserkästen der Kühler durch Stürze verbeult, manchmal wurde ein Befestigungsgewinde überdreht. Fast immer aber ist das Kühlernetz an vielen Stellen undicht und schon oft gelötet worden. So bleibt nichts anderes übrig, als den Kühler an seinen Lötnähten kunstgerecht zu zerlegen, die Wasserkästen und Seitenbleche entnickeln zu lassen, auszubeulen und die Gewinde zu überprüfen oder zu erneuern.
Bei der Bearbeitung des Messingbleches ist größte Vorsicht vonnöten, denn es kann durch den Alterungsprozeß sehr spröde geworden sein. Die Stutzen für die Kühlerschläuche sind aus gleichem Grund oft eingerissen und sollten zweckmäßigerweise durch neue ersetzt werden. In Vorbereitung der galvanischen Behandlung des Kühlers kann man die Einzelteile dann schon vorsichtig polieren.
Das Hauptproblem des Kühlers besteht natürlich im Netz. Hier gibt es nur zwei Lösungswege: Entweder man findet einen Klempner mit Oldi-Interesse, der aus einem größeren Kühlerblock das gesunde Stück bearbeitet, auf die erforderliche Größe bringt und einsetzt oder man unterzieht sich der äußerst mühevollen Aufgabe und fertigt ein Netz aus Kupferrohr selbst an. Dabei müssen eine große Anzahl Kupferröhrchen auf Länge entsprechend der Kühlerbreite zugeschnitten, an beiden Enden in Wabenform gepreßt und miteinander verlötet werden. Die nächste Hürde ist dann das Verchromen oder Vernickeln des Kühlers. Läßt es der Galvaniseur an der nötigen Sorgfalt fehlen, kann der Kühler wieder undicht werden, und die ganze mühevolle Arbeit wird zunichte gemacht.
Die Restaurierung des Tanks ist ebenfalls Klempnerarbeit. Da die Tanks der meisten DKW-Typen verzinkt waren, befinden sie sich hinsichtlich der Dichtheit meist noch in gutem Zustand. Große Beulen sind oftmals nicht ohne Zerlegen des Tanks wieder zu entfernen. Kleinere Beulen sollte man mit Zinn ausschwemmen oder mit Kunstharz zuspachteln. Bei der späteren Lackierung entstehen damit bei vielen Modellen keine Probleme, da es oft Ausführungen mit ganz lackiertem Tank gegeben hat. Beim Anschrauben des Tanks muß unbedingt darauf geachtet werden, daß die vordere Befestigung spannungsfrei bleibt, da hier sonst früher oder später eine Undichtheit entsteht. Ebenso wichtig ist, daß die Schaltkulisse nicht mit zu langen Schrauben befestigt wird, um ein Durchdrücken durch die Behälterwand zu vermeiden.
Neben einem funktionstüchtigen Motor, neuen Lagern und Buchsen am Fahrgestell sowie einer neuen Lackierung auf dem restaurierten Blech gehört u. U. auch eine originale Beleuchtungsanlage zum DKW-Veteranen. Bei den Modellen, die vor 1930 entstanden sind, besteht in dieser Hinsicht ein gewisser Spielraum, da sie vom Werk noch nicht mit einer Lichtanlage ausgerüstet worden waren; vom Gesetzgeber gab es dafür noch keine Vorschriften. Wer sein Fahrzeug jedoch auch bei Dunkelheit benutzen wollte, durfte natürlich die Ausgaben für eine Fahrzeugbeleuchtung nicht scheuen. Das Angebot reichte von einer rund 70 RM kostenden Azetylen-Motorradbeleuchtung über elektrische DKW- oder Fenag-Anlagen für 200 RM bis zur 250 RM teuren Bosch-Lichtanlage. Für die E-Modelle lieferte das Werk auf Wunsch noch eine spezielle elektrische Anlage, die »Zünd-Licht-Anlage«. Bei dieser Ausführung befand sich eine lichtstromerzeugende Spule innerhalb des Magnetzünders, so daß hier keine zusätzliche Lichtmaschine erforderlich war. Zu dieser sogenannten Schneider-Lichtanlage gehörten ein kleiner spitzer Scheinwerfer mit abziehbarem Schaltschlüssel, eine Trockenbatterie mit Gehäuse für Standlicht und bei der Ausführung I für elektrisches Schlußlicht. Die Ausführung II hatte hingegen nur einen Rückstrahler erhalten. Diese Anlage war mit 75 RM recht preisgünstig. Für das Z-Modell war der Einbau der Schneider-Anlage nicht möglich, da der für die lichtstromerzeugende Spule erforderliche Platz im Magnetzünder von der zweiten Zündspule beansprucht wurde.
Aufgrund dieser historischen Gegebenheit kann der Restaurator die Motorräder aus der Zeit vor 1930 also original ohne Lichtanlage fertigstellen oder auch mit einer von Bosch, Hella, Riemann, Haeckel, Balaco usw. versehen. Das Problem besteht nur darin, alle zu einer Beleuchtungsanlage einer bestimmten Firma gehörenden Teile zu bekommen.
Ab dem Modell Luxus Sport 300, 1930 eingeführt, sind alle Fahrzeuge vom Werk serienmäßig mit einer Beleuchtungsanlage ausgerüstet worden. Damit hatte sich auch die Fra-

Kraftstoffbehälter für ältere DKW-Typen.
Untere Reihe, von links: für Fahrradmotor; für Reichsfahrtmodell; für ZL;
obere Reihe, von links: für Elfa-Motorrad mit DKW-Motor; für E 200; für Z 500 DM

Satteltanks jüngerer DKW-Typen. Untere Reihe, von links: für RT 125–1; für ZiS; für Luxus 200; obere Reihe, von links: für Luxus 500; für SB 200 (kurze Ausführung); für SB 200 (lange Ausführung) DM

ge der Anbringung einer zusätzlichen Lichtmaschine erledigt, da DKW mit diesem Typ die Batteriezündung einführte, die den Magnetzünder ablöste. Zu der nun auf dem rechten Kurbelwellenzapfen angebrachten Lichtmaschine gehörte ein am Batteriehalter befestigtes Kunststoffgehäuse, das einen kombinierten Schalter für Zündung und Licht sowie einen Regler für den Ladestrom und zwei Sicherungen enthielt. Der Regler und der dazugehörige Rückstromschalter wurden in Form von zwei Patronen hergestellt und nur durch eine Kontaktfeder im Gehäuse festgehalten. So waren sie sehr leicht und schnell auswechselbar. Konstruktiv sind die Patronenregler mehrmals geändert worden. 1931 wurde das konische Blechteil verbreitert, da die Messingfeder im Preßstoffgehäuse oftmals schlechten Massekontakt gab. Im Juni 1938 teilte der DKW-Kundendienst den Werkstätten in einem »Elektrodienst«-Rundschreiben mit, daß die einzelnen Patronen von einer Regler-Schalter-Kombination abgelöst würden. Beide Patronen, die nun über einen Draht miteinander verbunden waren, konnten nur noch gemeinsam ausgewechselt werden. Diese Kombination hatte den Sinn, Stromstöße abzubauen, die früher oft zum Durchbrennen der Sicherungen geführt hatten. In einem späteren Rundschreiben wurde vor einem Auswechseln der Einzelregler gegen die Kombination gewarnt, da es zu einer Überladung der Akkus kommen könne. Nur bei Motorrädern mit Dynastartanlage sei die Reglerkombination ohne Einstellen des Ladestroms sofort verwendbar.
Bei Restaurierungsarbeiten von großer Bedeutung ist die Kenntnis der Klemmenbezeichnungen an den Regler-Spulenkästen. Sie sind für die einzelnen Fahrzeugtypen unterschiedlich und wurden auch im Verlaufe der Produktionszeit geändert. Eine Übersicht bietet die im Band enthaltene Tabelle.
Ein prägnantes Teil der Beleuchtungsanlage ist das für die Zschopauer Fahrzeuge der dreißiger Jahre so typisch gewordene Rücklicht mit den rot leuchtenden Buchstaben DKW. Es wurde zur Produktionszeit der Block 350/Sport 350 erstmals verwendet – und wird von den heutigen Besitzern solcher Fahrzeu-

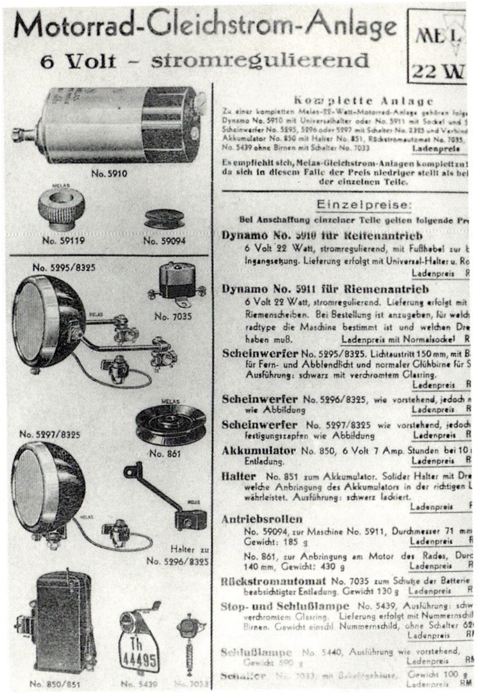
Motorrad-Gleichstrom-Anlage
6 Volt – stromregulierend
MEL
22 W

No. 5910
No. 59119
No. 59094
No. 5295/8325
No. 7035
No. 5297/8325
No. 861
Halter zu No. 5296/8325
No. 850/851
No. 5439
No. 7033

Komplette Anlage
Zu einer kompletten Melas-22-Watt-Motorrad-Anlage gehören folg
Dynamo No. 5910 mit Universalhalter oder No. 5911 mit Sockel und S
Scheinwerfer No. 5295, 5296 oder 5297 mit Schalter No. 2325 und Verbind
Akkumulator No. 850 mit Halter No. 851, Rückstromautomat No. 7035,
No. 5439 ohne Birnen mit Schalter No. 7033 Ladenpreis

Es empfiehlt sich, Melas-Gleichstrom-Anlagen komplett zu
da sich in diesem Falle der Preis niedriger stellt als bei
der einzelnen Teile.

Einzelpreise:
Bei Anschaffung einzelner Teile gelten folgende Pr

Dynamo No. 5910 für Reifenantrieb
6 Volt 22 Watt, stromregulierend, mit Fußhebel zur b
Ingangsetzung. Lieferung erfolgt mit Universal-Halter u. Ro
Ladenpreis R

Dynamo No. 5911 für Riemenantrieb
6 Volt 22 Watt, stromregulierend. Lieferung erfolgt mit
Riemenscheiben. Bei Bestellung ist anzugeben, für welch
radtype die Maschine bestimmt ist und welchen Dre
haben muß. Ladenpreis mit Normalsockel R

Scheinwerfer No. 5295/8325. Lichtaustritt 150 mm, mit B
für Fern- und Abblendlicht und normaler Glühbirne für S
Ausführung: schwarz mit verchromtem Glasring.
Ladenpreis R

Scheinwerfer No. 5296/8325, wie vorstehend, jedoch
wie Abbildung Ladenpreis R

Scheinwerfer No. 5297/8325 wie vorstehend, jedoch
festigungszapfen wie Abbildung Ladenpreis R

Akkumulator No. 850, 6 Volt 7 Amp. Stunden bei 10
Entladung. Ladenpreis R

Halter No. 851 zum Akkumulator. Solider Halter mit Dre
welche Anbringung des Akkumulators in der richtigen L
währleistet. Ausführung: schwarz lackiert.
Ladenpreis R

Antriebsrollen
No. 59094, zur Maschine No. 5911, Durchmesser 71 mm
Gewicht: 185 g Ladenpreis R
No. 861, zur Anbringung am Motor des Rades, Durc
140 mm, Gewicht: 430 g Ladenpreis R

Rückstromautomat No. 7035 zum Schutze der Batterie
beabsichtigter Entladung. Gewicht 130 g Ladenpreis R

Stop- und Schlußlampe No. 5439, Ausführung: schw
verchromtem Glasring. Lieferung erfolgt mit Nummernschil
Birnen. Gewicht einschl. Nummernschild, ohne Schalter 62
Ladenpreis RM

Schlußlampe No. 5440, Ausführung wie vorstehend,
Gewicht 590 g Ladenpreis RM

Schalter No. 7033, mit Schaltgehäuse, Gewicht 100 g
Ladenpreis RM

Motorradbeleuchtungsanlagen zum nachträglichen Anbau ***AFB***

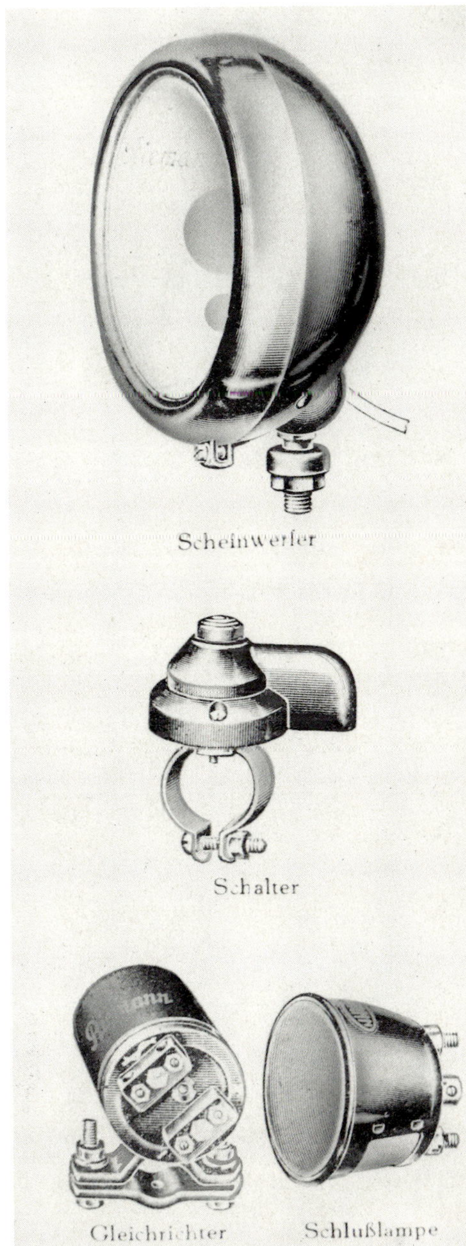

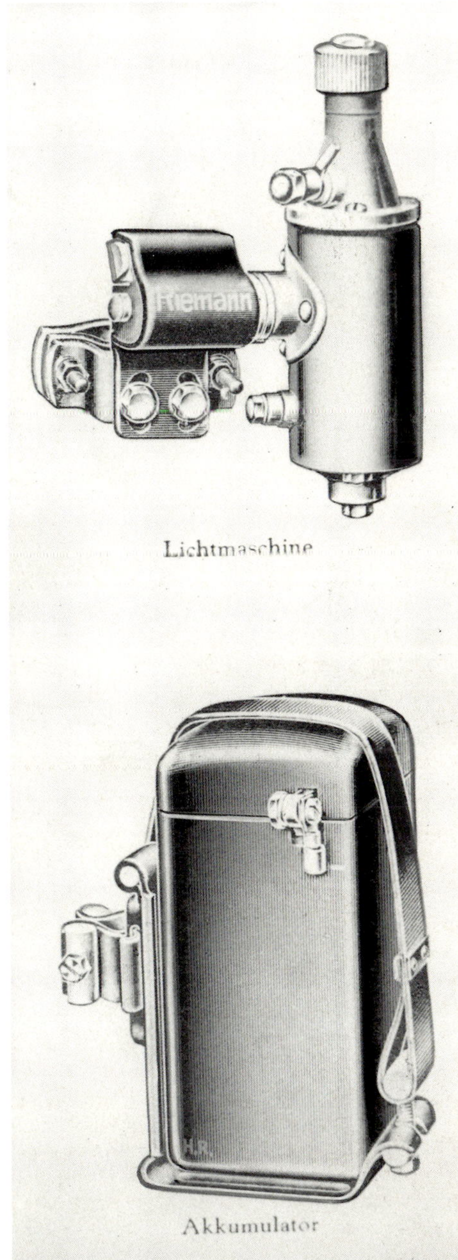

DKW-Dreiräder mit Blockmotor, speziell für den italienischen DKW-Importeur Bruno Cavani gefertigt
AFB

ge oftmals fieberhaft gesucht. Eine originalgetreue Nachfertigung ist häufig die einzige, aber durchaus mögliche Lösung des Problems. An manchen Fahrzeugen waren anstelle des leuchtenden DKW-Emblems in einer Aluminiumabdeckung des Rücklichtes senkrechte, leuchtende Aussparungen mit oben und unten je einer Queraussparung eingearbeitet worden.

Die gebräuchlichsten Markenembleme an den DKW-Motorrädern aus Zschopau. Links oben: Tankemblem der ersten ZM-Exemplare; wahrscheinlich auch schon bei einigen ZL verwendet. Bei späteren ZM war das Emblem durch Fortlassen des Eichenlaubes vereinfacht. Mitte links: Emblem der E 206; rechts oben: Emblem auf hinterem Schutzblech, etwa ab 1927; Mitte rechts oben: Tankemblem zu rechts oben; Mitte rechts unten: Tankemblem mit umgekehrter Farbfolge für helle Tanks; unten links und rechts: weißgrüne Tankembleme, die ab Einführung des Frontantrieb-Wagens benutzt wurden (anfangs noch ohne Auto Union-Schriftzug). Auf dem hinteren Schutzblech war der Auto Union-Schriftzug mit den Ringen etwas größer und gerade.

Alle Embleme gab es in unterschiedlichen Größen, Farbnuancen und Schriftausführungen aufgrund der Lieferung durch mehrere Hersteller.

Zu den DKW-Veteranen, die liebevoll restauriert werden, gehören auch Sonderausführungen und Exportmodelle, die im Detail von den Serienmaschinen abwichen und mitunter aus Unkenntnis als unoriginal oder als Eigenbau eingestuft wurden.

Dabei sind zahlreiche Fahrzeuge für Großimporteure in mehreren Ländern entsprechend den dort geltenden gesetzlichen Bestimmungen oder Käuferwünschen nur variiert worden. Außerdem gab es im Herstellerland selbst Großabnehmer (Reichspost, Reichswehr/Wehrmacht), für deren Einsatzbedingungen die Fahrzeuge in speziell abgestimmter Ausrüstung oder Lackierung gefertigt wurden.

So entstanden die sogenannten Behördenmodelle fast ohne blanke Teile in schwarzer oder olivbräunlicher Lackierung. Für den Export setzte das Werk dagegen meist reichlich Chrom ein. Insgesamt gesehen reichte die Palette der Variationen bis zur Anfertigung von Sonderfahrgestellen.

Wozu der ganze Aufwand?

Nach einem halben, vielleicht einem Jahr, oder, wenn es sehr schlimm aussah, nach zwei Jahren harter Arbeit steht der Meister vor seinem fertigen Werk und betrachtet es glücklich und mit Stolz. Dazu hat er auch allen Grund. Doch eine Hürde ist noch vor dem Fahrgenuß zu nehmen: Das wiedergeborene Motorrad muß dem Argusblick der »Götter der Kfz-Technik« standhalten. In den meisten Ländern messen sie dabei mit gleicher oder zumindest ähnlicher Elle, wie bei der Bauartgenehmigung neuer Fahrzeuge. Das hat natürlich schon oft Originalitätsbestrebungen des Restaurators zunichte gemacht, weil er sein Fahrzeug mit einer völlig typfremden Beleuchtung versehen mußte. Mancherorts wird das Veteranenkrad jedoch auch im Originalzustand zum Straßenverkehr zugelassen.

In der DDR wurden übrigens seinerzeit alle Angelegenheiten hinsichtlich Oldtimerfahrzeuge, wie technische Abnahme, Teilemärkte, Treffen und Fahrten, von den Kfz-Veteranen-Clubs geregelt und organisiert, die im Dachverband des Motorsports »Allgemeiner Deutscher Motorsportverband« (ADMV) zusammengefaßt waren – eine positive Seite des sonst so schädlichen Zentralismus. Nach einer technischen Abnahme und Bewertung der Originalität sowie des Zustandes erhielt der Oldtimerbesitzer eine zeitlich begrenzte Sonderzulassung. Dieses landläufig als Veteranenpaß bezeichnete Dokument berechtigte im Zusammenhang mit einer vom jeweiligen Veranstalter ausgegebenen Fahrerkarte zur Benutzung des Fahrzeugs für die Veranstaltung – einschließlich An- und Rückreise sowie Durchführung von Probefahrten – meist für einen Zeitraum von zwei Wochen. Infolge der Mitgliedschaft des Besitzers im ADMV war der Oldtimer für diese Zeit auch versichert. Wollte der Oldi-Fahrer sein Fahrzeug ständig benutzen, blieb ihm natürlich auch der Weg einer normalen Zulassung mit entsprechender Versteuerung und Versicherung offen.

Zum Bedauern vieler Kfz-Veteranenfreunde gehören diese Möglichkeiten nun zur Oldi-Geschichte.

Da es mit Mühe und Sorgfalt allein bei der Restaurierung nicht getan ist, sondern auch die fehlenden Originalteile beschafft werden müssen, veranstalten viele Clubs Kfz-Veteranen-Basare. Das sind zumeist Teilemärkte, auf denen – wenn auch selten – zudem komplette Fahrzeuge angeboten werden können. Hier hat jeder Hobbyfahrzeugbesitzer Gelegenheit, Teile, die er nicht benötigt, zum Tausch oder Verkauf anzubieten und sich nach Teilen für sein Fahrzeug umzusehen. Die Märkte beschränken sich aber nicht nur auf den sogenannten Edelschrott, sondern es gibt auch Angebote aus dem gesamten Umfeld des Kraftfahrzeugs – von entsprechender Literatur über Reklameschilder und Tankstellenzubehör bis zur Fahrerbekleidung. Dadurch kann ein mit viel Stellplatz begnadeter Sammler seine Fahrzeuge in einer zeitgemäß aufgebauten Tankstelle oder DKW-Vertretung präsentieren.

Jedes Jahr verursacht die Sonne an schönen Maitagen bei vielen ein Fieber, das von keinem Thermometer gemessen werden kann und doch vorhanden ist: das Motorradfieber. Dagegen hilft nur fahren. Das Therapiegerät ist das Motorrad – während der fieberfreien Zeit im Winter einsatzbereit gemacht. Das muß nun endlich raus aus der Werkstatt.

Manch einem reicht die Geschwindigkeit einer E 200 zur Kühlung des Fiebers kaum aus. Da muß schon eine SB 350 her. Vergessen sind die schlimmen Stunden während der Restaurierung, als sich herausstellte, daß die Schutzbleche von einer RT stammten. Die Fahrzeugabnahme ist vorbei. Jetzt nur noch fahren und rollen. Wen stört es da, daß eine KS 200 schneller ist? Die Welt ist in Ordnung, so wie der munter im Zweitakt schnurrende Motor.

Eine kleine Gemeinde hat die Oldifahrer der Umgebung anläßlich ihres 750jährigen Bestehens eingeladen, zur Freude der Einwohner und Gäste einige Runden im Ort zu fahren und somit die schönen alten Autos und Motorräder in Funktion vorzuführen. Doch am Umzug mit historischen Trachten und Bauernwagen teilzunehmen – nein! Das hätte qualmende Kupplungen und überhitzte Motoren bedeutet. Die alte Kfz-Technik wäre totgequält worden. Die Rundfahrten sind die bessere Lösung, zumal sich danach der ganze Fuhrpark auf dem Sportplatz des Ortes einfindet und hier jeder bei Geschicklichkeitsfahrten zeigen kann, wie gut er die alte Technik im Griff hat: Einige Meter nach dem Start ist ein markierter Punkt mit beiden Rädern zu überfahren. Zur Kontrolle – und wohl auch zum Gaudi des Publikums – hat der Punkt einen Kontakt mit angeschlossener Hupe erhalten. Danach wartet eine neue »Schikane« auf die Fahrer. Ein 4 m langes Spurbrett ist in sauberer Fahrt zu überwinden. Nach der Fahrtrichtungsänderung wird der Daumenhebel der E 200 gefühlvoll aber doch mit Nachdruck in Richtung Vollgas geschoben, denn zur Bewältigung dieser Aufgabe gilt es Schwung holen. Der nachfolgende NZ-Fahrer hat mit dem Schwungholen keine Mühe. Das Fuhrwerk ist im Nu auf Trab. Doch nach dem Spurbrett hat er zu tun, den 350er Gußbrokken bei dem kurzen Auslauf im Zaum zu halten und bis zum Beginn der Slalomstrecke wieder in der gewünschten Richtung zu haben. Nach zwei NSU und einer Wanderer-Sachs ist nun eine DKW Sport 250 in Fahrt. Sie hat keine Mühe mit der Beschleunigung, und die Bewältigung der Slalomstrecke scheint für den Fahrer ein Genuß zu sein. Leicht und handlich läßt sich die Sport um die Kegel drücken. Kurz dahinter muß die Bremsprüfung absolviert werden. Ohne Probleme steht das Rad auf der durch zwei Kreidestriche begrenzten Fläche. Die letzte Hürde der Geschicklichkeitsfahrt steht beim Publikum in höchster Gunst. Ohne Halt ist ein gefülltes Wasserglas von einer kleinen Plattform in Lenkerhöhe abzunehmen und im Vorbeifahren einige Meter weiter auf einer gleichen Platte abzustellen. Daß es hierbei um den Beweis für einen rund und ausgeglichen laufenden Motor geht, ist nur für die Kfz-Enthusiasten von Bedeutung.

Nachdem der letzte Fahrer diese Aufgabe mehr oder weniger gekonnt überstanden hat, werden die Fahrzeuge zur Besichtigung aufgestellt. Manche Fahrzeugbesatzungen nutzen diese Gelegenheit, um sich in das Festgetümmel zu stürzen. Sorgen um ihre Fahrzeuge brauchen sie sich nicht zu machen, denn eine Absperrung schützt sie vor allzu aufdringlichen Interessenten. Schließlich kann ein im Gedränge umgestoßenes Motorrad mit dem Lenker im Kühlergrill des benachbarten Autos großen Schaden anrichten!

Bei einem Meisterschafts- oder sonstigen Wertungslauf geht es etwas ernsthafter zu. Vom Freitagabend bis zu einer vorgegebenen Zeit am Samstagvormittag treffen die Aktiven mit ihren Prachtstücken am Startplatz ein. Nach der Fahrerbesprechung muß jedes Fahrzeug einige Minuten lang vor seiner Startzeit am Vorstart stehen, um dann pünktlich auf die Reise zu gehen. Mit Hilfe des ausgegebenen Bordbuches, der Landkarte, der Uhr und dem Tachometer ist in einer vorgeschriebenen Zeit, die aufgrund der möglichen Durchschnittsgeschwindigkeit des Fahrzeugs meist selbst errechnet werden muß, die vorgegebene Strecke zu finden und zu bewältigen. An den bekannten und z. T. auch unbekannten Kontrollpunkten werden die Einhaltung der Strecke und die durchschnittliche Geschwindigkeit überwacht. An manchen Kontrollpunkten sind noch zusätzliche Aufgaben zu lösen, die in die Bewertung einbezogen werden. So kann man plötzlich von einer Frage nach dem Durchmesser des Vorderrades des eigenen Fahrzeugs überrascht werden. Sehr beliebt sind auch Fragen nach herausragenden Ereignissen bei der Entwicklung des Kraftfahrzeugs oder damit verbundenen Persönlichkeiten. Auch das Bestimmen von Fahrzeugtypen anhand vorge-

Ein Rennfahrer beim Geschicklichkeitsfahren auf DKW **AFB**

Geschicklichkeitsfahren heute: Etwas näher muß das Vorderrad der Block 200 schon noch ran an den »Zaun«, sonst gibt es zu viele Strafpunkte. **AFB**

legter Detailfotos ist eine von den Veranstaltern gern gestellte Aufgabe.
Am abendlichen Lagerfeuer oder in den Tanzpausen wird dann über die Fahrterlebnisse geplauscht. Am Sonntagvormittag folgt dann das Geschicklichkeitsturnier. Zur Erhöhung der Attraktivität dieser Veranstaltung lassen sich die Veranstalter oft etwas Neues einfallen, was vielen nicht schwer fällt, da sie zumeist selbst aktive Veteranenfahrer sind.
Die Aufstellung der Fahrzeuge zur Besichtigung gehört natürlich auch hier zum Programm. Diese Zeit wird genutzt, um auszuwerten und die Plazierungen zu errechnen. Mit der Ehrung der Sieger in den einzelnen Klassen, des ältesten Teilnehmers, des größten Pechvogels sowie der Ausgabe von Souvenirs an alle Fahrer geht dieses schöne Oldi-Wochenende zu Ende. Damit sind aber die Möglichkeiten für die Kfz-Veteranensportler und -liebhaber bei weitem nicht erschöpft. Sehr beliebt sind beispielsweise auch Club-Ausfahrten, bei denen es überhaupt nicht »um die Wurst« geht, sondern schlicht und einfach um das Fahren mit dem herrlichen alten Fahrzeug in der Gemeinschaft mit Gleichgesinnten. Markentreffen, Jubiläumsveranstaltungen und der ganz spezielle Bereich der historischen Renntechnik bilden weitere und längst nicht erschöpfte Betätigungsfelder.

Start zum Rennen um das Marienberger Dreieck. Wenn die Post heute auch wieder so abgeht, dann haben sich die vielen Restaurierungsstunden gelohnt! Links zwei BMW und mit Nr. 110 und 111 zwei 500er DKW AFB

Slalomfahren mit der SB 500 AFB

Bedeutung der Anschlußbezeichnungen an den Spulenkästen

RT 125 und NZ 350–1:

DG	Leitung zur Maschinenklemme DF (Erregerwicklung)
D +	Leitung zur Maschinenklemme D + (Pluskohle)
1	Primärleitung zum Unterbrecher
M	Masseanschluß
54	Leitung zum Signalhorn
56	Leitung zum Abblendschalter
58 a	Verbindung zwischen D + und Zündschalter (Ladekontrolle)
57	Leitung zum Scheinwerfer (Standlicht)
58	Leitung zur Schlußleuchte
30	Anschluß zum Sammler (Plus)

KS- und SB-Einzylinder:

neu	alt	
30	3	Verbindung zum Sammler (Plus)
54	H	Leitung zum Signalhorn
51	1 a	Reserve
58	8	Leitung zur Schlußleuchte
D +	1	Leitung zur Maschinenklemme 1 (Pluskohle)
56	5/6	Leitung zum Abblendschalter
DF	20	Leitung zur Maschinenklemme 20 (Erregerwicklung)
57	7	Leitung zum Scheinwerfer (Standlicht)
1	II	Primärleitung zum Unterbrecher

SB-Einzylinder:

neu	alt	
1-I	I	Primärleitung zum Unterbrecher für linken Zylinder
58	8	Leitung zur Schlußleuchte
30	3	Verbindung zum Sammler (Plus)
54	H	Leitung zum Signalhorn
51	1 a	Reserve
56	5/6	Leitung zum Abblendschalter
D +	1	Leitung zur Maschinenklemme 1 (Pluskohle)
57	7	Leitung zum Scheinwerfer (Standlicht)
DF	20	Leitung zur Maschinenklemme 20 (Erregerwicklung)
31	M	Masseanschluß
1-II	II	Primärleitung zum Unterbrecher für rechten Zylinder

NZ-Einzylinder:

neu	alt	
15	10 B	Leitung vom Zündschalter zur Zündspule
51	1 a	Leitung zum Zünd- und Lichtschalter
D +	1	Leitung zur Maschinenklemme 1 (Pluskohle)
61	R	Leitung zum Zündschalter (Ladekontrolle)
DF	20	Leitung zur Maschinenklemme 20
31	M	Masseanschluß
1	II	Primärleitung zum Unterbrecher

NZ-Zweizylinder:

neu	alt	
1-I	I	Primärleitung zum Unterbrecher für linken Zylinder
30	3	Verbindung zum Sammler (Plus)
15	10 B	Leitung vom Zündschalter zur Zündspule
51	1 a	Leitung zum Zünd- und Lichtschalter
D +	1	Leitung zur Maschinenklemme 1 (Pluskohle)
61	R	Leitung zum Zündschloß (Ladekontrolle)
DF	20	Leitung zur Maschinenklemme 20
31	M	Masseanschluß
1-II	II	Primärleitung zum Unterbrecher für rechten Zylinder

Einsatz der Regler-Schalter-Kombination

Typ	ab Motornummer
KS 200	638654
SB 200	721530
SB 200 A	723551
Sport 250 A	722781
SB 350	732301
SB 500	516901
SB 500 A	517151

Einfüllmengen

⅔ Ambroleum[1] + ⅓ Motorenöl:

RT 3 PS	0,50 Liter
KS 200	0,80 Liter
SB 200/300	1,00 Liter
SB 500	1,50 Liter

Öl:

RT 125	0,50 Liter
NZ 250/350	1,00 Liter
NZ 350–1	1,00 Liter
NZ 500	1,25 Liter

[1] Ambroleum war ein spezielles Getriebefett

Seilzüge – Seil- und Hüllenlängen in mm

	SB 200	SB 500	RT 125	NZ 250/350	NZ 500
Gaszug	820/900	840/935	730/805	820/910	800/880
Luft	780/890	740/865	–	–	750/850
Dekompression	650/695	–	–	770/820	–
Kupplung	1010/1145	wie 200	935/1050	1100/1210	1145/1276
Bremse	630/1000	550/820	560/840	870/1087	835/1095

Zündeinstellwerte

Typ	mm vor o. T.
Modelle mit Schwungradmagnet	6,5
Blockmodelle mit Nasenkolben	6,5
KM, KS	4,0
RT 3 PS	4,5
SB-Modelle	5,5
NZ 250	4,5
NZ 350	6,5
NZ 350–1	5,5
NZ 500	6,6
RT 125	4,0

Einstellungrichtlinien für Framo- und Meco-Vergaser

Modell	Vergaser	Einfahrzeit			Normalbetrieb		
		Hauptdüse	Nadel	Nadellänge Lufttr.	Hauptdüse	Nadel	Nadellänge Lufttr.
ZS 200/I	Framo E 22	3	3	–	3	2,5	–
ZS 200/II	Framo E 22	3	3	–	4	2,5	–
KM 175	Framo B 20	38	3,5	30 mm	37	3,5	30 mm
DS 200	Framo E 22	4	3	–	4	2,5	–
TB 200	Framo B 22	38	3,5	37 mm	37	2,5; 4,5	36 mm
TM 200	Framo B 22	38	3,5	37 mm	37	2,5; 4,5	36 mm
E 300	Framo E 22	4	3,5	–	4	3	–
EB 300	Framo B 22	41	4	39 mm	41	2,5; 4,5	36 mm
TB 300	Framo B 22	41	4	39 mm	41	2,5; 4,5	36 mm
UB 350	Framo B 25	51	3,5	37 mm	50	2,5; 4,5	37 mm
ZB 500	Meco W 2	60	70	18	60	65	18
ZBW 500	Framo B 25	51	4	36 mm	50	3,5	38 mm
PM 500	Framo B 25	51	4	36 mm	50	3,5	38 mm
PM 600	Framo B 25	53	4	36 mm	52	2,5; 4,5	38 mm

Amal-Vergaser

Modell	Vergaser-Typ	Leerlaufdüse	Leerluftdüse	Hauptdüse	Nadelposition	Gasschieber	Nadeldüse
RT 2,5 PS	68/412	20	–	37	–	5	–
RT 3 PS	68/412 N	–	–	–	2	5	106
RT 3 PS	68/412 ND			70	3	4	2,61
KM 200	4/406 S	–	¼–¾	75	2	43	–
SB 200	4/406	–	1,5	70	2	4/4	–
SB 200	M 74/406		2	80	1	45	–
SB 250	5/415	–	¼–¾	100	3	53	–
SB 250/38	76/426		1,75	130	3	64	–
Sport 250	5/415	–	1–2	110	2	53	–
Sport 250	M 76/426	–	2	125	3	64	–
SB 300	5/415	–	¾–1¼	110	2	5/2	–
SB 350	5/415	–	¼	125	3	5/3	–
SB 350	76/426	–	2½	140	1	6/3	–
SB 350	M 76/426	–	2½	140	1	6/3	–
SB 500	5 + 415	–	¾–1¼	130	3	5/3	–
SB 500	M 76/427	–	1½–2½	140	2	6/3	–
NZ 250	M 76/426	–	1¼	130	3	6/4	–
NZ 350	M 76/426	–	1¼	140	3	6/4	–

Bing-Vergaser

Modell	Vergaser-Typ	Durchlaß	Hauptdüse	Nadeldüse	Nadelposition	Öffn. d. Luftst.-Schr.	Eins.	Düs.-Sto.
KS 200 AJ	1/20	20	90	–	3	½	3	0,4
NZ 250 AJ	2/24	24	100	2,7	3	¾	5	0,55
NZ 350 AJ	2/24	24	105	2,7	3	1	5	0,55

Graetzin-Vergaser							
Modell	Vergaser-Typ	Durchlaß	Leerlauf-düse	Öffnung der Luftstell-schraube	Hauptdüse	Nadeldüse	Nadel-position
RT 2,5 PS	Kf 13,5/22	13,5	30	2	70	0	2
RT 3 PS	Kf 14 N	14	–	–	65	0,5	2
KM 200/35	Kf 20	20	30	1¾–2½	100	1559 g	1
KM 200/36	Kf 20 S	20	30	1½	105	1559/7	1
KS 200	Kf 20 S	20	35	2	97	10	2
KS 200	Kf 20/21	20	35	2	95	10	2
SB 200	Ke 20 S	20	40	2	95	11	2
NZ 250	Ke 24	24	40	1,5	125	12	3
NZ 250	H 24	24	40	2	115	21	2 a
NZ 350	Ke 24	24	40	2	125	12	3
NZ 350	H 24	24	40	1½	110	21	2 a

Motorradhersteller, die in den zwanziger Jahren DKW-Motoren einbauten:

1. Aeroplan, Kohlfurt
2. Ammon, Berlin
3. Argul, Köln
4. ARI, Plauen
5. Atlantik, Bamberg
6. Avola, Leipzig
7. Bamar, Marburg
8. Bamo, Bautzen
9. Bergo, Kiel
10. Bero, Bückeburg
11. Bleha, Neheim
12. Bodo, Thale
13. Busse, Magdeburg
14. Defa, Berlin
15. Dobro, Berlin
16. Eichler, Berlin
17. Eisenhammer, Thalheim
18. Elfa, Elsterwerda
19. E.M.A., Aalen
20. Fagad, Gardelegen
21. Falke, Tarthun
22. Fex, Berlin
23. Fifi, Berlin
24. Frankonia, Schweinfurt
25. Freco, Hannover
26. Freital, Freital
27. Geka, Rehburg
28. Ge-Ma-Hi, Magdeburg
29. Geppert, Magdeburg
30. Gerro, Bielefeld
31. GSM, Niesky
32. Hascho, Mühlhausen
33. Heros, Berlin
34. Hirsch, Berlin
35. Hoco, Minden
36. Huc, Berlin
37. Hüffer, Münster
38. Hulla, Hagen
39. Jak, Schweinfurt
40. ISL, Liegnitz
41. KSB, Bautzen
42. Maco, Eisenach
43. Mafa, Marienberg
44. Mawi, Swinemünde
45. Meybein, Hittfeld
46. Ori, Brake
47. Ponny, Bielefeld
48. Progat, Magdeburg
49. Riwina, Bielefeld
50. Roland, Berlin
51. Rotter, Schönebeck
52. Schlimme, Falkenberg
53. Schneider, Görlitz
54. Sewüt, Schweinfurt
55. Sieg, Dahlbruch
56. Siegfried, Kyritz
57. Sticherling, Egeln
58. Tautz, Leipzig
59. Terra, Schweidnitz
60. Wotan, Dresden
61. Weber u. Reichmann, Warnsdorf
62. Zegemo, Dresden
63. Zetge, Görlitz

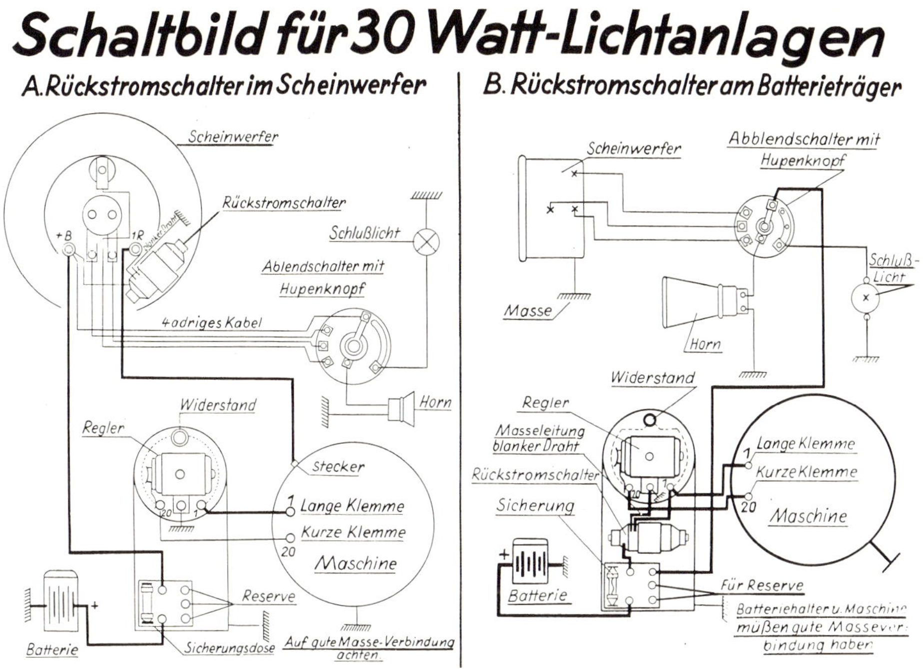

Schaltplan für Super-Sport und Luxus 500 **AFB**

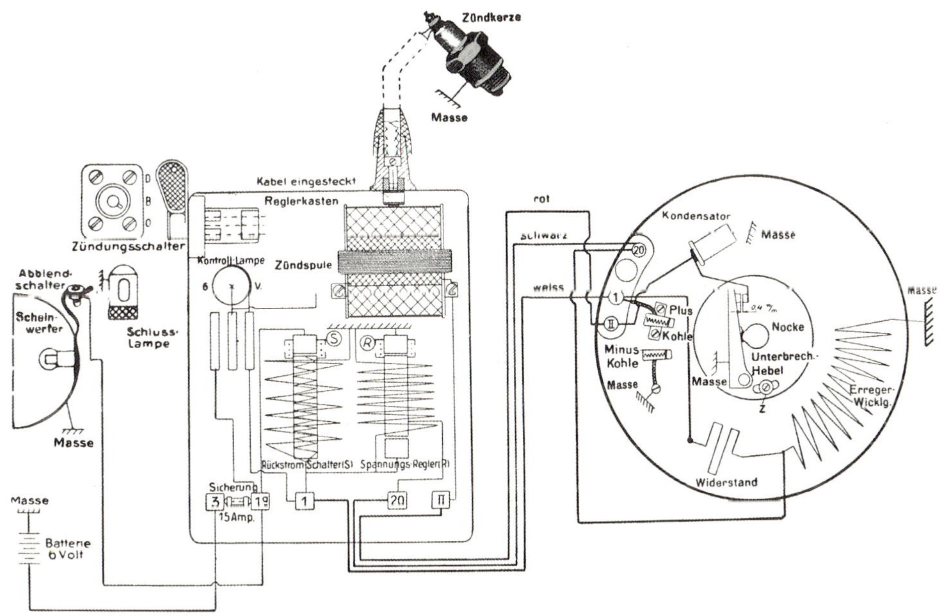

Schaltplan für Block 200 und Luxus Sport 300 **AFB**

Schaltplan für Einzylinder-SB und KS **AFB**

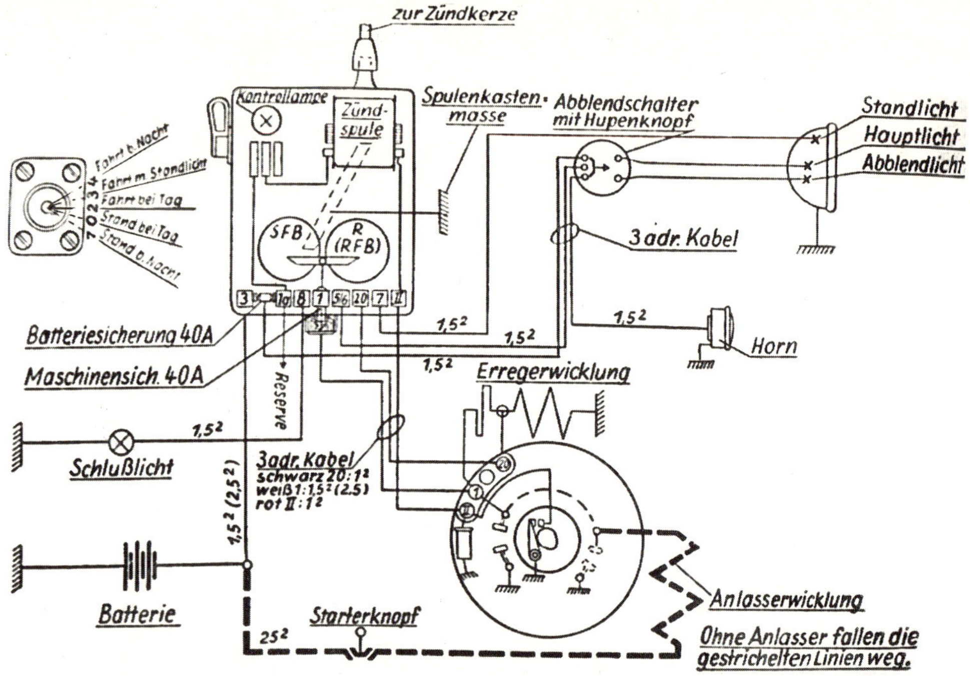

Schaltplan für Zweizylinder-Modelle bis Motornr. 515114 **AFB**

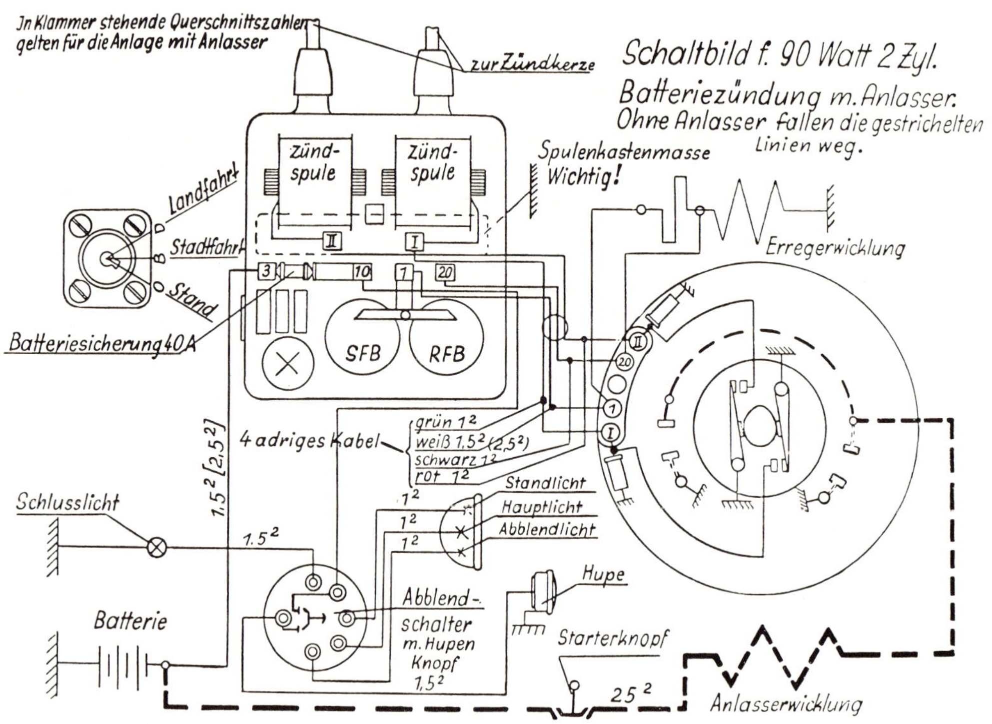

Schaltplan für Zweizylinder-SB ab Motor-Nr. 515115 **AFB**

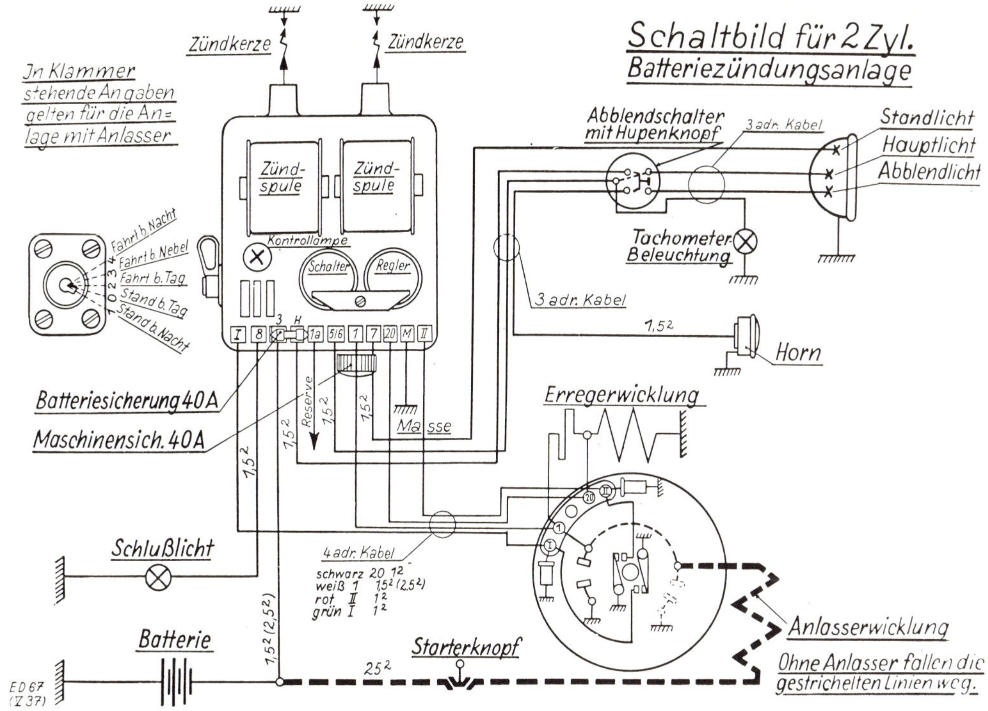

Schaltplan für RT 3 PS 6 Volt **AFB**

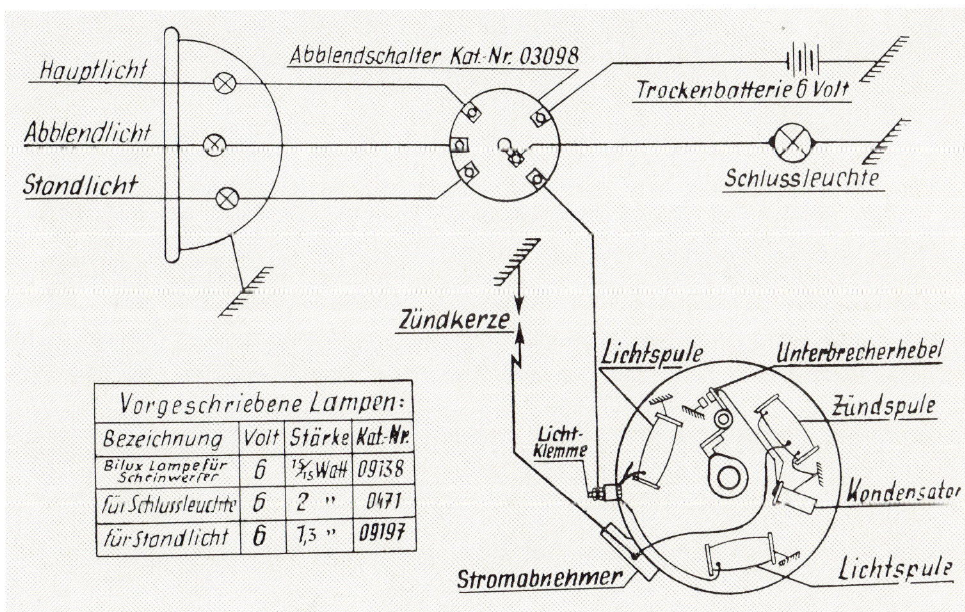

Schaltplan für NZ 250/350 **AFB**

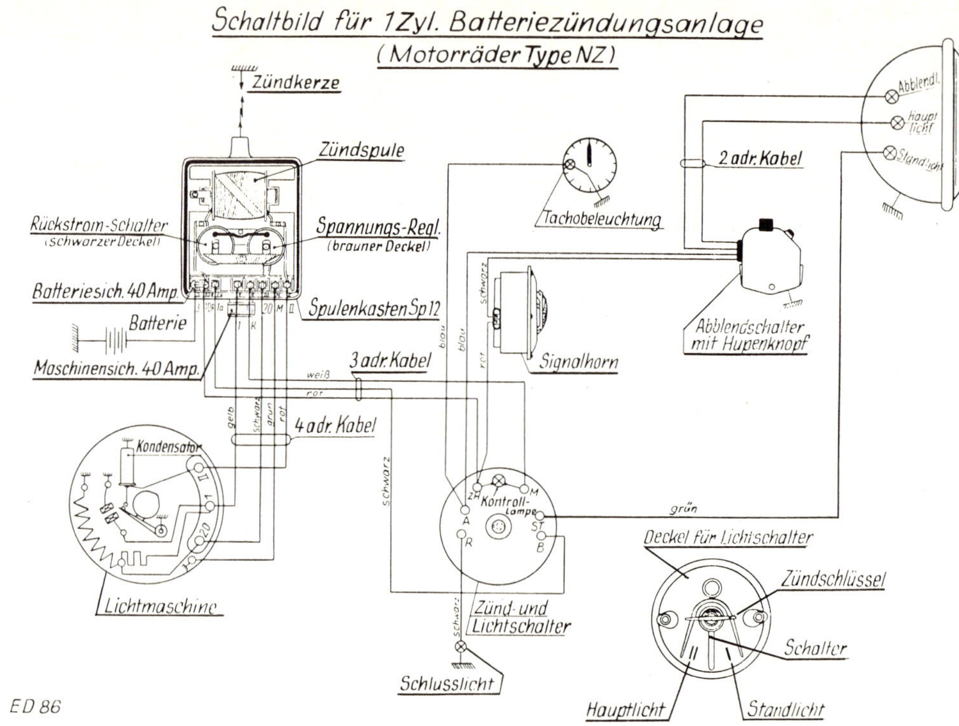

Schaltplan für NZ 500 **AFB**

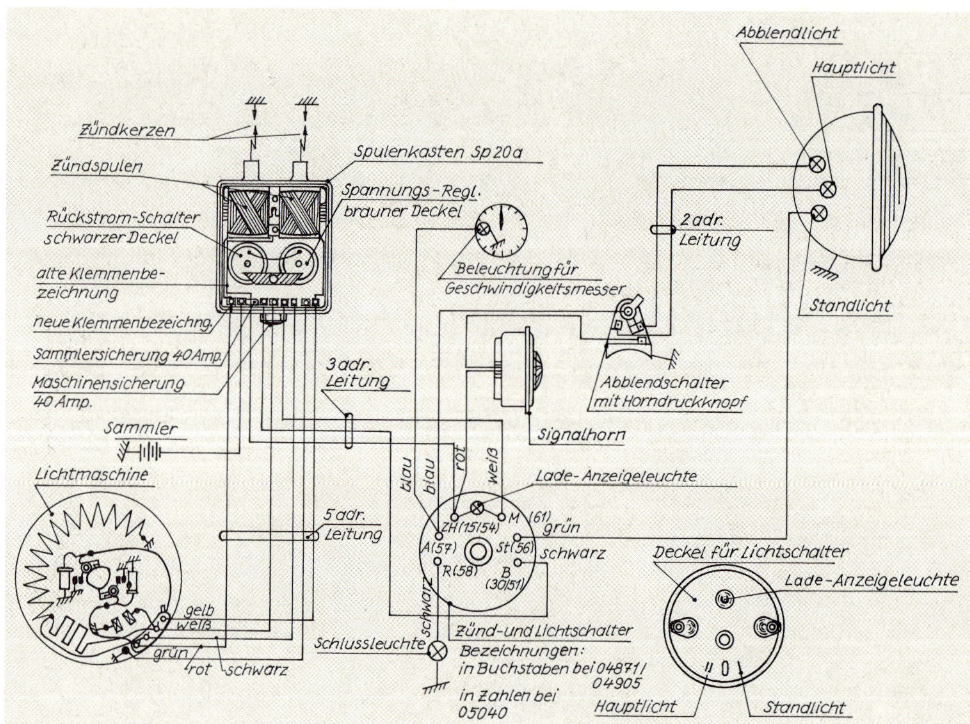

Schaltplan für RT 125 und NZ 350–1 AFB

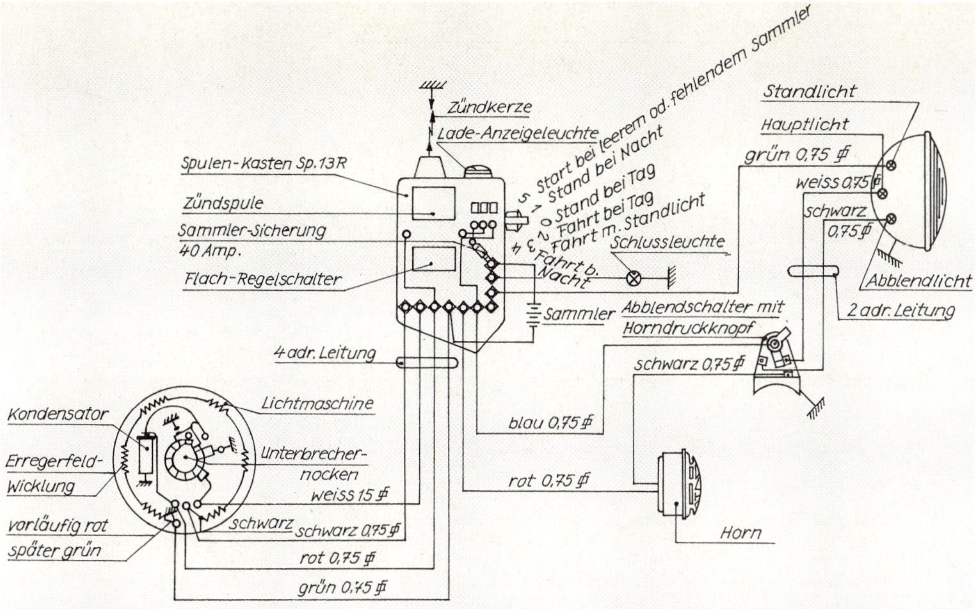

Anleitung für die spezielle Herrichtung des Zündschlüssels der NZ für Wehrmachtszwecke AFB

Zündschlüssel bei NZ 350 „nicht abziehbar" machen

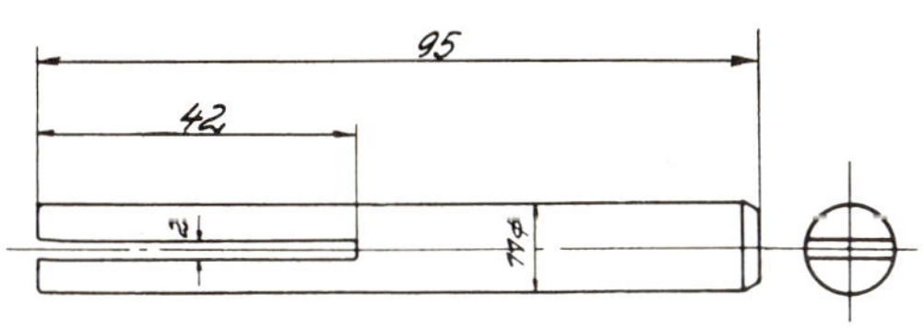

Bild 236. Selbstanzufertigender Dorn zum Einsetzen der Sicherungsscheibe für Zündschlüssel NZ 350

Für Wehrmachtkrafträder Typ NZ 350 (nicht für zivile Maschinen dieses Typs!) besteht die Anweisung, den Zündschlüssel „nicht abziehbar" zu machen. Deshalb werden neue Zündschlüssel für Hasag-Schalter mit einer Scheibe geliefert, die zur Sicherung des Schlüssels dient.

Einsetzen der Scheibe:

1. Aus Rundstahl 11 mm ∅ 95 mm langen Dorn laut Bild 236 anfertigen.
2. Deckel des Zündschlosses abnehmen und Schlüssel einführen.
3. Sicherungsscheibe auf Schlüssel aufschieben, bis er in der Kerbe desselben liegt.
4. Schlüsselgriff auf Unterlage auflegen und mit geschlitztem Dorn durch leichten Schlag Scheibe plan drücken, so daß sie in der Kerbe des Schlüssels gehalten wird.
5. Deckel des Zündschlosses wieder aufsetzen und festschrauben.

Literaturnachweise

Krause-Straßburg, I.: Auto Union. – Förster und Borries, Zwickau, 1936

Kirchberg, P.: Autos aus Zwickau. – transpress, Berlin, 1985

Rauch, S.: DKW – die Geschichte einer Weltmarke. – Motorbuch Verlag, Stuttgart, 1988

Reh, H.: Europameister Ewald Kluge. – Bergwald-Verlag, Mühlhausen, 1940

Winkler, W.: Rennerlebnisse, Renngeheimnisse. – Chr. Belser-Verlag, Stuttgart, 1944

–: Autotypenbuch. Herausgegeben vom Reichsverband der Automobilindustrie. – Union Deutsche Verlagsgesellschaft, Berlin, 1938

–: Handbuch des Reichsverbandes der Automobilindustrie. – Deutsche Verlagswerke Strauss, Vetter u. Co, Berlin, 1928

–: »Motor und Sport«. – Vogel Verlag, Pößneck, Ausgaben 1928 bis 1940.

Darüber hinaus lieferten folgende Quellen wichtige sachdienliche Hinweise:

»DKW-Praxis«. – Monatsblatt der DKW-Werke, 1931 bis 1939

»DKW-Rundschreiben«. – Nr. 1 bis Nr. 57 der Jahre 1926 bis 1929

»DKW-Händlernachrichten«. – 1929 bis 1932

Rundschreiben der Abt. Kundendienst der Auto Union AG von 1934 bis 1940

Hinzu kommen Prospekte, Betriebsanleitungen, Ersatzteillisten und Werksschulhefte, die die Zschopauer Motorenwerke und die Auto Union AG in den Jahren von 1924 bis 1944 herausgegeben haben.